明智光秀與本能寺之變

日本史上最大的謎團和逆轉劇

胡煒權——著

U0094726

目次

「敗者的戰國史」——透過另一個角度擺脫「成王敗寇」的史觀 9
新版序 一場歷時四百多年，結而未了的歷史懸案 13
初版序 日本史上最著名的謀叛事件 17

第一部 明智光秀傳——忠與叛之間

第一章 明智光秀的實像——傳說與真實 23
從批難到反思 23
同時代人眼裡的光秀 26

第二章 明智光秀的前半生之謎 31
明智光秀，你是誰？ 31
落難將軍之臣 45

血戰本圀寺 52
光秀之才能 54

第三章 織田家的大將 59
從幕臣到織田家臣 59
信長包圍網下的光秀 66
一五七三年，人生轉捩點 75
功勳與爭榮 80
丹波、丹後征服戰 86
叛離處處 90

第四章 明智光秀與織田信長 97
禍福相倚的一五八〇年 97
信長的第一重臣 107
四國征伐與光秀的憂鬱 112

走上背叛之途 116
專論 漫談明智光秀的性情、修養與雅好 120
第五章 光秀的末路 133
信長遺言之謎 133
信長灰飛煙滅 138
秀吉的中國大撤退 146
背叛與被背叛 151
決戰山崎，身死山科 155
專論 漫談明智光秀的性情、修養與雅好 163
第二部 本能寺之變考疑
第六章 本能寺之變諸說 177
野望之業障 179
怨恨之真相 186

第七章　陰謀論的虛實　191
朝廷陰謀論說——天皇自救之聖斷？　193
足利義昭陰謀論說——流亡將軍之逆襲？　233
其他陰謀論說——陰謀之交錯　252
第八章　替天行道說——為救世之大義？　275
意識形態的對立？　275
無道與無理　276
第九章　本能寺之變之我見　281
四國政策轉變與信孝的介入　283
重臣齋藤利三與四國政策　298
明智光秀之不安　310
專論　日本武士社會「忠」與「叛」背後的權力遊戲　318
終　章　光秀的末路　333

特別專集

典籍裡的本能寺之變 339
《惟任退治記》 341
《信長公記》 348
《川角太閤記》 355
《耶穌會一五八二年日本年報追加》 365
《本城總右衛門覺書》 372
《乙夜之書物》 377
《甫庵信長記》 382
《明智物語》 392
《明智軍記》 397

附錄

武家縱橫 409
明智光秀相關逸話 421
明智光秀的家族及家臣 429
明智光秀、織田信長概略年表 435

後　記　453
參考資料　456

透過另一個角度擺脫「成王敗寇」的史觀

在人類歷史裡，各種各樣的鬥爭不斷發生。無論軍事戰爭或人事鬥爭，必定都有「成王」與「敗寇」。在日本戰國時代這樣長期紛爭不斷的混亂時期裡，兩者更是在各地各處層出不窮。有趣的是，在這樣的混亂之世中，今天的勝者隨時可能淪為他日的敗者，沒有人可以保證自己能夠笑到最後。這就是歷史給予後世最大的啟示與教訓，也因此給閱讀歷史的人們帶來無限的唏噓與感慨。

追求成功與勝利是人的本性。因此，與贏得所有的「成王」相比，人們對於「敗寇」落得一敗塗地、滿盤皆輸的境地，印象更加深刻。敗者失敗了、滅亡了、身敗名裂了，甚至遺臭萬年，即使如此，他們之中有不少的名字仍然留在史冊，殘留在後世人的記憶之中。

受到寫史者對歷史上敗者們的批撻，以及人類對失敗的恐懼與不安的意識影響，對失敗的厭惡感使人們絲毫不給敗者「好臉色」，對於敗者的失敗諸多非難，總有「如果是我的話，就這樣做了」、「為什麼會犯下這種錯誤」之類的批評。不止如此，這種厭惡與非難往往隨著時間的推移，在對這些人與事的認識日漸稀薄模糊後，往往會加上一層道德的披衣，繼續棒打與嘲笑敗者，以滿足自己對於勝利及勝利者的崇拜，掩蓋自身對歷史真實的無知。

有趣的是，對喜歡歷史的人而言，歷史上的敗者們同時是「食之無味、棄之可惜」的「雞肋」。人的感性與受到史書描述的影響，人們對這些歷史上敗者的態度也絕非「一視同仁」。在不同的敗者之間，既有受盡後人指罵與恥笑的，也有獲得後人莫大憐惜與同情的。

這種矛盾相悖的情感和思維，恰好顯示我們面對歷史敘述裡的多樣性與可變性，以及受到寫史者的筆鋒及描寫影響之下，對歷史上的人與事會出現態度的變化；而且加上了自身在現實生活上的各種際遇，自然對勝敗的觀感也會發生改變。

時至今日，上述的態度改變也實際出現了。憐惜與同情敗者的人越來越多，此消彼長之下，質疑勝利者的人也隨之增加。本系列專門探討日本戰國時代的敗者便是其中一個極為顯目的例子。可是，這種傾向又是否「正義」、「正確」呢？

為了回應以上的種種，這套名為「敗者的戰國史」的系列有兩大目標。首先，站在歷史研究者的立場，我想以另類角度為喜歡日本戰國史的朋友，去窺探這個弱肉強食的戰國時代裡，幾位最知名的敗者為何落敗，以及他們最終身敗名裂、遺臭萬年的過程與原因。究竟他們是敗得有理，抑或只是一個一個被事後諸葛的後世之人烙上了「敗者」之印的人物？

其次，我想明確地說明，本系列雖然名為「敗者的戰國史」，但它絕非為了滿足上述那種為敗者鳴冤、替敗者平反而生。反之，本系列跳脫「成王」與「敗者」這個相對而客觀的概念，強調「成王」與「敗者」只是一線之差，左右他們勝敗與否的因素繁多且複雜，不應該也無法單以結果論而定之。總之「敗者不因失敗而變得醜陋，勝者不靠勝利而被捧高、神化」。

一如前述，本系列運用現存的史料為核心，再以此為基礎進行合理又適當的推理與判斷，對日本戰國八個最知名的「敗者」以及導致他們失敗的事件——防長大內家與嚴島之戰、今川義元與桶狹間之戰、武田勝賴與長篠之戰、豐後大友家與豐薩之戰、北條氏政與小田原之戰、明智光秀與本能寺之變、豐臣西軍與關原之戰、豐臣政權與大坂之陣——作出重新探討。

這些敗者不但是日本戰國時代「知名的敗者」，他們的失敗更是左右了日本歷史發展的重大轉捩點。他們的失敗原因既是十分有趣的話題，而關乎他們失敗的過程與各個關鍵之處，卻仍然有許多值得商榷探討之處。

利用多年與日本戰國史料及研究為伍為伴的經驗和心得，我希望透過由這八本書組成的系列，能夠為各位喜歡日本戰國史的讀者，以及對它感興趣而未曾涉獵的讀者，帶來新的刺激與啟示，使我們對於日本戰國歷史能有不一樣的體會。來吧！諸君！就跟我一起對這八個戰國的敗者重新進行探索吧！

新版序　一場歷時四百多年，結而未了的歷史懸案

這是一場看似尋常而又匪夷所思的殺人事件。

時間是西元一五八二年六月二十一日，當地時間六月二日的清晨，日本「花之都」京都發生了一樁連環命案。詳細案情如下：

第一位死者叫做織田信長，四十九歲，是一位備受家臣敬畏的君主，生前卻也是殺人無數、目中無人，風評好壞參半。不過，他被認為是有望統一日本的領袖，未來的霸主。

第二位死者叫做織田信忠，二十八歲，是第一位死者的長子，人望頗高，被認為是信長接班人的不二人選。

父子倆分別在兩、三天前來到京都，而後在同一天遇害，葬身熊熊烈火之中，他們手下合共兩百多名武士也大多被殺，據說有少數僥倖逃亡，但是目前下落不明。

犯案的頭目叫做明智光秀，年齡不詳，是第一位死者的臣子，頗受器重。協助犯

案的則是其家臣與士兵，他們分別包圍了兩位死者及其家臣所在之處，然後將之團滅。不過，士兵們表示只是奉命行事，不知道自己殺的是誰。

這起駭人聽聞的連環命案，就這樣在光天化日、眾目睽睽之下發生了。凶案現場確定了，死者身分弄明白了，凶手也承認責任了，作案時間亦清楚了，手段也知曉了，大部分的問題似乎都搞定了。然而，這起案件就是沒辦法結案，一直拖到了現在，約莫四百五十年！這是為什麼呢？

因為還有兩個問題始終沒法搞清楚，恐怕也是永遠無法破解的謎團。

第一，凶手的動機到底是什麼，至今仍然無法斷定。

第二，第一位死者的屍體還沒找到，據說被燒成灰燼了，也有說法稱他在混亂之中逃了。

這兩個謎團之上，還有一個困難，就是凶手明智光秀與協助他的團夥在犯案不久後也被殺害了。結果，在受害者與凶手都死去的情況下，這樁連環凶殺案成為了歷史懸案，甚至被日本當局判定為「史上最大懸案」，沒有之一。而且，因為辦案不力，惹來了眾多流言蜚語，各種陰謀論鋪天蓋地，使得案情更加複雜。

看到這裡，請各位讀者不要誤會，這絕對不是一起精神錯亂患者的無差別殺人案。

起碼我們確定凶手本人神志清醒，案發後也承認自己的責任。用現在的話來說，就是凶手具備負擔刑事責任的基本條件。

而且，凶手在案發後曾跟好友說明自己動手的原因。只不過，這位平常習慣將每日大小事寫在日記裡的友人，不知道是怕惹事還是其他原因，竟然沒有記下這番談話的內容，而且堅稱自己不知情。凶手死了，受害人死了，各種陰差陽錯，這個「祕密」也被帶到了黃土之下。從這裡便可以充分體會到「歷史永遠充滿著遺憾」。

當然，說了這麼多，表面看來這起凶殺案不過是人類歷史上數不盡的殺人案之一。不過，當我們知道凶手明智光秀與第一位死者織田信長曾經聯手改變了眾多家族的命運，不！應該說，從這一起事件發生的那一瞬間起，日本這個國家的命運就不再一樣了。甚至可以大膽地說，十六世紀末以後的東亞歷史也從此不再一樣了，這場後來被稱為「本能寺之變」事件的重要性也就在此。

如此重要的事件竟然是這樣不清不楚的，不知道各位讀者做何感想呢？

請大家不要擔心，事實上熟知世界各國歷史的讀者都明白，歷史上的謎案謎團多如牛毛，很多事件到現在仍然是不明不白的，頂多只能說出一個大概。

事實上，每件事發生的下一秒，就不可能再回到過去了，所謂的「案件重組」也不過是「盡量復原」而已。除非時光機發明成功。雖然有人感到遺憾，但起碼當下我們還是可以很好地陶醉在推理歷史懸案的遊戲當中。

不過，站在歷史學的角度，既然是真實發生過的事件，不管大小，我們還是要盡量還原真相，必須以專業的手法、忠於事實的態度對待它。

這場看起來毫無懸念卻謎團重重的歷史懸案，究竟還有什麼蛛絲馬跡可以讓我們再貼近真相一點呢？凡事總需要從基本資訊開始，那我們就有必要「人肉搜索」一下凶手與受害者的底細、他們相互之間的關係，還有犯案前的情況。接著就是要「闢謠」，客觀冷靜地檢視一個又一個的謠言、陰謀論，重新把案件的來龍去脈搞清楚。

來，讀者諸君！我們先從瞭解凶手明智光秀的底細開始，一起來重審這樁「日本史上最大的歷史懸案」吧！

初版序　日本史上最著名的謀叛事件

是非に及ばず（《信長公記》）

今日よりして天下様に御成りなされ候（《川角太閤記》）

敵は本能寺にあり！（《明智軍記》）

父子悪逆天下の妨げ討ち果たし候（《武士事紀》）

余は余自ら死を招いたな（《日本王国記》）

天正十年六月二日，即西曆一五八二年六月二十一日，在日本京都發生了一宗堪稱影響日本戰國時代，甚至日本歷史發展的事件——「本能寺之變」。當時欲以結束戰國亂世、統一日本的織田信長，被他最信任的家臣之一的明智光秀率兵突襲。信長以寡兵抗戰不果，最後在本能寺的烈焰中自殺，享年四十九歲。

不久後，信長的長子織田信忠也在二條新御所中力戰而亡。一夜之間，叱吒戰國的織田父子雙雙死去，然而十三日之後，明智光秀在孤立無援的情況下，於山崎之戰被趕來為信長父子報仇的同僚、競敵——羽柴秀吉所敗，光秀據傳在京都山科效外中伏被殺。就這樣在十三日內，這個戰國史，甚至是日本史上最著名的事件中的肇事者一一死去，可說是天意難測。這個事件改變了往後戰國史及日本近世史的發展，在山崎之戰中為主君報仇成功的羽柴（豐臣）秀吉隨後建立了豐臣政權，而本為織田信長盟友的德川家康也間接得到機會獨立，為日後創建德川幕府埋下伏筆。

然而，對於這件足以影響日本中近世史發展的事件，直至四百多年後的今日，依然是一個令人百思不解，卻又使人們不停研究的題目。當然，最大的原因是因為到目前為止，明智光秀的動機到底是什麼？又怎樣做到神不知、鬼不覺？還有，背後是否存在合謀？這三個問題，相信是不少現今的戰國史愛好者及史學家都想得到答案的。事實上，由江戶時代到現代，已經有無數的文人、小說家、軍記小說作家、儒史學者及現代的史學家絞盡腦汁地嘗試提供答案。

為了解答這三個「看來基本，實在難解」的問題，到目前為止已經出現不少的說法及推論，並想像出一切的可能，希望從中得出最具信服力的論說。但說實在，這四十多個說法並不是個個都具有信服力，不少只不過是揣測、幻想，甚至根本是缺乏根據的。最終真正具有一定信憑性、又得到史學界大致採納的有以下四種說法：

一、野心說
二、怨恨說
三、各種陰謀論說（主要）
1足利義昭陰謀論說
2朝廷陰謀論說
3耶穌會陰謀論說
4豐臣秀吉陰謀論說
5德川家康陰謀論說
四、信長野望阻止說

簡而言之，上述第一、二、四項可以歸納為單獨行事，而第三項則是合謀行事。第三項說法的各種陰謀論說在近年的史學界呼聲甚高，同時也符合日本人極好陰謀論的思維，令各種的陰謀論說幾近成定說。但是，由於都沒有決定性的史料可以完全確定明智光秀的動機，自然也不能把其他的說法完全排除。

在檢視諸說法之前，有必要先從可信度較高的史料中，解釋、分析與本能寺之變有關的幾個要點：

一、明智光秀的一生
二、明智光秀在織田家的地位與功績
三、明智光秀與織田信長最後的關係

在這樣的前提下，再檢證各說法的可接納程度及當中的個別問題，或許能使包圍著本能寺之變的迷霧逐漸消去。

為此，本書將在第二部中嘗試分析上述的各個說法，並且透過利用一次史料、其他較可信的軍記小說，以及諸位現在活躍於研究戰國史及本能寺之變的學者的論文、著書，試圖解明、追溯明智光秀為什麼、如何發動本能寺之變，並嘗試析論到目前為止，學界、坊間對事變的解釋及事變的諸項說法，以及事變與織田政權政策的因果關係。最後，再於最後一章中談談筆者個人的見解。

遺憾的是，筆者深感本身的史識不足，加上史料所限，以及考慮到各位讀者的閱讀需要，或許無法十分清晰地把所有的問題都完全解釋清楚，同時由於本書的定題所限，一些相關課題，好像「本能寺之變與豐臣政權的成立關係」，以及「織田政權內部的結構、權力分配與本能寺之變的關係」等等，都只好忍痛割愛，留待日後再與讀者一同探討。

第一部

明智光秀傳——忠與叛之間

第一章　明智光秀的實像——傳說與真實

從批難到反思

自本能寺之變後，後世對明智光秀的評價便直線下降直至今時今日。「叛徒」、「野心家」、「忘恩負義之徒」、「表裏不一」之類的惡評不絕於江戶、明治、大正時代的相關著作之中。其實早在秀吉時代，這種唾罵便已經開始，秀吉命祕書大村由己在山崎之戰後寫下《惟任退治記》，貶抑明智光秀的形象，藉機增強自己的人望及政治本錢，秀吉的「司馬昭之心」真可謂顯而易見。

以後的軍記小說都沿用了這個「官方設定」去解釋本能寺之變及描繪明智光秀，就連唯一以明智光秀為主人公的軍記小說——《明智軍記》（著者不詳），也大量記述了明智光秀與織田信長在各方面的對立、不和，認為這是導致本能寺之變的真因。其他以織田信長及羽柴秀吉為主題的軍記小說，如《川角太閤記》、《繪本太閤記》、《甫庵

太閤記》、《甫庵信長記》、《總見記》都同樣認定了光秀因野心或怨恨而動殺機。因此，在儒家忠君為主流思想的江戶時代，明智光秀的形象飽受「忠逆思想」的批判。對比織田信長、豐臣（羽柴）秀吉、德川家康這三位偉大無比的「天下人」，「逆賊」明智光秀永遠背負著「謀逆」的道德大罪。故此，有關明智光秀的前半生，以至他的家族、出身、出生地及生歿享年等皆鮮有系統的記錄，亦沒有一致的說法，這可說是道德批判下的宿命。

當然，作為本能寺之變的首謀，以及織田信長的家臣，明智光秀的弒主行為，除了「謀反」、「以下犯上」之外，的確沒有更貼切的形容詞與解釋。可是，明智光秀的功績與謀反並無直接關係。後人的批判責難也並非完全禁得起歷史考證，而我們也沒有必要去衡量明智光秀的行動是否正確；更不能就此否定明智光秀在戰國史的影響及貢獻，尤其是他在促進織田政權統一日本方面的作用。因此，筆者認為必須將他與本能寺之變分而論之，兼而述之。

雖然江戶時代的各方史書、軍記小說，以至現代二戰前的學術論文都顯示，當時人們都將明智光秀當作出名的道德反面教材，不過在民間卻別有一番現象。基於日本人的鄉土情結及「死人無善惡」的觀念，現在有關明智光秀的傳承、傳說及事跡，都在與他相關的地方廣泛流傳。諸如其中一個傳說有關光秀出生地——岐阜縣惠那郡明智町明知城址，每年都舉辦了「光秀祭」來紀念他。另外，傳說他效力越前國戰國大名朝倉義景時，一直體卹民眾，因此村民在每年的六月十三日（光秀忌日）祭祀這位愛民的武將。此外，還有他在天正八年（一五八〇）八月受封丹波國（現在的京都府北部）後，為當地民眾治水開渠的功績也得到當地的表彰。他的死亡也流傳著生還說、隱伏說等等說法。雖說這些都只是地方民眾的傳說、傳言，但不難發現民間對明智光秀的觀感，要比上流知識分子間的叛逆形象來得正面，可說是一個非常有趣的現象。

第二次世界大戰後，日本的史學界從古來的絕對忠君觀念中得到解放，它不再是治史者研究歷史的必然標準，從前對信長近乎神格化的形象塑造也不再重要。因此，以往被矮化的信長的敵人們，都得到戰後史學家的平反，其中最出名的當然有今川義元、武田勝賴等主要反信長戰國大名，還有明智光秀。史學家從龐大的史料中找到不少有關明智光秀的文書及資料，重新對他進行理性的研究，這對光秀來說可能是一個好消息吧？

戰後研究明智光秀的領軍人物，當推戰國史研究會初任會長——高柳光壽。他在《明智光秀》一書中提及「信長與光秀理應是性格、想法相近的兩個人，否則根本難以相處數十年」，這確實是極為精闢的意見。說來明智光秀與織田信長初次會面，到本能寺之變的二十年間，光秀要是真的與信長性格不合，又或理念相背，不太可能在二十年後才突然想到以暴力來解決。真相永遠在暗處，就讓我們繼續追尋下去吧！

同時代人眼裡的光秀

受到大河劇與電玩遊戲的影響，現在大多數日本戰國史的愛好者，對明智光秀的印象，大多是知識分子、重傳統的武將，與信長的大膽創新、暴戾、狂妄的性格相比，可說是各走極端、不盡相配的兩個人。可是，同時代的人又是如何看待明智光秀的呢？先從當時到日本傳教的傳教士說起。佛洛依斯（Luís Fróis）在《日本史》中就有以下有趣的描述：「他好背叛及密談，興刑罰且殘酷獨裁，但自身的偽裝能力卻是拔群且速。另外在戰爭方面，善謀略、富忍耐力，乃計略、謀策之高人」。

雖然傳教士對於日本當時人物的評價，或多或少都為該人物對基督教的態度左右，但當中也不乏具體敏銳的人物觀察。佛洛依斯對明智光秀的描述，雖然很難說完全準確，但考慮到他是同時代的人，又真的見過光秀，故此也不能否定當中的可信性。從此看來，傳說與真實的明智光秀很可能存在相當大的分別。

上述已經提及傳教士佛洛依斯對光秀的評價，這個評價可能令早已深入人心的「明智光秀＝重傳統的武士、知識分子」的形象遭遇很大的衝擊，令不少人大感驚愕。那麼，當時的日本人，尤其是明智光秀身邊的人們又是如何看待明智光秀這個人物的呢？與佛洛依斯的光秀評價不同，當時見到明智光秀的日本人，對他的評價卻非常正面。其中最出名，也是最引人注目的，當然是身為上司的織田信長對光秀的評價。

在史料上，信長絕少在與家臣的文書往來之間，或平常的場合中特意稱讚某些家臣，可是，例外的情況就發生在天正八年（一五八〇）八月，也就是後世有名的「佐久間父子放逐事件」。當時，信長向老臣佐久間信盛、信榮父子送達責難狀，藉其他家臣的表現指責佐久間父子的無能；當中的第三條就提及光秀的表現（《信長公記・卷十三》）：

丹波的日向守（光秀）的拚戰，為我在天下面前保住顏面。

此前，明智光秀剛平定了丹波國內反抗信長的赤井氏與波多野兄弟，名震天下。對於光秀平定丹波，信長顯然非常滿意，也肯定了光秀在織田家中的功勞、地位（詳見下章）。另外，在丹波平定戰完成之前，戰國梟雄松永久秀再次起兵背叛信長，光秀奉命攻下其所在的大和信貴山城（史稱「信貴山城之戰」）。他的表現被當時京都的商人、朝廷的御庫負責人立入宗繼評為「名譽滿天下之大將也」（《立入宗繼文書》），證明當時朝廷中人也十分肯定光秀在此役的軍功。

另外，還有《武功夜話》的記載。《武功夜話》是由前野長康以及他的子孫用兩百年的時間續寫的軍記小說，雖然《武功夜話》的可信程度一直受到史學家的質疑，但考慮到前野長康是曾經侍奉過信長及秀吉的武士，在此不妨介紹一下當中提到有關明智光秀的評價。

> 明智光秀自從侍奉信長公以來，於近江之戰中盡忠不懈，武功無數，是古今稀有的能人……光秀於信長公麾下，才華出眾，與秀吉公堪為織田家中的雙璧功臣。

以上的「大獲好評」散見於諸史料中，然而在本能寺之變發生後，這些有關光秀的功績就被埋沒在「謀反的惡名」之下。後世總是將光秀描繪成以文治為主的部將，與其他織田家的大將相比，在武略上略欠一籌。光秀的軍功也絕對比不上羽柴秀吉以一軍之力，占領了毛利家控制的播磨、但馬、備前等國，也沒有如水攻高松城、以「渴殺法」逼死別所長治、吉川經家等的高謀遠略；就算比較北陸方面的柴田勝家、佐佐成政、前田利家、不破光治，光秀的敵人也好像沒有上杉景勝那麼棘手、那麼有名；

光秀的攻略目標也沒有瀧川一益經略的關東那麼複雜多難。

驟眼看這些「切實的比較」，信長對光秀的評價何以出奇的高，甚至得到信長的點名盛讚，實在令人費解。如上所述，這些疑問部分是由於光秀敗給秀吉之下而被貶抑，另外也因為明智光秀戰死後，明智家族幾乎全滅，更令他的功績不能有系統地流傳下去。好像柴田勝家、佐佐成政、瀧川一益等被秀吉大敗的織田家將，他們的事績也散見在地方傳說及與其有關之人的相關書物之中，比如前田利家的《利家夜話》、《村井正賴聞書》及伊勢地方的《勢州軍記》、《勢州四家記》等。但除了在後世流傳不廣的《信長公記》、《細川家記》之外，與光秀親交公卿的私人日記，以及記載或提及光秀事跡的寺院所藏文書，仍然無法輕易流傳。加上光秀攻略的丹波、丹後兩國向來因為地緣政治的關係，並沒有出現強大的勢力，自然引不起後人的興趣。在以上的客觀條件下，光秀丹波攻略的重要性及信長的評價慢慢被人遺忘。不過，從光秀在織田家中的地位去分析他的重要性，我們就會知道上述這些都絕對不是極度誇張的評價。接下來，就來還原、回顧光秀的一生。

第二章　明智光秀的前半生之謎

明智光秀，你是誰？

了解明智光秀在織田政權的地位與貢獻之前，首先必須了解他進入織田家前的經歷。為了讓讀者更加理解光秀的底細，接下來就先考證一下光秀的出身與家族之謎。

前章已經提到現有關於明智光秀出身的幾個說法，其中最出名的，就是說他是美濃國武家名門——源氏一脈的土岐氏支族．明智氏的子孫。在以前的研究裡，支持這看法的史學家大多是支持「野心說」的。這是因為光秀在出兵反叛信長之前的五月二十八日，親自到了京都愛宕山上供奉愛宕大權現的五坊之一——威德院西坊舉辦連歌會，並把參與人士所詠作的百句連歌奉納在社內的殿前，這就是著名的《愛宕百韻》（或稱《明智光秀張行百韻》）。

《愛宕百韻》的內容整體上看起來並無甚特別，唯獨首句（光秀所作）引起了後世的注目：

時は今あめが下な(し)る五月哉

字面的意思是「時值下雨的五月」，本來沒有什麼特別的含意，卻因為後來的本能寺之變而變得十分耐人尋味。認為明智光秀是美濃土岐氏出身，又支持「野心說」的史學家繼承江戶時代以來的說法，認為此句中隱含了光秀造反的意志。皆因句首的「時」(とき)的日文讀音是「TO-KI」，與土岐氏的「土岐」日語讀音相同。這些支持「野心說」的學者認為，光秀在強調自己是源氏土岐氏一族子孫，要阻止當時僭稱平氏的信長奪取天下的企圖，打破「源氏霸權」。

其實，這種「明智光秀＝土岐氏」、「源平相剋」的說法，自江戶時代到二戰前都十分著名。可是，二戰後的日本史學界開始對此抱持懷疑的態度。其中，知名史學家桑田忠親在著書《明智光秀》中便提及：

> 以『時』(的讀音)以為是明智氏本宗・土岐氏(讀音)的暗示之說，彷彿是後世所做的牽強附會之說。(中略)……在確實的古文獻及史料之中，(桑

田著書時）還沒有找到明確記載（光秀）出身的資料，（中略）……故此，只可結論出，光秀的父親是明智氏一族，但確實的來歷不詳。

簡言之，桑田質疑後世單憑所謂《愛宕百韻》首句的「暗喻」，就認定了光秀出身土岐氏的說法有點武斷，這個批評顯然有一定的合理性。不過，後面桑田也補充說，他沒有史料去證明明智光秀乃土岐氏出身。在當時，除了江戶時代所傳的家族系圖，很多一手史料還沒被匯總起來，所以桑田才會得出如此模稜兩可的結論。平心而論，他做出這樣的結論，其實是基於慎重的態度，也是受客觀條件所限的結果。

雖然數十年過去了，史料也陸續被挖掘了，可是至今仍然沒能找到直接可以協助斷定明智光秀就是土岐氏庶流出身的史料。不過，還是有一些史料可以間接判斷這個說法是有點根據的。

例如前面引用的《立入宗繼文書》，以及與明智光秀關係密切的熊本細川氏的家傳《細川家記》（又稱為《綿考輯錄》，於一七七八年完成）裡，便可以看到蛛絲馬跡。《立入宗繼文書》裡提到明智光秀是「美濃國住人，土岐之隨分眾也。明智十兵衛尉，其後跟從織田信長，成為惟任日向守。」

「隨分眾」一般指有地位、身分的人物。換言之，立入宗繼所認識的光秀乃美濃土岐氏中的一族及有力者。另外，細川家在江戶時代編纂的《細川家記》裡提到，明智光秀乃「清和源氏土岐下野守賴兼之後」。

單憑以上兩件史料的佐證，仍然不能就此肯定明智光秀是美濃土岐氏的某一支族，因為立入宗繼的話沒頭沒尾，不能否定他可能只是聽光秀編說故事，然後把這個說法記錄下來；而《細川家記》本身屬於編撰類的史書，不是同時代的見聞記錄，所以也不能作準。

話雖如此，還有兩份史料可以提供我們一些線索。一是光秀後來的深交好友、京都吉田神社的神官吉田兼見的日記《兼見卿記》。在元龜三年（一五七二）十二月十一日的記事裡提到，光秀跟兼見說自己在美濃國有親戚，這間接顯示光秀本人親證了自己與美濃國的關係。

另一則是近年新發現的一份史料，更能強化人們推斷「明智光秀是美濃土岐氏之一族」的可能。

《遊行三十一祖京畿修行記》記載了日本淨土宗流派之一的時宗（又稱為「時眾」，開派之祖是鎌倉時代的名僧一遍上人），第三十一代遊行上人同念在天正六年至八年行走日本各地的見聞，推估這是由陪同同念的人書寫的。值得注意的是，記錄裡天正八年（一五八〇）正月的記事中提到了明智光秀的來歷：

惟任者本名明智十兵衛尉，曾是濃州土岐一家牢（浪）人。

關於為何在這裡提到光秀，後面再作說明，先來探討上述這句話。首先這份史料的原本已經散佚，目前只有抄寫本，寫於寬永七年（一六三〇），現藏於鎌倉。雖然是抄寫本，難以排除後人加添內容的可能性，但是就內容的脈絡以及用詞來看，起碼到現在還沒有發現突兀、矛盾的地方。如果採用這個記錄的說法，那麼可以歸納出同念當時對明智光秀的認識，跟上述立入宗繼的印象基本一致，明智光秀與美濃土岐氏有關係，是來自土岐的「一家（支族、旁支）」，後來因故成為浪人。

綜上所述，就算還不能斷言光秀與土岐家的具體關係，但是可以確定起碼當時沒有人懷疑、否定他是美濃土岐氏之一族明智氏出身的可能性。

話雖如此，為了進一步考察光秀的出身之謎，接下來我們還是盡可能深掘一下這個謎團。

根據目前研究整理的結果，有關明智光秀的系圖（家譜），常用的主要有《續群書類從．土岐、明智系圖》、《系圖纂要．明智系圖》、《尊卑分脈．土岐系圖》、《明智氏一族宮城家相傳系圖書》、《美濃明細記．明智系圖》五項。

順帶一提，其中的《續群書類從．明智系圖》據說是明智光秀的遺孤，一個出家後叫做玄琳的僧人在寬永八年（一六三一）筆錄而成的。他在文末寫道「慈父光秀尊靈五十回忌，為追福修善」，「五十回忌」就是筆錄完成時的寬永八年，與山崎之戰（一五八二）剛好相隔五十年。玄琳當時已經六十五歲，換句話說，本能寺之變與山崎之戰的時候，他才十五歲。

不過，由於沒有足夠的資料證明他跟光秀的關係，不排除他自稱光秀兒子的說法，是為了增加自己筆錄繪製《明智系圖》的可信度而編造的。而且上面這幾句明顯是系圖完成後追加的，玄琳身分的真偽目前還是一個謎。

另外，在繼續探討明智氏的來歷前，還有一點需要加以說明。那就是美濃國其實有兩支明智家族。一支是惠那郡的遠山明知（智）氏，另一支是可兒郡的長山明智氏；前者是京都貴族藤原氏的後裔，後者就是我們一直說的土岐氏庶族。

兩者雖然來自不同家族，但是地盤位置相近。因此，光秀究竟屬於哪一支明智氏，也曾經引起學界的討論。不過，史料上看不到惠那郡與光秀有什麼交集，那裡也似乎沒有傳出光秀跟他們有關係。目前來說，基本上可以排除前者的可能性。

然而，上述的五份系圖對於土岐氏如何衍生出庶家明智氏的過程各有不同的描述，更麻煩的是，系圖裡明智氏各代子孫的名字亦不統一，甚至光秀父親的身分也有不同的說法。我們只能重新整理一下這些零碎的線索。

首先，從《尊卑分脈・土岐氏系圖》裡，大概可以確認美濃守護土岐氏在室町時代初期（十三世紀末期），分出了明地氏（「明地」與「明智」同音）。另外，根據室町時代的資料，這個明智氏後來又分出兩個分家，按照他們的官位，史學家將之分為「兵庫頭家」與「中務少輔家」。

前者是室町幕府的「奉公眾」，後者是「外樣眾」。所謂的「外樣眾」就是臣服於將軍足利家的諸侯，地位較高；至於「奉公眾」則是直屬將軍的親衛隊，分為五個分隊，雖然比「外樣眾」的地位低一些，但由於擔著足利將軍的威勢，地方守護多少也要給他們一點面子。

從史料來看，這兩家因為身負公職，所以長期待在京都。既然如此，他們跟應該在美濃成長的光秀，以及他的家系有什麼關係呢？這需要不厭其煩地說明。在十五世紀末期，待在京都的「奉公眾」明智「兵庫頭家」的當家明智玄宣，與待在美濃、侍奉守護土岐家身邊的明智上總介賴尚，在延德二年（一四九〇）發生過領地爭議。明智玄宣指控明智賴尚侵吞自家在美濃國明智莊（長山一帶）的領地，賴尚的背後似乎有守護土岐家撐腰。

雖然幕府多次判定明智玄宣勝訴，更聲言要動員討伐違逆幕府裁決的明智賴尚，但結果在五年後的明應四年（一四九五）雙方和解了。至於玄宣和賴尚的關係，目前的研究推斷玄宣是明智家嫡系，賴尚是傍支，前者因為一直身在京都，對祖宗之地被奪鞭長莫及，也只能妥協和解。

這個糾紛的發生時間已經貼近光秀出生的年代，所以接下來，我們要嘗試討論一下光秀父親的問題。前面提到的各種系圖裡，光秀父親的名字不盡相同，但大體上不外乎「光隆」、「光國」、「光綱」三個版本。究竟哪個才是光秀父親的本名，或者說其實沒有一個是真的，都是有可能的。由於沒有任何史料協助推斷，故而沒有一致的說法。因此，有些史學家直指這方面的考究是沒有實際意義的。

然而，一些史學家留意到在《明智氏一族宮城家相傳系圖書》裡，光秀之父的名字是「光綱」，旁邊的註記補充說「一名『光隆』」，也就是說「明智光綱＝明智光隆」。而「光國」也極有可能是他其中一個名字，又或者是誤傳的假名，畢竟在那個時代，武士頻繁改名是十分平常的事。

要留意的是，相比於其他記載光秀出身的系圖，雖然《明智氏一族宮城家相傳系圖書》提供的資訊較多，影響也比較深遠（例如說光秀的姑母嫁給了「蝮蛇」齋藤道三），不過這個家譜屬於較為後期完成的，裡面的說法均沒有證據。說「光綱，一名『光隆』」，也有可能是製圖者參考了其他資料，然後補充進去的註釋，不能就此下定論。

況且，為什麼到了光秀父親這一代，名字裡突然取了「光」來作為通字[1]，也是讓

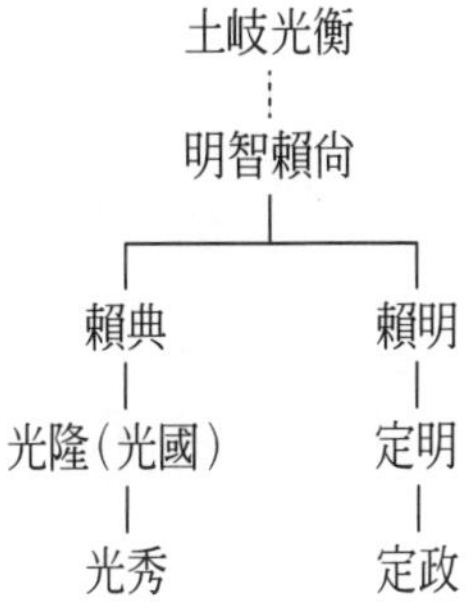

《土岐、明智系圖》裡的明智家系

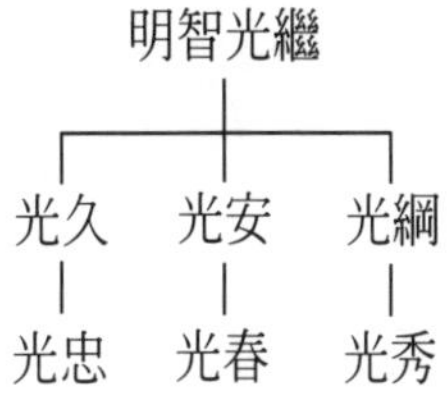

《系圖纂要・明智系圖》裡的明智家系

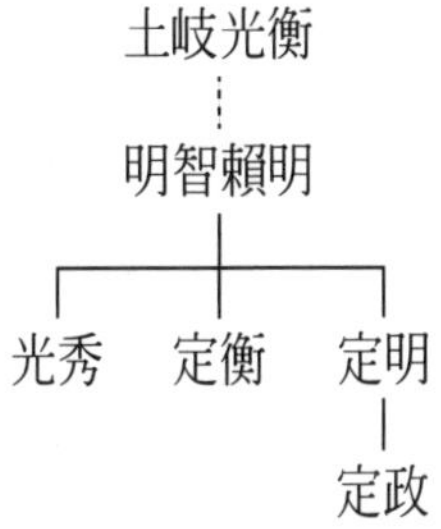

《明智物語》裡的明智家系

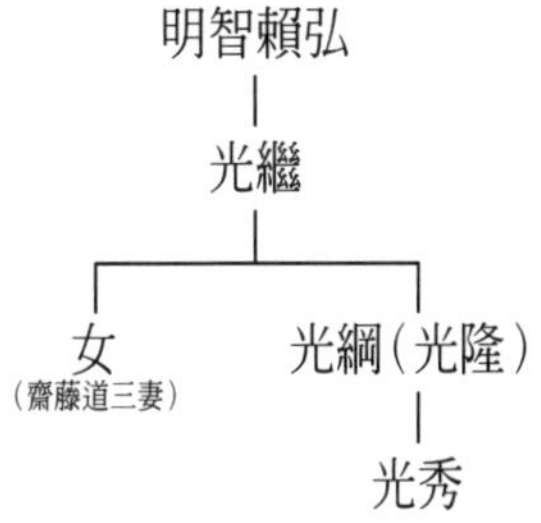

《明智氏一族宮城家相傳系圖書》裡的明智家系

人費解的。因為各系圖裡都顯示土岐明智家代代子孫多數人的通字是「賴」，在光秀之前幾乎沒有一代人用過「光」字。

根據江戶時代長山明智氏的後代沼田土岐藩的資料記載，光秀的祖父名叫土岐（明智）賴典，因為企圖篡奪父親（也就是前面提到奪取嫡系宗家（明智玄宣）土地的明智賴尚）的權位失敗，被父親放逐在外。賴典的長子叫光隆，而光隆的長子就是光秀。於是，有史學家認為上面的「通字」問題可以這樣解釋：被父親放逐的賴典放棄了「賴」字，因為某個原因，改用「光」字，以示自己與子孫從此跟家族再無瓜葛。不過，這個說明只是推斷上的推斷而已。

至於賴尚阻止長子叛逆後，決定讓另一個兒子彥九郎賴明繼承家產，賴明的後代就是剛剛提到的江戶時代沼田藩的藩主，苗字從「明智」改為本宗的「土岐」，史稱「沼田土岐家」。

這場賴尚與賴典的父子對立事件，以及賴明繼承家業的經過，在江戶時代沼田土岐家保存的史料裡均得到確認，事件發生在文龜二年（一五〇二）。只是，賴明之後的明智家動向如何就沒有確切的記載，除了前述的「賴典—光隆—光秀」的簡單說明外，也就無從查考了。

雖然考究工作進行到這裡出現了瓶頸，但也不是完全沒有收穫，還有一個小線索可以再補充一下。慶長十九年（一六一五），一個八十二歲、名叫森秀利的武士口述而成《明智物語》。前面說到明智賴典被放逐，由其弟明智賴明繼承家業，森秀利就曾是賴明的長子明智定明的家臣。就《明智物語》的內容來看，森秀利跟明智光秀沒有聯繫，跟沼田土岐家也似乎沒有來往。即使不能百分百肯定他的回憶可靠，但這畢竟是跟明智家有關係的同時代人的記憶，被人為操作的可能性不高，我們難以忽略無視。

據森秀利的說法，賴明有三個兒子：長子定明，次子定衡，以及三子光秀。這個說法跟前面提到的《續群書類從．土岐、明智系圖》的說法頗為類似，唯一的不同是《續群書類從．土岐、明智系圖》否定光秀是賴明一脈，而是叛逆者明智賴典的孫子。

誰是誰非，目前難以定奪。不過，考慮到《續群書類從．土岐、明智系圖》寫於江戶時代，由賴明的子孫沼田土岐家收藏。明智光秀是叛逆弒君的「惡人」在江戶時代已是人所共知，沼田土岐家將他跟同樣叛逆君父的賴典放在一起，既可以撇清自家跟「叛逆人」的關係，保住名譽，也暗示出光秀叛逆是有「家族淵源」的。換句話說，將光秀設定成明智賴典的子孫，背後很可能是出於政治考慮。

經過曲折的考究，目前也只能追蹤到這裡為止，但可以整理出以下三個要點：

一、明智光秀成名後，身邊的人接受他是土岐明智家出身的說法。

二、明智光秀的家族本來是土岐家一族長山明智家的庶出傍支。

三、雖然不能完全肯定，但光秀很可能是長山明智賴明的後代。

如果以上三點沒有問題，就可以回應同時代的人稱明智光秀是「土岐之隨分眾」之說，也能合理解釋他為何在美濃有親戚。當然，這個問題仍然有待日後出現新史料，

1 通字，日本家族裡象徵家族羈絆的命名方式，代代子孫都用同一個，或者幾個限定的漢字來命名。

以幫助我們繼續揭開謎底。

無論如何，光秀出身之謎的考證就此告一段落，接下來我們來看看光秀接觸織田信長以前的行蹤軌跡。

弘治二年（一五五六）九月，發生了一件影響光秀前半生的歷史事件——長良川之戰。美濃國大名齋藤道三與長子義龍（當時名叫「高政」，以下統稱「義龍」）為當家繼承的問題而引發內戰，美濃國各家也分成兩個陣營。

據軍記物語如《明智軍記》與部分明智系圖記載，明智光秀的姑母「小見之方」嫁給了齋藤道三，光秀與明智家也因此跟齋藤家有了聯繫，「順理成章」成為道三陣營的一員，對抗齋藤義龍。道三戰死後，支持道三的明智家被義龍軍攻陷，光秀成功逃亡，但從此開始過著漂泊無定的浪人生活。

不過，在可靠的史料裡，未能確定光秀與明智家捲入了齋藤父子的對立之中。據《細川家記》記載，光秀聲稱自己是織田信長妻子齋藤氏的親戚，這看似完美對應了前面的描述。然而，《細川家記》這部分描述其實是參考了軍記物語的說法而成，並不可靠。在齋藤家的史料裡，也沒能找到明智家的行動痕跡。所以，說光秀跟齋藤家有關係，恐怕只是後世人穿鑿附會而已。

同樣，《明智物語》中也完全沒有提到齋藤家內亂的事，反而說是明智家在天文二十一年（一五五二），即長良川之戰四年之前，爆發內亂後家道中落，光秀成為了浪人，結果在迂迴曲折之下，成為織田信長的家臣。

總而言之，明智光秀為什麼淪為浪人，以及他成為浪人後的行蹤如何，由於沒有確切的史料，目前仍然是一個謎。

據《明智軍記》記載，光秀在長良川之戰後「遊遍諸國」，最後到了越前為朝倉家效力，「其後留在越前，屬太守朝倉左衛門督義景，受納五百貫之地」。可是，仔細推想，就會發覺「遊遍諸國」一說的真實性存在極大的疑問。例如「遊遍諸國」一說提及的地名，明顯是江戶時代前後才出現的，又把一些大名所在的地名搞錯了，使其可信度打了折扣。

如果光秀「遊遍諸國」一說不可信，那麼光秀是不是真的效力朝倉家呢？基本上，除了說光秀領五百貫的俸給外，光秀應義景的要求，展示自身的鐵炮射術，並令義景感悅，因而給予光秀一百人鐵炮隊的指揮權之類的說法只出現在《明智軍記》，找不到其他旁證，朝倉家的史料也沒有光秀的痕跡，故不得不慎之又慎。

不過，越前當地的確存在跟光秀有關的元素。第一個是越前國東大味（今福井縣福井市），每年六月十三日都有光秀祭，以紀念明智光秀曾經守護當地。當地也保留了據傳是明智光秀效力朝倉家時的住屋遺址。此外，還有一些坊間傳言說明智光秀是在越前認識細川藤孝與足利義昭的。

另外，還有一封書信被認為是更加有力的證據，那是明智光秀於天正三年（一五七五）八月二十二日，寫予一名叫做服部（野村）七兵衛尉的武士的。信中光秀請求七兵衛尉代為照顧一位住在越前、叫做「阿竹」的人。雖然不知道阿竹是誰、跟光秀有什麼關係，不過史學家認為，出身美濃的光秀拜託別人照顧身在越前的阿竹，暗示光秀很可能確實在那裡生活過。

前面引用過的《遊行三十一祖京畿修行記》，提到光秀是土岐氏一族的出身後，還有一句重要的資訊：「但是後來投靠越前朝倉義景，在長崎（今福井縣坂井市）稱念寺門前居住約十年」。按照此說法，光秀似乎真的在越前待過一段時間。不過值得思考的是，這裡說的「投靠越前朝倉義景」，是否真的像《明智軍記》、《細川家記》說的那樣，光秀做了義景的家臣呢？

如果真的成為了義景的家臣，朝倉家的直屬家臣大多居住在一乘谷附近，那為什麼光秀長時間住在距離朝倉家主城一乘谷二十多公里外的長崎稱念寺門前呢？從辦公出勤的角度看，這距離實在是太遠了。至於東大味的住屋遺址，這個記載最早只能追溯到十七世紀末。所以，可以推斷這裡說的「投靠」，應該是順利居住下來、沒有被趕走，也等於是受到朝倉家的保護了。東大味的住屋遺址也可能是當地人受到軍記物語等影響，製作出來的「記憶」。

至於所謂「居住約十年」，猜想也只不過是約略的數字，不能作準。總之，根據以上的分析，明智光秀曾到越前並效力朝倉家的可能性還是十分高的。既然如此，光秀是什麼時候抵達越前的呢？這個問題也不好回答。不過，一份新史料可能提供了我們一些線索，同時也帶來了更大的疑問。

落難將軍之臣

二〇一九年，史學家發現了一份名為《針藥方》的史料，記載著治療簡單疾病知識的內容。最受矚目的是文末的幾行字：

以上這部書（《針藥方》）乃明智十兵衛尉（光秀）於高島田中城防守時口述傳授也。本來的書末如此。

這部書由沼田勘解由左衛門大人大概傳授之，於江州坂本寫之。

永祿九（年）十（月）二十

（米田）貞能

這是起初侍奉足利義昭、後來成為細川藤孝家臣的米田家收藏的史料。內容一目了然，這部《針薬方》先是由明智光秀在高島田中城（今滋賀縣高島市）口述給沼田清延，而後沼田清延又在永祿九年（一五六六）將之傳授給米田貞能，貞能再筆錄而成。

這裡便產生了三個疑問：第一，光秀為什麼會在高島與沼田清延一起守城？第二，光秀是以什麼身分出現在那裡的呢？第三，如果光秀真的去過越前，那麼他出現在南方的高島田中城，是在去越前之前，還是之後呢？

要探討這三個問題，有必要思考一下這段文字的資訊，以及與前面《遊行三十一祖京畿修行記》的記載有沒有矛盾。

首先，按這段文字的邏輯，米田貞能完成抄寫是在「永祿九年」，但是無法得知光秀是在什麼時候口述給沼田清延的，只能說是「永祿九年」之前的事。「永祿九年」的前一年，即永祿八年（一五六五）五月，足利幕府十三代將軍義輝在政敵三好家策劃的政變中被殺（史稱「永祿政變」）。

義輝有兩個弟弟——足利義榮與足利義昭（當時在奈良出家，叫一乘院覺慶），前者被三好家擁立為新的將軍，後者被幕府的臣子細川藤孝等人救出，幾經波折後，於同年十一月底逃到近江國南部的名門大族六角家領內的矢島（今滋賀縣守山市）避難，並呼籲各路諸侯，如保護他們的六角義賢，還有織田信長、上杉謙信與齋藤龍興，聯手起兵，打倒三好家與足利義榮，擁立自己成為新的將軍。

不過，義昭一直等不到信長等大名的回應。永祿九年八月初，三好家派兵三千人到矢島，打算消滅義昭，但是被義昭與六角家的聯軍打退。到了八月底，有消息傳出保護他們的六角義賢父子有意轉與三好家及足利義榮合作，義昭一行人感受到威脅將至，決定經過近江國西北的朽木（今滋賀縣高島市），也就是上述的高島田中城附近，前往北面的若狹國短暫停留，再一路北上，抵達越前的一乘谷城，投靠朝倉義景。

這樣看來，《針薬方》裡說光秀在田中城防守，城的地理位置與義昭逃亡北方的路線相近。因此，一部分史學家推測，或許防守田中城跟義昭逃往若狹的行動有關，光秀極有可能是以義昭陣營的一員奮戰，之所以在那裡防守，很可能是要阻擊三好家與六角家的追殺。

假設光秀真的在永祿九年以前出現在近江國高島田中城，當時的義昭又還沒有接觸朝倉義景，那顯然光秀不是以朝倉家臣的身分來到高島的，更有可能是作為義昭的家臣抵抗三好家。

那麼，《遊行三十一祖京畿修行記》記載光秀在越前待了十年左右，兩者之間有沒有矛盾呢？首先，前面說過這裡的「十年」恐怕是約數，不能作準，而且也並未明說光秀是什麼時候開始待在越前，所以起碼是沒有邏輯矛盾的。

另外，如果光秀真的像《明智物語》記載的那樣，在一五五〇年代初從美濃到了越前，在那裡生活了幾年，然後因故輾轉成為義昭陣營的人，再於一五六六年以前的某個時間點被派到高島田中城防守，這樣算起來，時間上是完全可能的。

可是，這樣一來又會衍生出新的疑問。傳統說法認為光秀是在越前才遇見足利義昭與細川藤孝的，然後成為藤孝或者義昭的家臣。這顯然與《針薬方》衍生出來的前後因果（離開美濃→在越前生活→成為義昭陣營的一員）關係恰恰相反。這種矛盾使得追蹤光秀在這個時期的動向考證，幾乎重新回到了起點。

也有一些史學家對《針薬方》抱持謹慎的態度，他們從最基本的角度出發，不排除《針薬方》所記載的年分與內容（「永祿九年」與「明智光秀在田中城」）是故意寫就，或者是誤記的，並非當時的真實記錄。還有，他們也質疑為何義昭等人離開近江後，清延與貞能卻留在南方的坂本抄寫藥方，這也是不可解的。

再者，翻查三好家與六角家的史料，即使三好家曾經發動過襲擊，卻沒有跡象顯示他們在義昭逃往北方時，再有過針對性的軍事行動，更何況是出兵包圍高島田中城了。而且，永祿九年（一五六六）高島一帶的近江國西北部，目前唯一可以確定的是當年春天，是被盤踞在附近且又已經表態支持義昭的新興勢力淺井長政控制；在同一年，長政發動了戰爭纏擾著六角家。這更能讓人推斷，無論是三好家還是六角家，都不太可能在義昭出逃時從後追擊。

以上所見，兩種看法各自矛盾，使考證再次陷入瓶頸狀態。不過可別忘記，目前只能大概證明光秀在越前待過，但不代表他必須在越前遇見義昭與藤孝。換句話說，撇開「光秀做為朝倉家臣」這個先入為主的概念，推測光秀在越前生活幾年後，離開當地輾轉成為細川藤孝的手下，被派到了高島田中城留守。雖然那裡已經成為親義昭陣營的控制區域，但仍然屬於前線，防範倒戈的六角家與義昭的仇敵三好家再次發難。接著，光秀跟著義昭他們一起到越前會合，又或者沒有去越前，留在近江。

義昭一行人（可能光秀也在其中）在一乘谷停留了一年多後，發現朝倉義景沒有出力相助的打算；而在同一時期，消滅齋藤家的織田信長再次聯繫義昭，答應履行兩年多前的承諾。信長的邀請再次燃起義昭等人的希望，也為光秀與信長的相遇鋪墊好機會。

按照前一節的分析與推論，接下來就要探討光秀進入織田家的經過了，而這就需要重新整理一下他與兩個相關關鍵人物的關係，那便是細川藤孝與足利義昭。義昭已經在前面交代了。至於細川藤孝，他是室町時代後期和泉半國守護細川元常的養子，先是效忠於幕府十三代將軍足利義輝，後來成為義昭的近臣。義輝被殺後，細川藤孝得到甲賀國人和田惟政的幫助，救出被松永久秀幽禁在奈良的足利義昭，最後陪同義昭到越前一乘谷投靠朝倉義景。

前文多次提到的朝倉家，自室町時代末期以來，在北陸、京都一帶有一定的名聲及影響力，越前又距離京都不遠，義昭等人的決定，顯然是打算在越前站穩陣腳後，再鼓動義景一起伺機反擊。

朝倉義景恭迎義昭到越前，給予許多的援助。可是在第二年的永祿十年（一五六七），朝倉家重臣堀江景忠圖謀叛亂，急於平亂的義景沒有時間理會義昭的出兵要求。把光秀描寫為朝倉家臣的《細川家記》說，就在這個時候，明智光秀出現在義昭、藤孝的面前。光秀向兩人建議「朝倉義景不足信，唯織田信長可期也」、「我跟信長正室是親戚關係」。

「與信長正室是親戚關係」的說法，是《細川家記》參考《明智軍記》來寫的，那麼「朝倉義景不足信」一言的根據，恐怕也是基於後來義昭一行人離開越前，以及義景後來被信長滅亡，於是倒果為因，藉光秀的「口實」帶出他們後來離開越前的原因。

其實，哪怕光秀真的是義景的家臣，又或者是藤孝的臣下，區區一個浪人武士的發言就能動搖義昭的決定嗎？實在難以讓人相信。而且，前面說過義昭與藤孝早在決定投靠義景之前，就已經跟信長接觸過，無需光秀提醒與獻策。所以，上述《細川家記》的說法是基於編撰者不知道藤孝跟信長已經有過聯繫，藉助光秀來使得前事後續的發展順理成章。為了自圓其說，《細川家記》還補充提到當時明智光秀受到同僚鞍谷某的讒言影響，被朝倉義景疏遠而萌生去意，成為他靠近義昭與藤孝的契機。但是，從以上的經過來看，大可推斷光秀在這個過程裡沒有粉墨登場的機會，或者更直接地說，這裡面沒有他發揮的空間與必要。

以當時的大環境看來，朝倉義景平定重臣的叛亂後，要重整內部；加上永祿十一年（一五六八）六月二十五日，義景嫡長子阿君丸病死，這的確被史學家認為是另一個義景無暇協助出兵的原因。不過，讓義昭等人動心離開的更重要的因素，不外乎是永祿十年八月十五日，織田信長在美濃稻葉山城之戰中擊敗了齋藤龍興（道三之孫），正式把美濃一國的大部分據為己有。

根據在日傳教士佛洛伊斯所寫《日本史》第五十六章的記載，明智光秀在出仕信長之前，「本侍奉於細川兵部大輔（藤孝）」，另外，奈良的《多聞院日記》在後來也記載了類似的說法。如若這說法為真，或許光秀從很早就從屬於細川藤孝，甚至不存在從朝倉家轉投過來之事。

按當時（永祿十年前後）來說，與十數年後本能寺之變前夕相比，兩人的地位剛好是上下對調。彼時藤孝是已故將軍義輝的近臣，也是將軍後任人義昭的重臣。雖然藤孝與義昭一起流浪在外，但仍有十足的地位；相反地，明智光秀則只是藤孝的家臣。

無論如何，足利義昭一行人在永祿十一年七月十六日的確離開了一乘谷，接受了近江小谷城主淺井長政的招待，在這之前，淺井、織田兩家已經締結政治婚姻之盟。同月二十二日，義昭等人抵達美濃岐阜城（前稻葉山城）下的立政寺臨時住所，在那裡與信長正式會面。

剛巧在這個時候，義昭、信長得到正親町天皇頒授的上洛聖旨，藉著這兩個難得的機會，織田信長以擁護將軍上洛復權的大義名分，打出「天下布武」的口號展開上洛之戰。我們無從得知這時候的光秀是否在義昭身邊，但從以上所見，自這一年起，明智光秀將更進一步左右後來的天下局勢。

血戰本圀寺

得到足利義昭請求協助以及天皇容許上洛的大義名分，無疑為信長的「天下布武」計畫打下一支強心針。雖然後世的軍記小說記載，當時光秀被信長以五千貫招攬為臣下，不過這並沒有佐證，難以加以肯定。看較具可信度的史料，明智光秀的名字正式出現在與信長有關的歷史舞臺的時間，是信長軍上洛不久後的永祿十二年（一五六九）正月五日所發生的「本圀寺之戰」。

稍稍交代一下事件的背景：永祿十一年九月，也就是信長迎接義昭到達岐阜後兩個月，信長的上洛大軍浩浩蕩蕩西上，頭號障礙是南近江的六角氏。有見及此，信長派軍攻下六角氏的箕作城及觀音寺城，六角父子逃到伊賀。九月二十六日，信長派遣柴田勝家、佐久間信盛等率軍驅逐在京的三好三人眾（三好長逸、三好長康及岩成友通），連下勝龍寺、芥川及池田等城後，岩成友通敗退，三好義繼、松永久秀投降，三好長逸與三好長康帶著十四代將軍足利義榮逃到四國阿波，於是信長軍沒有遭受到太大的考驗就成功進入了京都。

可是，上洛作戰的真正考驗其實是在信長離開京都回到岐阜（十月二十六日）後。三好長康、長逸及岩成友通見京都空虛，便企圖出兵反擊，試圖重奪京都的控制權。永祿十二年正月五日，三好軍共一萬餘人從海路出發，攻下家原城之後，旋即攻入京都。當時義昭暫居在山城六條的本圀寺，只有數百人兵力守備，而在京的織田防軍也只有數千人，又分散於京內外各地，一時間難以救援，信長得知這消息後雖然也想前往救援，但因為正值隆冬，岐阜與京都之間的街道被大雪所覆，信長根本未能及時出兵。

按《信長公記》卷二記載，此時的本圀寺由三淵藤英、細川藤賢等近臣，以及織田家的少量兵力守衛，當中就提到了「明智十兵衛」之名。面對蜂擁而來的龐大敵軍，寺內人員堅韌死守了整整一天，就連義昭本人也提刀廝殺，這時終於等到細川藤孝、池田勝正等後援軍趕到，裡應外合把三好軍打退，一週後信長見積雪稍融，便率輕兵火速趕往京都，得知義昭無事後才鬆了一口氣。

這次生死攸關的攻防戰史稱「本圀寺之戰」，又稱「六條之戰」。這一戰算是有驚無險，信長試圖匡扶幕府、重建天下秩序的野心，受到了第一次的考驗；同時間，明智光秀的名字也終於出現在與信長有關的史書上。

光秀之才能

經過本圀寺之戰，信長深刻地明白，占領京都不過是危機的起始，敵人在京都內外一直虎視眈眈，只要義昭稍有不測，就意味著織田軍的占領澈底失敗。因此，信長在二月二十七日上午八時左右，下令動工興建防禦能力較強的二條城，作為將軍義昭的正式官邸。

進入四月，為鞏固織田政權在京的控制基礎及安定人心，信長開始派一眾重臣駐京協助重建的幕府處理民政及朝廷事務。根據史學家的研究，當時信長把九名重臣分為兩隊「政管隊」，先後連同幕府方的幕臣，一同主理京都及山城近邊的軍事、民政事務，包括領地保證、守軍秩序問題等。織田方九名重臣分別為：柴田勝家、佐久間信盛、森可成、坂井政尚、蜂屋賴隆（以上五人為第一隊）；丹羽長秀、明智光秀、中川重政、木下秀吉（以上四人為第二隊）。依據文書發出狀的日子來推計，第一隊由永祿十一年（一五六八）十月一日到翌年四月十六日為止，而第二隊則由永祿十二年四月十六日至永祿十三年四月。

可以看到，第一隊的五位家臣都是當時織田家的重臣，下達、批出的指令也以軍事性質為主，反觀光秀參與的第二隊所發出的指令則以民政為主。可見信長入主京都初期的方針是以軍事及防衛敵人攻擊為主，而漸趨穩定後，就改派了吏治能力較高的家臣為第二隊「政管隊」。問題是，究竟光秀當時為什麼能夠加入「政管隊」呢？是不是已經完全成為織田家的家臣了呢？

從當時的文書與記錄看，便可以得到一個否定的答案。《光源院殿御代當參眾並足輕以下眾覺》是義昭正式成為第十五代將軍後，整理已故將軍義輝與自己就任後幕府各級別人員的名單記錄，在名單的「足輕眾」（下級幕臣）裡可以看到「明智」二字。按照當時前後的情況來看，「明智」無疑就是明智光秀。

依前頭考據下來的過程而言，光秀出現在名單裡可說是理所當然。不過，既然明智家曾經位列幕府制度裡的「外樣眾」與「奉公眾」，身分不低，光秀作為明智家的後代，卻只能成為「足輕眾」的一員，家族過去的榮譽似乎沒能惠及光秀，這是為什麼呢？

幕府進行重建，如若要挽回幾乎墜地的權威，那麼身分階級的重建是必不可少的。前面多次提到的細川藤孝，不論是身分（幕府管領細川家子孫）還是功勳，都是有目共睹的，因此在上述名單裡，能夠位列幕府的「御供眾」，即有資格常伴將軍左右的幕臣。反觀光秀呢？

雖然身為明智家的子孫，但家族早在十多年前沒落，而光秀也不是家族的權威繼承人，用現在的話來說，即使忽略他曾經當過幾年浪人，也不過是個武士領主家族裡的普通子弟。剛結束的本圀寺之戰，光秀的確參與其中，但戰績似乎也不過爾爾。這些因素對於義昭的幕府來說，斷不可能給予破格提拔的待遇。

還有，根據光秀在後來的天正五年（一五七七）參與一次圍繞財產權利的訴訟時，曾經回憶說：

我的先祖因為盡忠的緣故，曾經獲得（足利）尊氏親筆的「御教書」，賜予破格的封賞。然而，這些封賞（領地）早就不屬我家管控了，因此也無法請右府大人（信長）主持公道，猜想今後也沒法拿回這些已經失去的領地，就算我手上有證據也沒有用處。（《戒和上昔今錄》）

光秀對人說，自家的祖宗曾獲得室町幕府初代將封賞的領地，但現在已經失去對該地的控制，也無法拿回。也就是說，如果沒有後來信長的提攜，光秀基本上沒有任何領地，不過是名門出身的落難武士。在那個時代，僅有高貴的出身是沒有用的，要讓人覺得自己有價值，必須得有才能。要讓幕府覺得自己有用，值得給予更高級別的職位與待遇，除了出身與功勳，也需要有領地。有領地才能有收入添置裝備、良馬，並養活家臣為自己服務，然後為幕府辦差。

換句話說，加入幕府前，光秀做了十年左右的浪人，基本上沒有什麼家當，自然不可能光靠「明智」的招牌就輕鬆成為高等幹部。

「足輕眾」在幕府體制內固然是相對低級的，職責上除了保護將軍安全的警衛工作，其他內容不太明確，但是各位讀者不要以為足輕眾就是一群雜兵、馬前卒。《光源院殿御代當參眾並足輕以下眾覺》的足輕眾名單裡，光秀以外的其他成員部分是幕府管領細川家盤踞在丹波國的家臣，其餘的也多半是侍奉過前任將軍的人。而考慮到光秀曾在史料裡被描寫成細川藤孝的家臣，那麼加入幕府後，與幕府管領細川家的家臣一起擔任足輕眾，也不算是太過卑微。

另外，根據史料《年代記抄節》的記錄，光秀與細川藤孝在元龜三年（一五七二）為止，起碼在名義上仍然是幕府的家臣。而在前一年（元龜二年）信長寫給將軍家臣團的書信中，就有光秀的名字。所以結論是，光秀一開始是將軍的家臣，後來兼任信長的官僚，可謂「兩屬關係」。像這樣的兩屬關係在戰國時代非常普遍，諸如後來上杉家的直江兼續、伊達家的片倉景綱，兩人既是大名的股肱之臣，同時也是豐臣秀吉的陪臣。加上新建立的政權在性質上就是幕府與織田家組成的聯合政權，光秀處於這種狀態也是無可厚非；然而，光秀這個可以「曖昧」的身分到了後來慢慢出現了變化。

第三章　織田家的大將

從幕臣到織田家臣

室町幕府自十四世紀成立以來，一直都是依靠各個強大諸侯（大名）的支持來運作的，將軍利用各方勢力之間的利益矛盾進行牽制，防止任一方獨大，威脅到將軍的權威與幕府內部的勢力平衡。

到了戰國時期，幕府則改為依靠兩、三個最大的勢力來維持運作，如一直留守的細川家與西日本最強的大內家，還有後來的三好家。所以，當這些家族一一沒落，成功擁戴義昭即位、以信長為首的織田家剛好填補了這個位置。

足利義昭、織田信長的聯合政權在進京後的一年內大致合作愉快，永祿十一年（一五六八）十月下旬，即本圀寺之戰前一個半月，當義昭順利成為第十五代將軍後，信長就出發回到岐阜，義昭歡送信長之前，還送上了一封書信，其上款為「御父織田彈正忠殿」，也就是說義昭把信長視為比恩人更高，地位有如父親一般。

當然，義昭也不是傻瓜，這個做法實際上只是想討信長歡心，希望他能繼續保護新成立的幕府。可是，信長藉義昭實現「天下布武」的雄心，與義昭藉信長重建幕府權威並強化將軍權力之間，早晚不能相容。攜手重建幕府體制的兩股勢力，哪一方能真正掌握實權，哪一方只能當神臺上的花瓶，這個問題遲早要解決。

同床異夢的兩方很快就出現了裂痕。當時，奈良多聞院的寺僧就在永祿十二年（一五六九）十月十七日的日記中提及，京都傳出「（信長）與將軍不和了」（《多聞院日記》）的風聞，相信那時二人不和的消息早已經不是新鮮事了。信長、義昭兩人的目標不同所產生的分歧，也在一年後正式浮上水面。

對此最為苦惱的，當然就是一直處於兩屬關係的明智光秀、細川藤孝等幕府家臣。永祿十三年（一五七〇，同年改元「元龜」）正月二十三日，信長向義昭傳送了著名的《五條申誡書》，申誡的內容一言蔽之，就是要明確義昭與信長的「分工」和「角色」，以及幕府的重建思路與計畫。其中對信長來說，要求必須獲得義昭的全面信任與授權，再坦白一點說就是義昭的所有行動及權力，都必須受到信長的節制。名義上是信長希望利用白紙黑字，跟義昭「約法三章」，不單靠義昭的討好。而由於幕府仍然需要信長的軍事力量，即使面對信長突如其來的要求，義昭也終究妥協，在文件上簽名表示認可。此外，條書上還有明智光秀及朝山日乘作為公證人的副簽。

朝山日乘是在宮內禁中負責與幕府及信長交涉的政僧，由於能縱橫公卿、武士、寺院之間，暢行無阻，當時被稱為「闇之關白」，嫉妒他的人則暗罵他是「賣僧」，也就是僧侶裝扮的商人。總之，朝山日乘是朝廷的對外專責人員；而明智光秀則是以幕臣（雖然也與織田家有關聯）的立場代表簽署，在義昭、信長之間奔走，盡力促成兩方協調共存。然而，此次信長藉朝廷及與幕府內部之力迫使義昭妥協，對於謀求重建將軍權威、掌握實權的義昭來說，信長的行為無疑是一步一步觸犯他的底線，為日後信長的「大麻煩」埋下伏線。

說回來，正所謂「空穴來風，事出有因」，激起信長以強硬手段迫令義昭屈服，並向義昭宣示自己才是至高負責人的導火線，就是義昭私下向各大名下達御教書（將軍的正式命令書）。

本來，將軍與其他大名聯繫是很正常的，也是為了顯示幕府已恢復正常運作。但是這個做法也多少影響了聯合政權的氛圍，以及與信長的關係。信長以條書牽制義昭，義昭與幕府臣子沒有立刻反抗，兩者的關係還是相對平和的。然而從後續的歷史發展來說，這個事件導致了日後長達十年的「元龜戰亂」及「大坂本願寺之戰」，亦即後世所謂的「信長包圍網」的形成。

《五條申誡書》公布的那一年（一五七〇），光秀仍然作為義昭政權的一員，跟細川藤孝、三淵藤英等臣子，連同信長的官僚共執京都的各種政務。四月，光秀終於得到了義昭的封賞，獲得京都下久世庄的支配權。還有，同年爆發三好、朝倉、淺井三家以及大坂本願寺聯手反抗信長的「元龜戰亂」後，光秀於十二月被義昭任命為志賀郡宇佐山城的城將，頂替剛戰死的信長家臣森可成。

宇佐山城所在的山中嶺，是其中一條從東面進入京都的主要幹道。這個任命表面上是為了防範後述的淺井長政及朝倉義景的入侵，加強京都東面的防衛而做的決定，但更重要的是，義昭在妥協接受《五條申誡書》之後，也開始將防範目標擴大至岐阜方面，也就是為了日後與信長對抗而布下的先制措施。

不過，義昭萬萬想不到，光秀在此期間慢慢擺脫了幕臣的角色，變成完全的織田家臣。他在元龜二年（一五七二）年底寫信給同為幕臣的曾我助乘（《大日本史料》第十編之七），信中提到「關於我的去留，還望代為向公方（義昭）請暇」，「請暇」實際的意思就是辭職、離開幕府之意。到了翌年四月，光秀便以織田家臣的身分繼續處理京都的民政事務，還作為織田家臣跟幕府交涉。因此可以斷定，光秀是在元龜二年年底正式從幕府之臣，澈底轉身成為織田家臣的。

那麼，光秀決定離開幕府，究竟與當時的政治局勢有什麼關係？這裡簡單地說一下《五條申誡書》提出前後，到光秀決定離開幕府時的政治局勢。

義昭即位後不久便積極聯絡周邊大名，重振將軍威信的同時，也是想多找幾個「救生圈」，以免過度依賴信長，受其牽連。有見及此，信長將計就計，他以覲見將軍為名，在永祿十二年（一五六九）正月下令朝倉、尼子、神保、三木等大名上洛，並且提到：

為禁中（皇宮）修理、武士御用，今天下即將靜謐，二月中旬必須上洛參見……

這實際上就是信長迫令朝倉義景等大名屈服在自己之下。這個時候，信長其實有自己的如意算盤，一方面迫使義昭承認《五條申誡書》，另一方面則籌備出兵討伐膽敢抗命的大名。第一個目標對象就是朝倉義景，因為朝倉的勢力範圍大，離京都不遠，又跟義昭有交情，這根刺早晚是要拔掉的。

當然，信長出兵越前，絕不能光以私利或者義景不服從為名就能服眾，因此，信長利用討伐同樣不理信長號召、實力較弱的若狹國大名武藤友益為幌子，實際上是要討伐越前。於是，信長更大打外交牌，在同年的七月寫給毛利元就的書狀中就清楚地為自己的行動辯護。

那個武藤背叛只因越前（朝倉）的教唆而已。（織田・朝倉之間）既是遺恨繁多，當即發兵越前。

上面提及信長發給諸大名的書狀中，就提及上洛名義是為了朝廷及將軍，再加上教唆一罪，信長已經把犯上叛逆的大罪送到朝倉義景的頭上了。

由於早有準備，信長出兵後很順利地便攻占了敦賀、金崎等越前南部的領地。就在此時此刻，元龜元年（一五七〇）四月二十八日，身處金崎的信長得知妹夫淺井長政叛變倒戈，並率兵北上，準備與朝倉軍南北夾擊自己。

信長面臨了桶狹間之戰以來最大的危機，同日決定火速退兵回京，並只帶十數人親兵經若狹街道、朽木谷輾轉到達京都。同時間就發生了著名的「藤吉郎之金崎撤退」的故事。

事實上，這只是後世的《太閣記》編寫的英雄故事。「金崎撤退」並非只是木下秀吉個人的功勞，當時幕臣一色藤長寫給丹波國領主波多野秀治的書信中提及，留在金崎的殿後守將有「木藤（木下藤吉郎）、明十（明智十兵衛）、池筑（池田筑後守勝正）」，也就是說，當時的殿軍任務並不只是秀吉負責，光秀也是其中一員。這一次的防戰，雖然光秀仍然是以幕府臣子的身分參戰，但也不難想像光秀在這一連串的戰爭中，慢慢接近信長，為信長的利益而戰。順帶一提，後來所謂金崎之戰中「家康協防」一說，也是後世為神君家康宣傳的伎倆而已。

雖然安全地回到京都，但這並不代表信長就可以安寢無憂。討伐朝倉義景失敗、妹夫淺井長政陣前倒戈，各地反信長的勢力也立即藉勢反撲。以六角承禎、朝倉義景、淺井長政為首的反信長勢力，從南、北、西三面包圍了信長控制的南近江。信長在五月九日回到岐阜後，立即下令各大將分守南近江的各個據點，嚴防六角、淺井、朝倉的入侵。

幸然在六月四日的野洲川之戰中，佐久間信盛及柴田勝家首先大敗六角軍。同月二十八日，信長連同應邀從三河趕來助戰的德川家康軍，在龍鼻之戰（即俗稱的「姉川之戰」）中逼退了朝倉、淺井聯軍，令南近江的緊張局勢得以暫時舒緩。

可是，龍鼻之戰的勝利並沒有解決眼前的危機，反而使之更加複雜。七月二十一日起，被信長打敗，在各地雌伏多時的三好三人眾、齋藤龍興、池田知正也相繼起兵，加入對抗信長的陣營。雖然信長一時把他們鎮壓下去，但屋漏偏逢連夜雨，這次連一向保持中立的大坂本願寺也投向反信長的行列，為之後長達十年的戰爭拉開序幕。

更糟糕的是，眼見信長身陷多方包圍的極度劣勢下，朝倉義景及淺井長政藉機在九月再次揮兵南下，當時光秀以幕臣的身分在比叡山築成穴太寨，並在勝軍山城防備朝倉．淺井聯軍的來攻。可是在同月二十日，朝倉．淺井聯軍已經攻入坂本，並殺害城將森可成及信長胞弟織田信治，更有一舉攻入京都之勢。

信長有見及此，便率兵到比叡山下與聯軍對峙。這時候各地的反信長行動已經越發熾烈，西尾張有長島一向一揆，連長期不介入武士鬥爭、堅守中立的比叡山延曆寺也倒向反信長一方，並讓朝倉．淺井聯軍入山。在此期間，信長的胞弟織田信興在長島被一向一揆眾殺死，織田政權的危機已經到了極度惡劣的狀況。於是，信長情急智生，再次上演「挾天子、將軍以令諸侯」，利用義昭及朝廷的權威，先後迫使各地勢力暫時停戰，以保一時的喘息機會。十二月十七日，信長終於回師岐阜。

在元龜元年（一五一〇）的緊張局勢中，未能在史料上看到多少明智光秀的具體行動痕跡，除了築寨及在二條城留守外，就沒有太多事件與他相關。真正令他嶄露頭角，也令他決定完全離開幕府的，是從元龜二年這一年開始……

信長包圍網下的光秀

得到一時喘息的信長踏入元龜二年（一五七一）便開始進行反擊。二月，信長成功促使淺井方的磯野員昌投降倒戈，使得淺井氏失去一員猛將，也使戰況一時轉趨有利，但由於五月強攻長島一向一揆失敗，導致老將氏家卜全戰死，整體戰況再次充滿變數。

正在這時候，上述提到光秀被任命為宇佐山城的城將，確切時間並沒有史料可循，但從《兼見卿記》中的元龜二年一月二十一日條中得知，光秀應該在前一年底已經就任該職。這裡順帶一提，所謂的「城將」與一般所謂的「城主」不同，城將的意思是守備該城的將領，對該地沒有統治權及擁有權，而城主則是統有包括城池及城外的領土為領地，因此兩者的區別是很大的。所以，此時光秀只是城將，與駐守北近江橫山城的木下秀吉、長光寺城的柴田勝家一樣，他的地位還沒有很大的變化。

當時，北近江的朝倉、淺井，南近江的六角餘燼仍在蠢蠢欲動。在這個情況下，信長必須採取措施確保自己對「岐阜—近江—京都」的掌握，因此信長回到岐阜城後，除了進行上述的反擊，也積極重整對近江的支配及布防。除了招降磯野員昌，信長決定再次先下手為強，在同年九月十二日突襲比叡山延曆寺。

對信長來說，前一年藉朝廷及幕府的權威與比叡山、朝倉、淺井達成和解，明顯只是為自己重整旗鼓換取時間的權宜之計。九月十二日，信長突如其來的進攻令比叡山猝不及防，當時京都公卿山科言繼在日記中寫道「山上有三、四千人被屠殺」，十三日，比叡山山邊地區的橫川至仰木被熊熊烈火吞噬，而山頂的根本中堂、日吉神社、延曆寺到山下的民居、樹木都被織田軍燒毀；當然，佛像、經卷、典籍等也被大量燒毀、遺失。

另外，禁中女官所寫的日記《御湯殿上之日記》，除了與言繼所言大致相同之外，更言「無比此更難以言語形容之事，縱然是為天下，但做出如此可嘆之事，實難以筆墨形容」。

由此可見，比叡山的戰況及破壞在同日的京都已經是街知巷聞，也成為後世研究信長性格暴戾一面的知名故事。同時就該事件，後世江戶時代的小說家、軍記小說作家，便把這件事與明智光秀發動本能寺之變牽扯在一起，並成為日後光秀打倒「暴君信長」的遠因之一。

江戶時代的軍記小說《總見記》寫道，信長突然決定強攻比叡山後，遭到家臣的強烈反對，佐久間信盛、明智光秀極言「進攻傳教大師以來，鎮護國家的大道場一事，實不當也」。然而，信長最終不聽諫言而決意進攻，使得對信長抱有極大期望的光秀深感憤怒及失望，於是心萌反意。這就成為後世研究本能寺之變主張「信長無道阻止說」的其中一個根據。有關這部分，留待本書後半再談，在解釋這方面的問題前，還有一個更應檢討的問題：比叡山真的是被織田信長的「怒火」所燒毀的嗎？

聽起來好像明知故問，上述在京公卿、禁中女官等都把這件事記錄在自己的日記裡，難道還能有假？出乎意料的是，一九八一年，滋賀縣教育委員會在比叡山一帶進行了考古挖掘，最後在報告會上發表了「比叡山沒有被火燒過」的驚人結論。理據如下：

一、比叡山上據稱被燒毀的建築物的遺址泥土樣本中，並未發現被焚燒而成的「燒土層」。

二、出土的文物絕大部分是出自平安時代的，幾乎沒有戰國時代的。

就第二點，當時的考古員兼康保明認為「（依這個結果）向來所說『全山諸佛堂被火舌包圍吞噬、並不斷進行大屠殺』的印象，實與現實中相去甚遠，恐怕大多只是山火般的程度而已」。再者，史學家小和田哲男在檢討這份報告後指出，「當時山上能否容納或存在數千人還是個問題，相信實際上比此數量為少」。

以上考古挖掘，與史學家根據考古挖掘的結果所得的說法，可算是反傳統說法的有力見解。但是，那又該如何解釋上述在京公家的日記內的一致內容呢？其實細查《信長公記》的相關記事，就可發現殺戮的主要地點是在八王子山一帶，亦即並非比叡山的山頂，若再併合以上的考古結果去分析，當時的火燒應集中在比叡山山腰至山中層一帶。而部分無辜的山上住民則在燒殺行動的期間被集體縛捕，然後被信長下令處死。

說回在京公家、商人的共同見證與考古結果的矛盾問題。在事後沒有史料跟進這次「大火燒」、「大屠殺」史料的情況下，這恐怕是織田信長故意放出來的誇張消息，令各大名或包藏反織田之心的人物大感驚嚇。令「我信長可是沒有什麼能阻擋的！」這個訊息，深深傳到各人的心裡，可見這是信長非常有意的宣傳工作。

有力的佐證來自同時的公家記事。在攻入比叡山的九月十二日的翌日，即九月十三日早上十時左右，信長入京謁見將軍足利義昭及正親町天皇，同時公家眾也一如既往地拜見入京後暫居於妙覺寺的信長。如果真是令在京的顯貴感到人神共憤的大事件，為什麼這樣的事件過後，京都的情況會一如平常呢？

另外，既然火燒比叡山是十分驚人的大事，而近江比叡山與京都的距離又不遠，要把這個消息傳到附近的京都，當然不是難事；但以當時的消息傳遞能力來說，火燒比叡山的確切消息能否在一日內就傳到京內各人耳中？以上所引用的公家、禁中女官的日記史料內容都彷彿當事人身在比叡山的樣子，恐怕這並非根據消息的傳遞而記載，而是這些身處山附近的京都人士，看見遠處的比叡山上起火所產生的燒煙聯想而來的。

再加上信長在十三日早上便進入京都，火燒事件也必定得到信長方的確認及報告，這樣就能強化在京人士相信此事的真實程度，否則以上的考古結果實在無法與「史實」

相符。

那麼，究竟當時比叡山上的佛堂分布的情況如何，一般史料不容易確定，而從室町時代開始到應仁之亂後，全國的寺院領地、財源也被大幅蠶食、吞併，平安時代的龐大年貢收入與室町晚年相比，已經相去甚遠。山上究竟還有多少伽藍、佛宇，也是考證這個問題的另一個盲點。根據以上的發掘，可見山上佛堂有可能只餘下延曆寺、日吉社、根本中堂等主要堂舍。因此，當時的損害程度，未必與各公家、商人所說的程度一致。

既然火燒比叡山很有可能是被誇張的事件，那麼，上述提到有關明智光秀與本能寺之變又該怎樣理解？首先，這個說法雖然一早深入人心，可是在沒有史料的佐證之下，也只是屬於故事、傳言性質的層次，絕不能引此為據去考析本能寺之變。而且，史學界也的的確確找到了史料去質疑光秀上諫這個說法。

一九七九年，大津市史編纂室所進行的史料調查及整理中，發現了一封推定是元龜二年（一五七一）所寫，日期為九月二日，亦即信長進攻比叡山前十日，由明智光秀寫予比叡山東面雄琴地區的土豪和田秀純的書信，內容是指示秀純進入宇佐山城，並「攻擊仰木（親比叡山的土豪所在地區），不論是非，皆殺之」。

這封書信帶出了兩個訊息，首先否定了信長是突然決定進攻比叡山的傳統說法，因為書狀的日期證明了信長至少在九月二日之前，就已經準備攻擊比叡山。其次，這也證明了光秀對於進攻比叡山一事，並不是事發前一刻才知情，也沒有消極行動，反而是積極利用剛授予的職權去行使信長的指令。這樣一來，從前的光秀不忍之說，也不攻自破了。

比叡山陷落後，以「阻我路者死」的強勢姿態重振聲威的信長也因此大感喜悅，「年來信長公之不快也終得到舒張」（《信長公記》）。消滅了包庇仇敵朝倉．淺井的比叡山，不但令信長在近江的支配得到進一步的鞏固，也將巨大壓力給予一眾的敵人。

但一如上述所言，信長當時的首要工作仍然是穩住近江的支配。所以，信長在同年十二月重整了對近江的支配方案。信長把除了北近江三郡的淺井氏領的其餘近江諸郡，交給當時織田軍中的七大將領代管，包括：

老臣：柴田勝家（蒲生郡）、佐久間信盛（野洲郡、栗太郡）

近臣：丹羽長秀（一部分的犬上郡及愛智郡）、中川重政（一部分的神崎郡）

新家臣：明智光秀（志賀郡及高島郡南部）、羽柴秀吉（坂田郡）

新降將：磯野員昌（高島郡北部）

其中，光秀得到志賀郡的支配權（具體情況不明）之餘，「十二月……明智築城於坂本，受領（比叡）山領地，領內所有至一草一木都可自取」（《年代記抄節》），從中我們得知光秀在比叡山之戰後，不僅躋身織田家統治近江國的擔當人員之列，更得到部分比叡山山領作為賞賜。不過，與其說賞賜，倒不如說山領的獲得，其實是信長給予的考驗。包括志賀郡在內的新領地，以前就是比叡山這個千年宗教勢力總壇的私領，從來就有「守護不入」等不用交稅的特權，而且內裡的土地權也因不同的利益輸送，關係異常的錯綜複雜。光秀要有效管理，非多勞多動不可。同時，得到信長准許在坂本築城一事，也表示了信長對光秀的重視，信長用人的原則向來是能者多勞多賞，庸者可棄可廢。因此，光秀得到信長的重視，既是福也是禍根，這個在日後便得以引證。

光秀得到志賀郡及獲許在坂本修築城池，前後兩者的重要性其實是很不同的。前者基本上與其他的同僚沒有太大分別，但是容許在領地築起居城，他是當時織田家中的第一人。前文已經說明，就當時的支配體制而言，即使是柴田勝家的長光寺城、木下秀吉的橫山城，以及明智光秀早前被命為宇佐山城將，他們的職位也不過是代管的性質，軍事性質十分強，與實質支配還有距離。

但這次「授明智十兵衛志賀郡」（《信長公記》）則是真正的封土封賞，換言之，光秀那時是真正掌握了志賀全郡的支配權。這個賞賜就連老臣級的柴田勝家、佐久間信盛當時也還沒有得到，這再一次肯定了光秀在信長心目中的地位及貢獻。

有關坂本築城的確切日期，現存史料中並沒有明確的記載。根據一些史料進行推斷，工程大約是在光秀受領志賀郡後的同年十二月至翌年正月進行。但當時光秀實在是忙得不可開交，既要好好管治剛得到的志賀郡，同時又要與村井貞勝一起負責京內的民政，現在又加上了坂本築城。在這樣的情況下，明智光秀還要為信長的反擊戰努力。

元龜三年（一五七二）三月十一日，信長出兵志賀郡，意圖殲滅郡內的反對勢力餘燼。目標是志賀郡北，高島郡附近的田中、木戶兩地。那時，本陣設在和邇的信長委派明智光秀、中川光重、丹羽長秀三人為指揮，一同出陣。七月二十四日，信長命近江的土豪林員清、山岡景林等助陣，又命堅田湖賊（水軍）豬飼野甚介與光秀一同率水軍攻擊淺井氏的琵琶湖水軍眾基地——竹生島。由此可見，光秀在經營志賀郡的同時，也忙於為信長的反擊戰而努力。雖然如此，從上述的記載看來，光秀在當時已經因針對江北淺井氏的戰事，漸漸掌握志賀郡內的國人眾及湖賊眾。

到那時為止，光秀從出現在信長的面前，到為信長效力，地位已經由幕府之臣變得與織田家臣無異。以光秀當時領志賀一郡的領地來說，參考後來豐臣時代與江戶時代的檢地數值，就有五萬石左右，若再參考後世的換算方法，即一萬石領可召集二百五十名兵士來說，當時光秀大致有一千多兵士。在戰國時代，土地收入與徵兵人數的關係在不同區域各有不同，也比較不穩定，但都比豐臣時代及江戶時代的標準更寬鬆。

所以，光秀能召集的兵員人數可能更多。

根據上述的史料來看，豬飼野甚介、馬場孫次郎以及居初又二郎等（日後稱為「堅田眾」），還有上述的林員清及山岡景林、景猶兄弟，就是信長配給光秀的「與力」（助將）。這樣的力量在織田家，當然不是特別大的勢力，但從這樣的架構來看，光秀與信長的家臣已經沒有兩樣，而上面提到前一年的九月，光秀就向曾我助乘提出下野，完全離開幕府。從史料上來說，雖然無法得知義昭有沒有正式批准光秀的申請，但結果上，光秀決定離開足利義昭的決定已經沒有什麼改變的餘地。

一五七三年，人生轉捩點

經過元龜之亂的奮鬥，毅然倒向信長陣營的光秀終於得到了信長的信任，並且以新人身分，破格成為信長旗下首位一郡一城之主的家臣。與此同時，信長也沒有忘記光秀的行政手腕與幕府的人脈，他讓光秀以織田家臣的身分，與家臣村井貞勝擔任「京都代官」，繼續負責京都的民政工作，包括土地權的確認、裁定等，這個任務一直維持至後來光秀開始負責平定丹波國為止。

正當光秀逐漸得到信長重用的同時，九月，信長向足利義昭送上《十七條異見書》，內容大致是痛斥義昭在任將軍期間的種種無道違天、恣意妄為的行為，諸如對前將軍義輝的參拜供奉疏懶（第一條）、對大名提出無理的上貢要求（第二條）、放任身邊的奉公眾與側近霸占領地（第十六條）、京內民眾狠罵義昭為「惡將軍」（第十七條）。這異見書無非是信長逐漸穩住陣腳後，準備與義昭翻臉的預先工作。

可是，信長準備先發制人，打倒這個昔日主君的時候，卻要面對一個十分大的危機。元龜三年（一五七二）十二月，自知死期將至的甲斐之虎武田信玄展開了西上作戰，並在遠江三方原之戰中大敗信長的盟友德川家康。因為這次大敗，德川家康暫時無法再阻擊信玄，只能任由武田軍繼續向三河西進。

元龜四年（同年改元天正）二月，受到信長以《十七條異見書》痛斥的足利義昭得到信玄西上的消息時，終於決定跟信長攤牌，號召幕府臣子進入近江今堅田城、石山城起兵，兩城都位於光秀剛襲封的志賀郡，這反映了雖然光秀成為一郡之主，但並不代表郡內的勢力全都任由他支配。

面對義昭先下手為強的行動，信長大罵義昭「竟做出超出本分的事」，同時間，北近江的淺井及越前的朝倉也再次響應起兵，企圖南北夾擊信長軍。

眼見第二次信長包圍網迅即結成，二月二十四日，信長決定擒賊先擒王，立即派光秀，連同丹羽長秀、柴田勝家及蜂屋賴隆三將，強襲義昭方的今堅田、石山兩城，以及木戶、田中兩地。兩日後的二月二十六日，石山城在光秀及勝家猛攻下開城投降。二十九日，今堅田城也被光秀攻下，原本應該南下救援的朝倉．淺井聯軍卻沒有任何行動。

在此戰中，光秀首次以信長方的將領身分對戰前主足利義昭，此舉意義匪淺。經此一戰，光秀隊伍中共有十八人戰死。光秀回到坂本城後，就立即到立教寺為他們祭祀及弔唁，從這一方面也可看到光秀鮮為人知的溫情一面。

平定志賀郡的義昭勢力之後，光秀終於成功穩住郡內的局勢。信長在三月二十五日立即命令光秀，以及柴田勝家、佐久間信盛、中川重政、荒木村重、細川藤孝與蜂屋賴隆攻入京都的上京，放火燒毀支援義昭的京內町眾屋舍及寺社。這次的打擊迫使義昭在朝廷的仲裁下，與信長再次短暫停戰議和，然而四月，武田信玄在攻擊三河野田城時突然發病，班師回國的途中病死於信濃國駒場。

一直期待與信玄來個東西夾擊的義昭在不知道信玄已死的情況下，同年七月再次舉兵反抗信長。義昭派出重臣三淵藤英（細川藤孝之兄）留守二條城，自己則率兵到宇治槇島城作據點。

槇島城是倚宇治川及巨椋池而建的堅城，義昭以為可以據城抵抗信長的攻擊，直到各大名率援軍到來。可是，信長回應之快卻遠超義昭的預計。

信長的大軍以及一些離開了義昭的舊幕府眾合共七萬大軍（諸說），分成南北兩線圍攻槙島城，而光秀就在北線率兵作戰。眼見這群規模空前的大軍，三好、松永、本願寺、伊丹等反信長勢力沒有一方出兵相救。

最終在絕對劣勢、孤立無援的困境下，義昭無奈投降。這次，信長再沒有放過義昭，戰後將他放逐到京外，讓他與部分的奉公眾自生自滅。義昭一行人途中被得知消息的土民襲劫，因身上並無多少錢財，被土民譏笑為「貧困將軍」，落魄非常。

義昭等人幾經辛苦最後才逃到紀伊；天正三年（一五七五）轉到備後鞆之浦，受毛利輝元的照顧。足利氏的室町幕府自足利義澄回京以後，再一次轉向流離不定的日子。

在此順道說明，此處使用「轉向流離不定」，而不直接肯定地說「足利幕府正式滅亡」，是因為當中存在很大的概念問題。日本普遍的歷史教科書都記述，足利幕府亡於足利義昭被流放出京外，即天正元年（一五七三）七月一事，這個說法其實並不準確。一個政權的滅亡，理論上是當權者及其組織（政權運營架構）俱亡，或被新當權者完全取代才算是滅亡。

然而，日本的情況是十分特殊的。以武士時代的幕府來說，鎌倉幕府的滅亡是京都六波羅探題及關東鎌倉府俱亡的結果，也就是北條執權一族先後自殺、被殺後的事。但是換到室町幕府的場合，在一五七三年，主權者（足利義昭）既沒有敗亡，其組織也沒有一應消亡，反而還有一部分幕府眾跟隨義昭到備後，所以義昭幕府的組織並沒有因此而敗亡。

要進一步強化這個理論的話，可以足利義尚死後的足利幕府來證明。應仁之亂後，足利義尚成功接掌了將軍位，卻病死於近江鉤的本陣內。之後的足利幕府因為繼位問題，而爆發了義澄系及義稙系，以及細川管領家的鬥爭。期間義澄、義稙先後被對方趕出京都，如義稙去了山口投靠大內義興，義澄、義晴、義輝也曾出走到近江。這樣的話，也不能說足利幕府就在那時滅亡，更遑論信長在天正元年趕義昭出京都了。

逃到鞆之浦後，義昭仍然對各大名發出御內書，要求他們起兵反信長，而且也得到島津、毛利、鈴木等大名的回信，這也證明了在鞆之浦的義昭政權應定性為「流亡政權」。再者，驅逐義昭出京的信長在一封寫予細川藤孝的書信中，強調他與義昭之間是「君臣之儀」，也強調驅逐義昭，只因義昭做了些人君不該為的錯事，而不是要蓄意滅亡幕府。看起來雖說像為自己找藉口，但信長日後意圖迎義昭回京一事，也證明了信長對義昭沒有必然的仇恨，信長終其一生，從來沒有要求天皇罷免義昭的征夷大將軍之位。所以，義昭與信長的角力只是更改了方式而已。

後來，到了豐臣秀吉在天正十三年（一五八五）七月就任正一位關白後整理的官位列表上，就列出了足利義昭的官位是「征夷大將軍從三位權大納言」，換言之，足利義昭終其一生都是征夷大將軍，到了他向當時已經貴為關白的豐臣秀吉臣服及兩年後病死，苟延殘喘的室町幕府才真真正正壽終正寢，走出歷史舞臺。

功勳與爭榮

元龜四年（一五七三）七月的槙島城之戰後，日本的中央政局頓時出現巨大的變化。由永祿十一年（一五六八）開始，到元龜四年七月為止的「義昭—信長聯合政權」，在同年十二月改元天正後，就變成了「義昭輸之浦流亡政權」與信長的「織田政權」相對立的局面。面對這個天下變局，已經與義昭分離的光秀在此年就正式並完全地以信長方武將的身分，為信長的「天下布武」作戰。

為免混淆，先來整理一下槙島城之戰後的政局。趁信玄病死，武田軍西上的威脅解除，以及義昭被逐的有利條件，信長在同年八月出陣北近江，全力進逼北近江的淺井長政及從越前來援的朝倉義景。

八月二十日，朝倉義景在敗逃回到越前的途中，被同族的朝倉景鏡逼死。同月二十七日夜，孤立無援的淺井久政、長政父子將妻兒送出城外後，在小谷城內自殺。令信長陷入四年困境的元凶之中的朝倉、淺井兩氏因此滅亡。兩戰中，光秀都沒有參戰的紀錄，究竟當時光秀在做什麼呢？

這個時候的光秀要面對的除了經營志賀郡與高島郡南，以及執行信長的指令之外，還要應付自己在織田家內的處境。

如上述所說，光秀在元龜三年（一五七二）成為坂本城主兼領志賀郡的同時，在天正二年（一五七四）時的主要任務則轉向內政層面。義昭被逐後的七月二十一日，信長命老臣村井貞勝為「天下所司代，在京之諸事皆可節制」（《信長公記》），所謂「天下所司代」的「天下」不是指全日本，而是京畿地區，所以貞勝其實是擔任京畿的行政長官。

而已如前節所示，天正元年十二月至天正三年七月，光秀與村井貞勝對京內民政及領地糾紛等庶務而共同發出的連署文書共有十二份，當信長把重心放在討伐北近江、越前國及河內的岩成友通的時候，不用參戰的光秀就轉為主理京都民政。

也因為這個原因，信長開始起用了同是非譜代出身、後來成為光秀宿敵的羽柴秀吉。秀吉的發跡契機，應為對淺井氏的攻略。

那時秀吉成功令淺井方的國人眾堀秀村、阿閉貞征等先後倒向織田方，又率先攻入小谷城，逼死淺井父子。到了淺井、朝倉滅亡後，信長便將原屬淺井氏領的北近江三郡共十二萬石封賞給秀吉，並成為今濱（現在的長濱）城主。

這時的秀吉因為這一連串功勞，成為第二位晉升為城主級的家將，漸與光秀的地位相近。當然，這時的織田家，還有柴田勝家、佐久間信盛及林通勝為首的一眾老臣，還有一直扶持信長的近臣丹羽長秀、蜂屋賴隆等。不論光秀或秀吉，都只算是嶄露頭角的新星。

正當光秀與秀吉的發跡競爭熾熱化，那時的信長便向朝廷要求為一部分家臣請封官位，即「敘目」，作為另一輪功勞盤點。原本朝廷在七月三日，即義昭被逐後，由正親町天皇下旨向信長提出晉升信長官位的提議，當時信長身為從三位參議，這可說是朝廷表明完全放棄義昭，想藉機討好信長的露骨政治動作。然而，信長卻堅拒天皇的雅意，反請朝廷給予一眾家臣官位或賜姓。

其中當然有本書的主角——明智光秀，以及上述的羽柴秀吉。根據《信長公記》、《兼見日記》及《多聞院日記》的記載，當時得到信長提名的有八人，即是：

松井友閑↓宮內卿法印

武井夕庵↓二位法印

村井貞勝 ↓ 長門守
羽柴秀吉 ↓ 筑前守
丹羽長秀 ↓ 惟住長秀
簗田廣正 ↓ 別喜右近大夫廣正
塙直政 ↓ 原田備中守直政
明智光秀 ↓ 惟任日向守光秀

除上述八人之外，還有瀧川一益。雖然上述史料並沒有記載一益封官，但根據同時代公卿山科言繼的日記等資料所示，原本官稱「左近將監」的一益，在天正三年（一五七五）十二月就以「瀧川伊予守」之名出現。在沒有其他文書證明一益封官時間的情況下，恐怕信長亦不會單為一益獨立請官，故此，相信一益也是同年七月其中一位被賜官位的家臣。

上述九人中，有人封官、賜姓或封官賜姓一併受恩。明智光秀、簗田廣正及塙直政就是後者的代表例子。就這次的申請來看，信長究竟想表達什麼？日本史學家普遍認為，九人封官、賜姓，除了松井及武井兩位屬於文官、出家的家臣外，其餘七位家臣的官位都與西國有關（伊予、備中、日向、筑前、長門），而被賜姓的家臣所封的姓氏，都是九州的名族之姓（惟任、惟住、別喜（戶次）、原田），所以信長是以此來宣示自己有意一統全日本的雄心，極可能以上被封官、賜姓的九人，將是出兵西國的尖兵。

當然，一如我們所知，後來以上九人的前途都出現極大的起跌，信長當初的盤算也不是一成不變的，信長對家臣的耐性及信任也並非始終不渝。另外，信長拒絕天皇的封官提議，表示了信長想強調自己並非無條件被朝廷控制的意志。

除了以上的說法，也有史學家提出另一個十分有趣的說法，即關東、奧羽的大名聽到這些名稱及官位時，就會以為信長已經征服了西國，也即是宣傳戰，這個說法雖然沒有信長的引言所證，但不失為可以考慮的見解。無論如何，受封官及賜姓的光秀與只受封官的秀吉在這次的封官行動中，明顯分出了一時的勝負。信長對光秀的期待也顯而易見。

敘目後的八月十二日，信長發兵三萬攻入越前，以消滅在前一年占領同國的一向一揆眾。這裡稍稍交代一下背景，朝倉義景救援淺井長政失敗後，原本打算回越前死守，誰知信長早已以逸待勞，一收到義景在南下途中準備退兵的消息，便火速先率輕騎狂追，其他家臣也聞訊跟上。朝倉軍得知信長正要追上來，軍心大亂，潰不成軍，義景狼狽地回到越前，立即被一眾求保命的家臣迫令自殺。待信長到達後，為免大亂再起，於是先命令歸降投誠的朝倉家臣桂田長俊與富田長繁署理越前的事務。

然而，到了天正二年（一五七四）一月，受信長之命代管越前的桂田長俊與富田長繁發生權力鬥爭，富田長繁聯同當地的本願寺教眾與一揆眾襲殺桂田長俊後不久，自己最終反被一揆眾所殺，越前頓時變成另一個「民持之國」（或稱「一揆眾之國」）。

收到越前大亂的消息後，光秀奉信長之命率兵從坂本北上，並從水路於琵琶湖北岸的杉津浦登陸，與秀吉在八月十五日一同攻破越前國府中的龍門寺城。二十三日，兩人再次共同北上加賀國，攻占了能美及江沼兩郡。

就這樣，命運女神慢慢將光秀與秀吉拉扯在一起，縱然光秀、秀吉的「上位競爭」或許是後世人的錯覺及主觀想法，但從天正二年的越前平定開始，以至往後一連串事件都不難發現，兩人的任務的確促使彼此互視為競爭對手，這當然是政權發展中必然發生的結果。

九月二日，越前平定完結，在信長命令下，參與一揆的兵士共一萬餘人被殺，同時參與一揆的越前民眾也因此被殺達三萬餘人，越前的一向一揆勢力正式土崩瓦解。與此同時，光秀收到信長的新指令——丹波攻略。

丹波、丹後征服戰

丹波國及丹後國（今兵庫縣北部及京都府西北隅）位於山城的西北，從地理角度來說，這兩國是西國從陸路進入京城的北線，與沿山陽道東上的南線終點攝津國共為進出京都的咽喉。換言之，只要織田政權能控制丹波、丹後兩國，那麼即使將來西國的敵人東上，京都也不會立即受到威脅，丹波及背後的丹後可為山陰道（北線）的防線。連同已經收在手中的攝津國的南線，信長防範西面敵人的防禦可謂萬全。

對於雄心平定日本戰亂的信長來說，丹波、丹後的占領當然不只是為了消極防守。正因為丹波、丹後扼守山城北至山陰道、山陽道的通路，收下丹波、丹後，信長既可派軍沿山陰道直撲西國各敵對大名，又可以南下配合南線的攝津，信長將可以從南北兩路夾攻中國地區。所以，奪取丹波、丹後是克服了武田之患後的織田信長實踐其「天下布武」大計的重要一舉。

從現存史料得知，在天正三年（一五七五）六月，也就是越前的騷亂即將爆發的時候，織田信長以該國的另外兩個領主宇津家與內藤家沒有跟隨織田家為由，寫信給早就服從織田家的丹波國領主，如川勝繼氏、小畠常好等人，告知他們明智光秀即將前往當地討伐宇津家與內藤家，要求他們配合光秀的調度：

內藤、宇津之事，乃因先年京都混亂之時開始（義昭、信長之爭），對我方有逆心至今未休。因不得不當加誅罰，故指派明智十兵衛（光秀）出陣。汝方多方幫忙，而今次亦請盡忠出力。（《記錄御用本所文書》所收織田信長朱印狀）

內藤家是指丹波守護代，原本是在三好長慶的旗下，三好政權敗走後留在丹波固守，在義昭與信長不和時，與赤井氏、荻野氏等一部分丹波國領主表態支持義昭。而另一個丹波國領主宇津家，則因非法占領天皇的莊園，又不聽信長返還的命令而被指為逆黨。但是，對信長來說，在丹波真正的敵人並不是內藤、宇津兩個小角色，而這兩家也在同年九月被光秀平定了。

根據《信長公記》卷八的記載，九月二日，完成北伐越前的信長來到北庄城，並進行越前領土分封，到同月十四日下令在越前進行建城命令期間，光秀受命出兵丹波，同時，信長又下令成功拿下丹波、丹後之後，剛成為光秀輔員的細川藤孝將得到丹波內的桑田及船（舟）井兩郡，而丹後國則將封給原丹後守護一色義道。藤孝是在之前受光秀引薦，又得到信長器重，在義昭西逃後加入織田家的。

看到以上的內容，不難發現信長對丹波的戰後計畫已經有一定的腹案，並可推想在天正三年九月以前，信長已經派光秀征伐丹波，不過因為越前的騷亂而延後。

雖然內藤、宇津很快被打敗，收服丹波國的難度看似不大。但自戰國時代開始以來，率先雄霸京畿十一國的三好長慶死後，丹波、丹後兩國就一直處於群雄割據的局面，雖無獨強勢力，但由於各個領主勢均力敵，又因地理因素，各個領主跟其他國的領主緊密聯繫，要確保丹波、丹後成功收歸信長旗下，絕非容易之事。所以，被任命征服丹波的明智光秀對信長的重要性及其能力之大，自然不言而喻。

當時的丹波國共有六郡，即桑田、船井、何鹿、多紀、冰上及天田。信長擁護義昭上京時，桑田、船井兩郡以及多紀郡的波多野秀治、秀尚兄弟，還有內藤、宇津，為了對抗當地的三好氏勢力，一早臣從了義昭，但當信長打倒義昭之後，內藤、宇津仍然支持義昭，兩氏被平定後，波多野氏也倒向信長，真正的敵人其實是支配著丹波西部冰上、天田、何鹿三郡一帶的赤井氏與荻野氏。

赤井氏與同國的豪族荻野氏是同族關係，兩家在永祿八年八月的天田郡和久鄉之戰中大敗三好家臣——守護代內藤宗勝，令他們一躍而成丹波國的最強勢力。當時他們的領袖是荻野惡右衛門直正。直正一開始是選擇跟隨信長的，而且獲得了信長認可其與同族的領地（冰上、天田、何鹿）統治權不變。不過，元龜二年（一五七一）底，他們與鄰國但馬國的守護山名祐豐爆發戰爭。處於下風的祐豐急求信長出兵支援。為了掌控丹波、丹後兩國的大戰略以及救助山名祐豐，保住日後繼續西征的陣地，信長決定結束與直正的友好關係，改為派光秀出兵討伐。

直正得知光秀來侵後，便聯合石見的吉川元春（毛利元就的二兒子）與甲斐的武田勝賴，試圖再組織一次織田包圍網。同年十一月，光秀便正式出兵，聯同波多野秀治等親織田丹波國領主攻擊直正的居城——天田郡黑井城，史稱「第一次丹波平定戰」。

當時丹波國的形勢對信長及光秀來說是十分有利的，整個丹波國在信長大軍壓境之時，如同孤立了赤井一族一樣。鄰國但馬國的八木豐信在同月二十四日寫給吉川元春的書信中就提到：「丹波國眾過半倒向惟任日向守（光秀）了」。

然而，黑井城是建於山上的堅城，附近還有多個要塞互相呼應，即使是光秀，亦一時難以攻下。於是，光秀動員領主們築起多個要塞，牽制黑井城及周邊的要塞群。到了天正四年（一五七六）的正月十五日，光秀突然得知本為盟友的波多野秀治在毛利氏與本願寺的唆使利誘下，突然轉為支持直正，更從後襲擊光秀軍。波多野的突然倒戈使一眾丹波國領主紛紛動搖，光秀軍反而陷入孤立之中，使得光秀不得不從速撤退，於正月二十一日回到坂本城。

反勝為敗的光秀看來並沒有受到信長的斥責。有人或許認為，對付名聲不揚的丹波小國卻失敗而歸，信長都沒有責備光秀，實在有點不妥。反觀同時間在北陸道加賀國（今石川縣南部），跟光秀一樣躋身大名級別的別喜右近（簗田廣正），因為被當地一揆圍攻而大敗，立即被信長在天正四年七月召回尾張，從此失去了信長的信任。

明明兩者都在新的攻略地初戰失敗，但結果迥異，這是為什麼呢？筆者認為，這並非信長有意偏袒明智光秀。丹波雖然沒有棘手的大敵，但是丹波平定的重要性之大，並不能與別喜右近在加賀的情況相比，秀吉在同一時期進行的播磨平定戰雖然同樣重要，但與光秀平定丹波、丹後有所不同的是，光秀的攻略戰並沒有其他同僚可以倚靠，別喜有柴田勝家、前田利家、佐佐成政、不破光治等協助，秀吉則有荒木村重、池田恒興等，但光秀只有細川藤孝，且藤孝當時還要兼顧京都北面的內政工作，不能全力支援。而丹波攻略戰對於打開整個西國戰線尤其關鍵，何況相比擁有長濱十二萬石的秀吉，光秀當時的領地只有五萬石左右，動員力及物資調集都比秀吉困難。因此，猜想信長是對此具有相當的瞭解，才不追究光秀的初戰戰敗。

叛離處處

第一次丹波平定戰失敗時，信長正主力對付大坂本願寺及派秀吉平定播磨，開拓瀨戶內海（山陰道）戰線，從側面支援光秀的丹波、丹後攻略。直至再次進入丹波的天正五年（一五七七）十月為止的一年半時間，光秀在沒有被信長狠責之餘，更按照信長的指令參與包圍本願寺的今福之戰、天王寺之戰、雜賀征伐戰及信貴山城之戰。

信貴山城之戰發生在天正五年八月。當時信長派遣柴田勝家、羽柴秀吉等率大軍在手取川之戰被上杉謙信大敗，與此同時，本來臣服於信長的松永久秀則舉旗叛變，並固守在大和信貴山城。

沒有到加賀的光秀便與細川藤孝聯合信長一同攻向松永久秀。十月一日，光秀與藤孝攻下信貴山城的支城——片岡城，十月十日，光秀與信長嫡男信忠的本軍一同包圍信貴山城，松永久秀引爆城內火藥自殺。曾叱吒戰國一時的梟雄松永久秀最終與信貴山城同歸於盡。

信貴山城之戰後，大和國由國內另一個有力領主筒井順慶管理，並於天正十年（一五八二）被編制成為光秀的助將，接受光秀的指揮。筒井順慶的出現對於光秀往後的命運來說相當關鍵，而那時的光秀可能未必知道吧！

松永久秀死後，光秀馬不停蹄地與細川藤孝等人在十月十六日回到丹波，進攻丹波龜山城（今京都府龜岡市），史稱「第二次丹波平定戰」。龜山城就是原本降服了信長的丹波守護代內藤氏的居城，但因第一次攻打黑井城失敗，丹波國的局勢再度不明朗。光秀與細川父子抵達龜山城時，城主內藤定政已經病死，其家臣安村次郎左衛門拒絕向光秀投降，兩方展開了三日三夜的激烈攻城戰。光秀軍戰勝後，光秀得到信長給予全權的戰後決定權，因此，光秀把內藤氏及其家臣團如四王天氏、並河氏等收到自己麾下，稱為「丹波眾」。龜山城之戰後，中澤、小畠等丹波國人又紛紛倒向織田方。因此，光秀之後再次發起了平定戰，同年占領了部分多紀郡，丹波東部至南部的大部分領土終於落到了光秀手裡。

光秀之後便把目光轉向倒戈的多紀郡南端的八上城主波多野秀治。天正六年（一五七八）三月，光秀從坂本出兵到丹波，並在瀧川一益、丹羽長秀的協助下包圍八上城，又在城外周圍的山上修築了多個要塞。然而，其間因為本願寺的戰事，光秀等人僅留部分兵力留守，轉向攝津協助攻戰。之後雖然一度回到丹波，並攻下波多野的支城園部城；但後來奉命再次轉戰播磨，協助秀吉對抗別所長治，不久後又有姻親荒木村重突然叛變。光秀這期間內東奔西跑，遲遲不能專心攻下丹波。

最終，天正七年六月，包圍一年多的八上城因兵糧殆盡，到了最危急的關頭。光秀為了成功剷除這個平定丹波的障礙，接受了波多野秀治、秀尚兄弟的投降，歷時一年多的八上城之戰最終拉下了帷幕。

說到八上城之戰，就不得不提一則膾炙人口的逸話。傳說光秀把自己的母親送到八上城做人質，換取波多野兄弟出降，但因信長不承認波多野的投降，又以為光秀拿普通老婦假扮自己母親做人質，信長為這種卑劣做法而大怒，結果把波多野兄弟殺死，事後光秀的母親亦被八上城的士兵殺死。這也成為後世指稱光秀怨恨信長的理由之一。

這個說法出自江戶時代的軍記小說《總見記》，而這軍記小說本身的可信度很低，對此說法也早已有人批評過了。其實，根據一些較可信的史料，可以看到極其不同的說法。《信長公記》卷十二就提及八上城之戰：

丹波波多野之館（八上城），從去年開始被惟任日向守包圍，館外三里都挖了壕溝，籠城自守的士兵即將餓死，便食樹皮、葉片，後來連牛馬都食光了，忍受不住的城兵試圖逃走，但被一一斬殺。波多野兄弟亦中計被縛，實在智謀卓越，神妙之事也。

另外，同時間光秀寫給丹後國人和田彌十郎的書信中亦提到：

八上（城）之事，不斷有願以退出城池而救己命的請求，而城中籠城的兵士中也有四五百人餓死，逃出城外的人面青浮腫，已經不似人形了，相信只要多五至十日，必可攻下此城。（《和田文書》）

雖說數日內可攻下八上城略嫌誇張，但從以上兩節文書，可見當時光秀方利用斷糧的方法迫使八上城走入絕路，城中士兵也被光秀的斷糧之計害得形容枯槁。後來，光秀便以「計策」生擒了波多野兄弟。那麼，既然光秀已採用斷糧包圍之計，根本就沒有拿老母做人質去請對方主將投降的必要吧？而且從光秀寫給和田的書信，明顯看到光秀拿下八上城的決心，甚至不惜餓死敵兵，所以用人質換取投降應該是不太可能的。在沒有旁證的支持下，恐怕以上的說法不過是道聽塗說罷了。

看到八上城之戰的打法，是否有似曾相識的感覺？以斷糧之法打倒敵人，最有名的當數秀吉的鳥取城之戰，雖然細節有所不同，但明顯這招不是秀吉獨創的，光秀也是深明謀攻之法的。

八上城攻破前後，光秀已經分兵攻下了冰上郡的冰上山城及宇津城。換言之，隨著八上城的投降，丹波只剩下天田郡的赤井一族而已。

但當時的荻野、赤井兩家已經因荻野直正的病死而失去強大的號召力，因此，光秀率先攻下黑井城的支城——鬼城，城將赤井忠家投降。八月九日，直正之子直義最後抗戰失敗而降。終於，歷時四年的丹波平定戰也大功告成。戰後，光秀命令因戰亂而逃走的農民回到本居之地，開始實行管治。然後，光秀為了確保勝利的種子得以開花結果，於是將一族及重臣分派到丹波各個要衝。從史料中所看，確認光秀任命同族的明智藤右衛門為八上城將，女婿明智秀滿到福知山城，以及重臣齋藤利三到黑井城。

與此同時，光秀也收到信長的感謝狀，內容為「長期在丹波，其間粉身碎骨之無數功勞，實無人能比」。這可算是對光秀最高的贊辭，亦難怪之前提到天正八年（一五八〇），信長寫給佐久間信盛父子的責備狀上就提及「在丹波，日向守（光秀）的奮戰，為我在天下面前保住顏面」，這再次證明丹波、丹後的平定，對於信長及其「天下布武」大計來說，絕對有十分重大的戰略意義。

天正八年八月，也就是信長的老臣佐久間父子信盛、信榮被放逐的同一個月，光秀終於得到丹波平定戰的恩賞。信長把光秀用了四年親手攻下來的丹波一國封給光秀，助將兼好友細川藤孝則得到丹後一國。這次加封的不同處，在於光秀得到的是純利的加封而不是轉封。

以同為織田家將的前田利家為例，在就任越前府中城主之前，利家是尾張荒子城的城主，後來轉到越前府中後，荒子城就改封給了他人，而當利家就任能登國的諸侯時，越前府中城也改封給同僚菅屋長賴，但光秀則是在保留志賀五萬石的同時，得到丹波二十九萬石，這可反映利家與光秀之間的待遇之差。

第四章　明智光秀與織田信長

禍福相倚的一五八〇年

由永祿十一年（一五六八）初次見到織田信長，到元龜二年（一五七一）由足利義昭幕臣轉為織田家將，再到天正八年（一五八〇）一躍成為統領一國加一郡（丹波一國及近江志賀郡）的諸侯，這段時間的光秀對織田政權的貢獻，前面已經詳細交代了。從諸史料來看，無以明顯找到有令明智光秀萌生叛意的可能及跡象。

本章將跟讀者一起詳細探討及追蹤光秀與信長在本能寺之變之前的關係。究竟光秀為什麼，以及他是怎樣由織田家第一家臣、最受信長信任的左右手，突然一轉成為叛變弒主的逆臣？在此之前，必先追溯光秀與信長之間在最後的兩年裡，究竟是否出現任何的對立或問題，之後再加以檢證本能寺之變。

天正八年，當時的織田信長以及織田政權氣勢如虹，勢不可擋。環顧織田勢力四周的敵人，都正被信長旗下的將領所壓迫。現在稍稍說明一下，天正四年至天正八年八月為止的兩年間，明智光秀以外，京都附近織田主要將領的攻略情況：

一、播磨、但馬（羽柴秀吉等）

在天正六年（一五七八）四月的大坂本願寺攻擊戰以及六月的淡輪灣之戰，先後打擊了負隅頑抗的本願寺及伊勢、淡輪兩地的一向一揆眾。同年十一月的第二次木津川之戰中，織田麾下的九鬼嘉隆水軍大敗一直支援大坂本願寺的毛利水軍，令大坂合戰的戰況更進一步有利於織田方，也拉開了織田與西國之雄毛利氏正面交鋒的序幕。織田信長遂任命羽柴秀吉擔當平定西國的總大將，雖然其間歷經播磨的別所長治及同僚荒木村重的先後叛變，但經過天正八年正月的三木城之戰後，秀吉終於完全平定播磨，其弟羽柴長秀（後來改名秀長）也在不久後平定但馬，配合光秀同年平定丹波、丹後，信長的山陰、山陽兩道並進戰略已經邁出重要的第一步。

二、加賀、越中（柴田勝家、前田利家、佐佐成政、不破光治）

越前的一揆騷亂平定後，織田信長在天正三年委派老臣柴田勝家率領佐佐成政、前田利家、不破光治（府中三人眾）及別喜廣正等，以越前、南加賀為基地，攻略北陸本願寺派的一揆眾最後根據地——北加賀及能登。但由於別喜廣正管理不善，南加賀的本願寺派在同年九月發動一揆來反抗。

廣正敗逃後被信長罷職召回尾張，柴田、府中三人眾等在天正四年（一五七六）正式重新攻略北陸。天正五年（一五七七）九月十三日，同樣有意向加賀、能登推進的「越後之龍」上杉謙信，與柴田等織田軍對戰於加賀手取川。有關這一場大戰的實情，至今一直存在爭議，在此暫且不論，總之織田方在內訌、情報被封鎖，還有謙信神速出擊的情況下被上杉軍大敗，這樣的事實是肯定的。

雖然手取川之戰出師不利，但上杉軍也沒能阻撓織田軍推進，在天正六年十月的越中月岡野之戰中，隸屬於北陸軍團的齋藤利治連同剛歸順信長的神保長住等人，一同將當地的上杉守軍驅逐到越中東邊，同時倒向信長的前能登守護畠山氏家臣長連龍乘機收復能登，恰好上杉謙信在天正六年猝死於春日山，並引發「御館之亂」，使織田方藉機進一步入侵加賀、東越中，並向越後推進。

三、大坂本願寺（佐久間信盛等）

天正四年四月十四日，原本已經與信長議和的大坂本願寺，得到上杉謙信、足利義昭的支持，連同紀伊雜賀眾再次舉兵與信長交戰。信長立即命手下諸將傾力攻擊，卻迎來本願寺的負隅頑抗，大將塙直政在三津寺之戰中被本願寺及紀伊雜賀眾的火槍擊中而戰死，前來支援的三好康長也狼狽敗逃。

得知此敗報的信長立即親率三千兵馬趕來，但同樣遭到本願寺、雜賀眾的拚命抵抗而一度後退，信長本人更被雜賀眾的火槍擊中手臂受傷。之後，在各隊再次匯攏出擊下，終於攻下天王寺寨，擊退本願寺與雜賀眾。

信長在此戰後便派出老臣佐久間信盛作為對戰本願寺的總帥，命他坐鎮天王寺，再配上由聽命信長的領主，結成西至大和、南近江、河內、和泉、北紀伊，東至東尾張、西三河，合共七國，號稱八萬大軍的聯合部隊一同包圍本願寺，務必將本願寺連根拔起，使其屈服在織田軍團的鐵蹄下。

天正八年（一五八〇）四月，本願寺顯如因為上杉謙信、松永久秀、雜賀眾、毛利水軍的前後死亡及敗走，而變得孤立無援，最終接受朝廷的斡旋，與信長和議。八月，極力主張拚死抵抗的本願寺教如（顯如長子）亦在眾人力勸下，無奈屈服，退出大坂教坊。至此，長達十年的戰爭終於完結。

擊敗宿敵本願寺後的天正八年八月十二日發生了一件事，讓包括剛剛得到丹波一國的明智光秀以及一眾織田家臣都非常緊張，那就是著名的「佐久間父子放逐事件」。信長在幾經辛苦的情況下，終於迫降了本願寺。可是就在那時，他卻決定把一直負責圍堵本願寺的老臣佐久間信盛及信榮父子趕出織田家。這是為什麼呢？

本書經常引用的《信長公記》的卷十三中，記錄了《佐久間信盛折檻狀十九條》就提及：

在天王寺五年，未立寸功。（第一條）

不僅是武力，就連計謀也不曾使用。（第二條）

雖然給予了七國的兵力，卻從沒有任何行動。（第七條）

十九條中的其中三條就是譴責信盛沒有好好利用手上的龐大軍力，給予本願寺任何的壓力或攻勢，對信長來說，這就是浪費資源的愚舉。接著，信長再列舉其他家將的功勳，如新晉的明智光秀、羽柴秀吉、池田恒興（第三條），同地位的柴田勝家（第四條），用以批評信盛在攻略本願寺的四年間毫無建樹，「三十年奉公之內，豈有能稱上拔群卓著的偉功」（第十六條）。

另外，信長在責備狀中也把一些舊恨往錯一併列出：

先年（天正元年）攻破朝倉之時，否認錯失戰機之誤，更自圓其說，離席而去，

令我盡失顏面。（第十一條）

先年（三方原之戰），被派至遠江救援，還未知敵我勝負，而家康遣使求援……自軍一兵未死而逃，更棄平手（泛秀）於死地而不救，還氣定神閑。（第十七條）

當然，這些都要追究的話，佐久間信盛也可以說責無旁貸。雖然後世有人批評信長發出這個責備書，是秋後算帳，藉故開除老臣云云，這些說法也成了後人對信長做出負面評價的依據及舉證例子。然而，這樣的說法實在難以令人認同。首先，就上文所示，攻擊大坂本願寺的困難是前所未有的，因此，信長才給予信盛合共七國的助將兵力以助攻守。但是，一如信長所示，從史料上的確看不到信盛在四年內有任何分化、謀算、攻勢之類的意圖及跡象。

到了最後，本來就是急性子的信長心急如焚，也不得不透過關白近衛前久的遊說及朝廷的斡旋，迫使本願寺投降。對於信長來說，信盛的表現實在不合理且難以接受。這也可反過來反映信長以物資、兵力的絕對優勢致勝的軍事思想，又或者說，信盛是因其表現遠低於信長的期望而得到這個下場。即使是跟隨在旁，而且擁立有功的忠臣，只要犯了信長不能接受的大錯誤，就會被信長拋棄。

信長發出責備書後，便下令放逐佐久間信盛、信榮父子到高野山，且不准攜帶任何財物。後來又改到大和國南部的十津川。天正九年（一五八一）七月二十四日，佐久間信盛出家，法號「定盛」，在得不到信長赦免的情況下，於大和國十津川鬱鬱而終。

後來信長得知信盛死訊後，便在天正十年一月十六日重新召回其子信榮，並給予新領地，隸屬長子信忠之下，但直至本能寺之變為止，都沒有獲得重用。佐久間父子被放逐後的天正八年八月十七日，同為老臣的林秀貞、美濃三人眾之一的安藤守就，以及尾張國人丹羽氏勝，都被信長以不同的叛逆罪名放逐。

其中針對林秀貞的理由只是「去弘治二年（一五五六）五月，於林美作守（秀貞之弟）宅中企圖令信長公遭受困境（謀立信長之弟信勝之事）」（《信長公記》卷十三》）。佐久間父子的慘澹下場，林秀貞、安藤守就及丹羽氏勝的突然被罰，當然或多或少觸動了其他織田諸將的神經。從責備狀中可看到，信長的嚴格要求、記仇的性格，想必使正在攻略各地的後起諸將倍感壓力。

那麼，明智光秀面對天正八年八月的一連串內部整頓，面對信長冷酷無情的作風有什麼反應呢？天正九年六月二日，也就是佐久間信盛鬱死在大和前一個多月，光秀對自己的軍隊下達了針對性的軍律令及軍隊編制（後世稱為《明智光秀家中軍法十八條》）。這是現存光秀的軍法中最詳細的一份，也是唯一現存的織田家軍法，對研究織田政權軍制及明智光秀的軍事體制極有幫助。在十八條規定後，還附加了一段光秀個人的感想，其中有以下極受注目的一節：

……吾本為瓦礫沉淪之徒，既從主公（信長）受賜莫大之軍勢，不實之法度與武勇無功之輩，乃國家之負累，猶如盜竊公器，必被嘲笑矣。故若拔群粉骨，勵志忠節者，必速報主公（信長）御前，家中之軍法如此。

然而，經過不同史學家的一連串研究，「軍法十八條」很可能是後人假藉光秀名義偽造的（也有史學家認為是真跡）。支持偽造說的學者舉出以下四個主要的可疑之處：

第一，十八條由紀律規定（第一到第六條）與兵役人數規定（第七到第十八條）兩部分組成。在當時的其他軍法裡，這兩個規定大多分開獨立發布，幾乎沒有合在一起的。

第二，就當時的戰鬥來說，弓箭仍然是主要的武器，然而軍法裡沒有弓兵的人數規定。

第三，軍法的發布日期剛好是本能寺之變前一年的同月同日，與其說是巧合，不如說是製作者意識到後來的事變，故意製造出來的「偶然」。第四，也是最重要的是，軍法最後那段光秀感念信長知遇之恩、誓死效忠的一節用字過於複雜、難讀與生硬，在同時代的文書裡屬於很不自然的寫法，教育水準不高的明智家臣恐怕難以理解光秀的心聲，這也違背了軍法的本意。

由於目前沒有其他史料印證十八條軍法規定的內容確實被執行過，而史學家也還未能合理解釋上述四個疑點。對於《明智光秀家中軍法十八條》確實要持有審慎的態度，但不妨礙從中做出一些解讀。

上面引用的那節之所以受注目，是因為光秀的感言明顯受到佐久間被放逐一事的影響，即「受領莫大之軍勢，則不實之法度與武勇無功之輩，乃國家之負累」，繼而可以推論當時居於織田政權高位的各將領，想必也要加強自己軍隊的戰鬥力及效率。另外，從「吾本為瓦礫沉淪之徒，既從主公（信長）受賜莫大之軍勢……」一句就能看得出，到天正九年六月為止，姑不論光秀是否虛有其詞，光秀應對信長存有敬畏的思想，而且一直強調著對織田家的奉公。諷刺的是，在下達軍法令的整整一年後，主張竭忠盡智的光秀卻帶兵突襲了自己立志效忠的主君。

此外，史學家堀新等在山口縣發現了一版明智光秀制定的五條家法，時間是天正九年（一五八一）十二月四日，從內容與紙質等來看，應該是原件，但仍然需要進一步的考證，在這裡先把全文的翻譯提供讀者參閱：

定家中法度

一、在路途中遇見織田家的宿老（重臣）、馬廻（近衛隊）時的行禮之事。看到後要靠在路的一邊，恭敬致意後讓他們先通過。

二、往返坂本、丹波的人，（有上下兩個路徑）上路由紫野出發，經過白河前進；下路由汁谷、大津山谷前進。在京都有要事處理的話，派遣人員來協調對應。此外，如若有不得不留在京都處理的事宜，請向主公（光秀）說明。

三、受命處理、執行事務的人，他的下人、隨從不可在京都騎馬行走。

四、禁止在洛中洛外（京都內外）遊樂、觀光。

五、於各個道路上，輕率地跟他家的家臣發生口角，屬於重大過失。不論是非曲直，我家的肇事者將受到懲處。但是，一旦遇到難以簡單擺脫的爭吵，（我家的）當事人應於事發地自裁了事。

以上各條內容是我根據主城與領地的遠近，經過深思熟慮後制定的。萬一發生意料不到的狀況，各家臣更不可輕視以上的規定。各人必須嚴格命令手下的家臣、隨從、雜役等遵守規定。如若有違反法度之輩，立刻嚴懲不貸。八幡（大菩薩）可鑑，絕不輕饒。內容如上。

天正九年十二月四日
日向守

從這五條內容可以發現，光秀十分關心處理自家與織田家的上司、同僚之間的關係，顯示出他不想惹是生非的態度，以免進一步引起不必要的紛爭與矛盾。

信長的第一重臣

佐久間信盛、林秀貞、安藤守就等被免去職務及流放後，天正八年末（一五八〇）至九年的織田軍團亦開始重整架構。林、安藤身上並沒有龐大軍權，故真正要重新分配的，是曾擁有七國軍勢的佐久間軍團，還有早前因反叛信長而被擊敗逃逸的荒木村重所領的攝津一國。

佐久間信盛所統領的大和、東尾張、南近江、西三河（水野氏）、河內、紀伊、和泉七國中，尾張、西三河的水野氏完全劃給信長的長子織田信忠，連同原有的美濃、尾張部分，就如信長所謂「尾、濃兩國任憑領有」一樣，信忠在天正八年已經幾乎完全擁有濃尾兩國的軍事動員權及支配權。

至於畿內的河內，以及南近江的栗太、野洲兩郡，則成為信長的直轄地。大和一國在天正八年十一月進行「指出檢地」後，便交由當地的豪族筒井順慶。和泉國則交給信長近臣之一的蜂屋賴隆統轄。至於荒木村重的攝津國則交由原本隸屬信忠軍團的親將池田恒興負責，命其支援秀吉的中國地區攻略戰。

就這樣，天正八年八月以降的重大軍團調整也大致完成：

北陸方面：柴田勝家——前田利家、佐佐成政、佐久間盛政、金森長近等

中國方面：羽柴秀吉——羽柴長秀、宇喜多秀家、南條元續等

尾濃方面：織田信忠——森長可、河尻秀隆等

攝津國：池田恒興、高山重友

和泉國：蜂屋賴隆

至於明智光秀，在此調整中得到了什麼呢？其實佐久間被放逐後，光秀實質上沒有得到任何新的領地，而在年前三津寺之戰中戰死的原田直政的遺領，即大和及南山

城的指揮權由光秀繼承，並且得到大和一國的筒井順慶也正式與光秀連成上下屬關係，後來的京都軍檢閱式的出場順序即為「第三隊，明智光秀隊、大和眾及上（北）山城眾」，另外在天正十年（一五八二）三月三日的《多聞院日記》中提到順慶軍「（與明智）為同軍」。

故依照以上諸史料，這個時候的明智光秀所控制的領地有：

近江志賀郡、丹波（自領）

丹後（細川藤孝）

大和（筒井順慶）

南山城（伊勢貞興等）

換言之，當時的織田政權除了後來滅亡武田氏所得的東國數國外，已經將各地的領地以軍事區域進行劃分，即中國軍團（羽柴）、北陸軍團（柴田），以及後來瀧川一益的關東軍團與神戶信孝、丹羽長秀的四國軍團。至於光秀的近畿一帶控制圈，筆者較同意史學家所謂的「畿內軍團」之稱呼。

當時光秀的控制範圍乃以上五個地方，而在本能寺之變前，所做的軍事行動只有天正九年八月幫助秀吉攻略因幡鳥取城而已，論其性質及當時光秀還沒有攻略目標來說，算是四出助戰的自由攻擊軍團，所以「畿內軍團」這個單純的地域概念會比較容易幫助我們理解光秀軍團的性質。

天正八年（一五八〇）年底成立的「畿內軍團」的第一個任務，便是天正九年二月於京都舉行的軍事檢閱式。可能是慶祝對長年宿敵本願寺迫降成功，再加上自己的兵鋒已經先後平定北陸、山陰、山陽及近畿的緣故，早在同年的正月十五日，信長就在安土城下令近衛的親兵「舉行『左義長』，準備炮竹，戴頭巾，穿正裝，各人要好好準備裝扮」（《信長公記》卷十四）。

所謂的「左義長」，原本是貴族時代陰陽師所舉行的儀式，用放鞭炮以慶祝新年到來，並有祛汙淨惡的功能，後來武士也承襲了這項習俗。當時剛好正親町天皇的妃子，也就是未來皇位繼承人誠仁親王的生母在此前不久病故，有學者認為除了習俗以外，信長也是為了給皇室的白事沖喜，所以舉辦了大型的軍事檢閱式。而這次在安土的鞭炮活動，其實只有信長及其直轄的近江眾親兵，如日野的蒲生氏鄉、與信長關係親密的攝關家近衛信基（前關白近衛前久之子、信長的義子）、信長諸子及織田一族等出席。當日的「左義長」及馬隊出遊，安土一帶的人都來圍觀，而且城下不分貴賤無不驚嘆其威勢。

安土軍事檢閱式完畢後的正月二十三日，信長又馬不停蹄地下達命令給光秀，說

「因將在京都舉行軍事檢閱式，各人盡可能於那時以美裝參集」，並要通告全國。同一封命令書中又提及信長「欲於京中讓公家、都民觀看乘馬遊街之威風姿影」，「因欲讓日本六十餘州都得知此事，故必須多備駿馬」。換言之，信長在京都舉行軍事檢閱式的最大目的，就是要宣示其強勢及強大的軍事力量，而光秀則因此被命為軍事檢閱式的奉行（專責擔當）。

天正九年（一五八一）二月二十八日，在京都禁中（皇宮）的東門外，終於舉行了信長夢寐以求的軍事檢閱式，並請到正親町天皇及皇族親貴等公家眾一同出席。當然，背後也是信長提供所有的財政支援，讓他們可以風光一回。織田家方面，除了身在備前作戰的羽柴秀吉軍團，幾乎其他的軍團將領都出席了；連同部分與信長友好的公家眾也特意列隊參加。

負責統籌的光秀及其與力眾則列入第三隊。這次的軍事檢閱式令京洛上下貴賤都大開眼界，更言「不僅本朝，況異邦亦無此般之盛舉也」。這次令信長名聲高揚的軍閱式就在眾人目不暇給的好評下完結，在多方好評之間，不難發現作為總統籌的光秀辦事能力之高，想必亦令信長感到滿意。

到了二十九日，朝廷便派敕使下旨回謝信長之盛舉，大讚「如此有趣之遊興，天子已經御覽，聖顏極為大悅」，朝廷的神祇官，也是光秀好友的吉田兼見亦在他的日記

《兼見卿記》中寫道「其盛況，實難以筆墨形容也」。到了三月五日，朝廷又派使者要求信長再舉行軍事檢閱式，但這次軍事檢閱式的奉行是誰就沒有記載了，只知事後也是好評而終，「能在御旁（信長）目覽此盛事，無不忝謝之盛世也」（《信長公記》）。

這兩次的軍事檢閱式，從《信長公記》作者太田牛一的角度看，似乎是非常順利的表演，但兩次軍事檢閱式的時間之近令不少史學家感到懷疑。無論如何，天正九年（一五八一）二月下旬的軍事檢閱式，也是另一個肯定光秀貢獻的事例。

四國征伐與光秀的憂鬱

對信長及光秀來說，天正九年大致是順利多福的一年，秀吉平定了淡路、因幡，伊賀也由信雄占領；另外，越中及能登的反信長勢力也被肅清。到了天正十年（一五八二），信長的天下布武大業更上一層樓。同年元旦，一眾大將家臣來到安土城祝賀新年，那時光秀與宮內法印（松井友閑）一同被列為第一批恭賀的家臣，這顯示了光秀的地位已經因前年佐久間信盛、林秀貞的離去而逐步上升至家臣團的最上層。

同月七日，堺地商人兼茶師津田宗及與山上宗二（千利休之高徒）一同到光秀的坂本城參與茶會，那時的光秀可說是織田家內首屈一指的家臣，津田宗及記載說，城內光秀的寢室內「床上掛有主公（信長）自筆的御墨寶」。從這個記載以及早前提及的家中軍法附文，都強烈地顯示出光秀對信長的敬畏及忠誠。就以上所見，實在很難想像光秀有謀反之意。當然，已經知道六個月後「事變」發生的我們，或許會認為這不過是光秀為了掩人耳目的行動吧！

天正十年正月下旬，由於信濃的木曾義昌表示歸順，信長下定決心將兵鋒指向甲斐國，誓必將武田勝賴及名震東日本的武田一族斬草除根，永絕禍患。三月十一日，由於同族的穴山信君及小山田信茂先後倒戈，武田勝賴、信勝父子在孤立無援的絕境下，於最後據點天目山一起自殺身亡，至此，綿延數百年的武士名門甲斐武田氏正式滅亡。

自三方原之戰以來，信長便對武田家深惡痛絕，本想親自出兵，親手葬送武田家的，但在路上收到嫡男信忠、老臣瀧川一益，以及同盟者德川家康，已經率先合力滅亡武田家的情報後，雖然心有不甘，但事已至此，信長只好轉換心情，改道往東海道，遠眺富士山後便打道回軍，在四月二十一日回到安土，原本隨信長出發的光秀也隨信長一起率軍打道回師。

前年西邊的大敵本願寺屈服後，東邊的上杉謙信也因急病死去，如今另一個心腹大患甲斐武田氏也在天正十年被剷除。放眼當時的日本列島，九州的大友、島津兩氏都已經表示臣服信長，關東的北條氏政、氏直父子也表示希望在織田政權的「保護」下繼續控制關東。奥羽的諸侯們更是積極地聽從信長的號令，經常上貢名鷹、名馬給信長。能稱上信長大敵的，就只有擁戴足利義昭、與羽柴秀吉僵持不下的毛利氏，以及與信長不和、後世稱為「四國之蓋」的梟雄長宗我部元親。

長宗我部氏本來只是盤踞在四國南隅土佐國的其中一個勢力，但經過長宗我部國親及元親父子數十年的努力，在天正十年左右已經占領大部分的四國地方，只剩下伊予一部的河野氏及阿波北半部的三好氏還在抵抗。元親為了順利攻略四國，以及考慮到信長的崛起，早在天正六年（一五七八），即統一土佐的同一年，透過正室石谷氏的妹夫石谷賴辰（光秀重臣齋藤利三之兄弟），向明智光秀表示願與信長通好並臣從。同年十月，元親嫡男彌三郎成年元服，元親便透過光秀向信長表示，希望拜請信長為彌三郎賜予名字。於是信長就在十月二十六日回信道：

> 汝方給予惟任日向守（光秀）的書信已經閱過……賜字之事，就賜「信」一字，即改名「信親」便好，詳細可與日向守相談。（《土佐國蠹簡集》）

拜領了信長「信」字的彌三郎，就是後來於戶次川之戰中英勇戰死的長宗我部信親。這一次的賜名之事開啟了兩家的建交，之後元親也一直向信長上貢名鷹及四國的特產（《土佐國蠹簡集》《信長公記》），而負責使兩家交情友好及保持溝通的便是光秀。這也是顯示光秀在天正六年前後大展才幹，以及他在織田家內外影響力的一個例證。

可是到了天正九年情況就開始出現變化，阿波的三好康長及西伊予的西園寺公廣都因無力抵抗元親的強大攻勢，於是拜託正在攻略中國地方的羽柴秀吉向信長救助。信長在賜信親名字時就向元親表示過「藉由此事，四國可任憑占有」（《元親記》），但在三好康長及西園寺公廣請求救助後，信長或許感到長宗我部勢力過於強大，還有考慮到本願寺已經屈服，三好氏又完全歸順，當日的承諾已沒有必要遵守下去。

當時，對於信長來說，西日本的戰略重點將放在討伐毛利及征伐九州上，三好及西園寺都將會是重要的棋子，相反的，元親的利用價值已經相對打了折扣，再加上長宗我部家一躍為過於強大的小霸，對信長的統一霸業而言並非好事，所以信長改口對元親說「（伊）予州、讚（岐）州暫且保留，阿波南半及本國（土佐）當可給予」，元親得知此消息後大怒，「元親奪得四國，皆以實力親手而得，豈因信長之恩？」（《元親記》）

不過，元親也不是就這樣坐以待斃的，除了繼續透過光秀與利三確認信長的意向，還在天正九年（一五八一）底聯繫上了羽柴秀吉。元親知道三好康長已經歸順信長，而且表示願意在平定四國後，協助信長與秀吉攻擊毛利。雖然元親在書信上沒有表明對於三好康長的態度，但可以看到元親在考慮自己前途的時候，也是多方救助，盡可能地保住利益。

然而，信長四國政策的轉換導致了新的攻略目標。當信長決定討伐不滿自己決定的元親，剛好信長的三子信孝極希望立功出名，故此「三七（信孝）大人不斷希望到四國去」（《神宮文庫所藏文書十七・神房慈円院正以文書》），就是說信孝希望將出征四國作為立功的契機。到了五月十一日，信孝連同信長配下的丹羽長秀、蜂屋賴隆等抵達住吉，準備征伐四國。

這段時間，原本由維繫兩家友好關係的中間人轉變成毫無關係的人，光秀當時的心情如何，實在十分惹人關注，遺憾的是，現存史料上並沒有留下表達他內心的隻言片語。唯一知道的是，光秀與利三盡最後的努力，試圖說服元親接受信長的修改方案，保住長宗我部家的同時，也盡量發揮自己的作用，保住自己的臉面與利益。

走上背叛之途

終於到了光秀決意謀反的天正十年（一五八二），這裡必須先提一下與這起事件息息相關的人物——德川家康。

德川家康自與信長結成清須之盟後，便一直與信長保持良好的盟友關係，經歷姉川、三方原、長篠等大戰，最終，信長成功制霸近畿一帶的同時，家康也成功進軍東海道。天正十年三月，家康自駿河方向與織田信忠攻滅武田家後，便得到信長賜封駿河一國作謝禮。

如今，家康便與剛降服的穴山信君以拜訪信長的安土城為回謝。當時的光秀應該正在為四國苦惱，卻在長宗我部將要面對信長兵鋒之前的五月十四日，信長命光秀回坂本準備盟友德川家康到安土訪問的招待事宜。五月十五日，家康一行人抵達安土城下，信長便安排他們入住安土內的大寶寺，並命光秀當日前往大寶寺接待剛到的家康、信君。之後，光秀又在十五日至十七日準備接待家康所需的珍品佳餚用料。十七日，由於信長收到遠在備中高松城的秀吉要求援軍的請求，信長便命光秀連同池田恒興等為前軍一同趕到備中助戰。這時的光秀或許已經心有叛意，但究竟是什麼驅使光秀必須在六月二日謀反？

是為了長宗我部？還是為了其他？後世就有說法指出光秀謀反與接待家康有關。例如耶穌會傳教士佛洛伊斯在《日本史》第五十六章中寫道：

正在準備宴會（接待家康）時，信長召明智於一密室議事……因明智感到不滿，提出諫言後，信長站起來怒不可遏，並兩度用腳踢擊明智……

他們在密室所議何事將留待第二部論析。總之，依此說法只是明顯地表示信長、光秀因為某事意見不合而起了爭執。就字面來說始終難以推定是什麼事，然而佛洛伊斯卻就此事推想道：

……或許在其（光秀）過度的利慾及野心驅使下，終誘使他有了成為天下之主的想法吧。

但要留意的是，當時佛洛伊斯人並不在安土，而是遠在九州長崎，此事以至後來事變的經過，都是從當時在安土的傳教士卡里安（Francisco Carrión）報告得來的，因此內容的真實性尚有值得商榷的餘地。

另外，後世軍記小說《川角太閤記》也說光秀在接待家康時出現問題而萌生叛意：

正值夏日，光秀準備好的鮮魚腐壞了，信長公來到宅門外之時，強烈的臭味隨風飄散。信長公聞到這陣陣惡臭後勃然大怒……因此，信長公下令讓家康卿等人改在堀久太郎（秀政）邸宅留宿……聽說光秀因為覺得顏面掃地，於是把用來盛魚的木制台盤，還有其他菜餚全部倒進（安土）城下的水溝裡，結果臭味傳遍整個安土城內外。

這個記述看起來十分詳細，彷彿也把光秀描寫成一個完美主義者、愛面子的人，但這樣被解任又是否就是謀反的主因？這是需要考量的，而且當中也存在十分不合理的地方。就像文末所說的，光秀若果真把變壞的食物丟到城下水溝，恐怕以信長性急衝動、具潔癖的性格，又加上當時才剛發過火，相信也會很快地處死光秀以挽回自己的面子，又何來之後派他到中國（本州西部）的事呢？

無論如何，光秀在五月十七日便回到坂本，二十六日從坂本出發到備中，二十七日在愛宕山參拜祈願，又在祭神前求籤問卜，二十八日便在威德院與里村紹巴等舉行和歌會，之後作成《愛宕百韻》，並在當日回到丹波的居城龜山城。

據說，光秀在六月一日便與重臣齋藤利三、明智秀滿等表明自己謀反的決定。六月二日，光秀向全軍指稱，因信長想檢閱軍隊而須回軍京都，同日黎明前，明智軍沿山陰街道進入京都，並且包圍本能寺，就這樣，光秀便在沒有明顯原因的情況下，由織田家首屈一指的大將，突然變成叛逆主君的謀反人，同時間，他決定反逆的這一刻距離自己的死期亦只有十日。

專論：漫談明智光秀的性情、修養與雅好

耶穌會傳教士佛洛伊斯在《日本史》中評價光秀其人：「他好背叛及密談，興刑罰且殘酷獨裁，但自身的偽裝能力卻是拔群且速。另外在戰爭方面，善謀略、富忍耐力，乃計略、謀策之高人。」這段評價側重光秀政治、軍事方面的能力，前面的篇章也詳細介紹過了。本文旨在利用相關史料，透過一些具體事例談談光秀的個人修養與雅好，特別是後述他在醫學、文學與茶道等多方面廣為涉獵，對於當時文化水準不高的武士階層來說，是非常難能可貴的，希望能為讀者呈現更加鮮明、立體的人物形象。

一

新發現的史料《針薬方》除了引起我們思考明智光秀的前半生可能跟傳統說法有所不同外，還讓史學家留意到光秀口傳《針薬方》（雖然不是什麼深奧的藥方），可能暗示了光秀尚名不見經傳的時候，已具備了一定的醫學知識。然而，光秀是怎樣、什麼時候習得的，仍然是個謎。

此外，從明智光秀的朋友圈裡，可以看到光秀還跟一些著名的醫者，如堪稱「神醫」的曲直瀨道三，還有侍奉天皇的典藥方（管理皇室醫療的部署，太醫院）醫師丹波賴景，以及後來侍奉豐臣秀吉的施藥院全宗有往來。這種朋友關係和他掌握的《針藥方》的知識，讓一些史學家甚至覺得光秀在越前生活的幾年間，曾經行醫維生，成名後便跟京都的名醫有所交流。

然而，除了這些資訊外便沒有更多關於這方面的記錄。早年口傳《針藥方》後，光秀也沒有在後來展示自己這方面的能力。要留意的是，當時不少武士出於實際需要會去收集一些醫藥，以及治療創傷、養生方面的醫學知識與書籍。除了明智光秀，德川家康、伊達政宗等知名武將亦是如此。所以，依目前的情況來說，有些史學家斷定光秀曾經當過醫師的說法，還有待更多的史料發掘才能得以證實。

不過，需要指出的是，十六世紀初、中期的日本醫學知識，大多是對中國古代漢籍醫書的吸收與改良。因此，如要學習醫學與藥理知識，漢文的理解能力必不可少。由此可見，在比較早的時期，光秀在漢文方面的修養可能已經達到一定的水準。

二

雖然沒能證實光秀曾經行醫，但可以推斷他是具備了一些醫學知識。不過，可能是這個原因，翻閱光秀現存於世的書信（約兩百餘份），經常能看到光秀慰問對方的健康與傷情。從朋友到剛從屬自己的丹波國領主，再到家臣，光秀都會在寫信時特意問候，甚至給予一些建議。舉個例子來說明：

> 我回到京都附近的時候，聽說您被戰傷煩擾，實在讓我擔心不已。當下時分還請您一定要好好療傷靜養，這事十分重要。這次出兵丹波的事讓您費心對應，您養傷的事更讓我憂心。請快點找可靠的醫師為您治療，待病情好轉，我來到丹波時再見面吧！（《西教寺文書》）

這是天正三年（一五七五）九月，光秀寫給留守在丹波的家臣小畠左馬進的慰問信。書信的內容充分顯示了光秀溫情的一面，這些慰問信在現存的光秀書信裡為數不少，可以肯定是光秀的真情流露，沒有一絲造作。當然，也可以將光秀誠心慰問身邊人的行為理解為一種處世之術。正所謂「出門靠朋友」，多交朋友多交心，少一些敵人，在亂世中總歸是好事。

除此之外，還有一則事例充分顯示了光秀的人情味。元龜四年（一五七三）五月，光秀給跟他甚有淵源的近江國坂本西教寺捐獻（當時稱為「寄進」）了一些錢財。目的是要弔唁為他英勇作戰而犧牲的十八名家臣。而且，光秀寫給西教寺的捐獻文書裡，清楚列出了十八名家臣的姓名、大部分人的陣亡日期，以及捐獻的弔唁金（每人一斗二升）。

日本戰國時代大小戰事頻仍，天災常臨。身邊的親人、家臣，甚至自己都有可能隨時死去，朝不保夕、生離死別可說是司空見慣。在這樣的世道裡，從史料不難看到戰國武將慰問死者家屬、保障其遺產完整的書信與文件。但是，主君主動為家臣弔唁的史料卻十分罕見，非常具有歷史價值。

由此可見，光秀的這份捐獻文書既是少見的珍貴史料，配合上面為數不少的慰問信，可以幫助我們進一步感知光秀的人情味。他重視身邊的人，真心關懷他們。日後，當他的重臣齋藤利三被信長壓迫、生命受到威脅，可能就是這種性格，成為了其中一個促使光秀突然起事謀反的因素吧！

三

透過前面的敘述，看到了光秀對於身邊人的關懷與溫情。那麼，在本能寺之變前，光秀對其主君信長又是怎樣的呢？在正文，可以知道光秀自從加入織田家後，可謂是盡忠職守，不敢怠慢。而信長在處罰老臣佐久間信盛、信榮父子時，就曾經重點表揚光秀在丹波平定戰的功勳卓著。其實信長還讚賞過光秀，不過不是在公開場合，而是在天正二年（一五七四）七月，信長出兵討伐長島一揆，在那裡回覆光秀報告在攝津、河內的戰況時說：

你的報告十分詳實，讓我如臨現場。（《玉證鑑（三）》）

這種讚賞可能比不上後來當著家臣們的面前那樣光榮，但是，從這個評價可以看到信長十分滿意光秀的表現，光秀似乎也十分了解信長的喜好。事實上，性格飛揚跋扈的信長一生中很少寫內容很長的書信，有史學家分析這充分反映了信長急性子、討厭長篇大論的個性。相反的，信長自然也討厭家臣作風拖拉迂腐。也就是說，信長作為人君，期待家臣拿結果說話，而且要簡單俐落。光秀這份戰況報告顯然是合格的。

有關這個方面，傳教士佛洛伊斯在《日本史》裡說：

為了得到信長的寵愛，光秀竭盡所能地留意觀察所有跟信長有關的事宜。

這個觀察似乎也不是沒有依據的。先前提過光秀宴請好友到坂本城做客時，客人看到其臥室就掛有信長的墨寶。還有，自從信長喜歡上「茶湯」（近世茶道的前身），而且把茶具作為功勞獎賞的媒介後，光秀也開始熱中於茶湯與茶會。

尤其是光秀獲得信長賜予茶具，以及得到准許開設茶會後，天正六年（一五七八）正月十一日，他在坂本城舉辦第一次茶會，就用上了信長剛於正月朔日賜給他的茶具「八角釜」。

自天正六年開始，每年正月光秀都會在坂本城舉行茶會，而且必定用上信長賜予的茶具。這一方面無疑是為了顯示自己對信長的敬重，另一方面則是製造某種儀式感，向別人（家臣與客人）強調自己的權勢。

除了茶具，坂本城內某個手水間（洗手的房間）的牆上還掛著畫師牧溪的名畫，這也是信長所賜的。另外，在茶會結束後的餐宴裡，其中一道「鶴湯」所用的鶴也是信長賜與的。（《天王屋津田宗及會記》）

不知道各位讀者看到這些記載有什麼感想？顯然，能夠發現這些裝飾與菜餚大多都跟信長有關，很可能是光秀為了讓參加宴會的客人看到這些細節而安排的。因為這些文人茶客也經常與信長往來。說到這裡，應該已經有不少讀者感到疑惑：「究竟這些略顯造作的舉動是光秀的真情流露，還是虛情假意呢？」

那麼不妨再舉些例子給大家參考。天正三年（一五七五）五月，也就是織田信長出兵與德川家康一起在長篠對戰武田勝賴的時候，薩摩島津家的島津家久上京遊覽，在友人兼連歌大師里村紹巴的安排下，家久來到坂本一帶觀光。奉命留守後方的光秀知道了家久的到來，先是派人迎接與招待家久到志賀郡一帶遊覽。後來，光秀也親自跟家久會面，並且設宴款待。酒宴過後，家久等人打算玩遊戲助興。就在這個時候，光秀跟家久說：

我家主公正出兵在外，我在這裡遊戲作樂，成何體統呢？（《中書家久公御上京日記》）

即使信長遠在千里之外的東日本，光秀對他的敬畏，以及由此產生的自律、自我約束表現得淋漓盡致，足見光秀對信長保持著一種什麼樣的姿態。另外，到了天正四年十二月，光秀從同僚那裡獲贈了一塊坐墊。作為日常的社交送禮，本沒有什麼不妥，但是光秀卻做了以下決定：

此外，前幾日你們送給我的坐墊，我已經看到，然後直接獻給主公了。我用的坐墊沒什麼講究的，但你們送的這個做工實在太好了，我配不上使用它，於是呈送給主公，我覺得這樣處理最好。另外，我已經下令家臣從明年正月開始只可以穿著木棉製的衣服。那是因為主公已經決定於明年二月上旬出兵大坂，故而我家為了做好出戰準備，一律禁止家臣私用浪費。你們也要做好準備，帶著必要的決心，不可大意。(《小鴨文書》)

這段文字再一次讓我們看到明智光秀在加入織田家後，對信長心存敬畏，即使是在別人面前也絲毫不敢放鬆。可能有部分讀者會認為，像這種「凡事都要考慮主君信長」的做派，應該放到織田時代的秀吉身上才合理。實際上，這種印象源於江戶時代以來各種講述秀吉的文學作品，以及戲劇的影響。其實在秀吉相關的史料裡，較少看到他在書信裡表現出自己對信長的這種意識，起碼沒有光秀那麼多又明顯。

此外，佛洛伊斯《日本史》還記載到，光秀在織田家裡遭到孤立，別的家臣大多不喜歡他。雖然佛洛伊斯沒有說明當中的原因，但不排除其中一個因素，就是這種人前人後都強烈顯示自己對信長的忠心。

正文裡提到的《明智光秀家中法度十八條》，有可能是後世假託光秀的名義偽造的，因此，最後那段肺腑之言也可能是杜撰的。不過，從上述引用的史料來看，那段感人的「肺腑之言」奇妙地符合實情。

四

前面提到，光秀應該擁有一定的醫學與漢文理解能力。不僅如此，光秀在日本傳統文化的造詣，特別是連歌與茶湯方面也十分了得。不僅如此，透過史學家的研究，發現光秀對這些雅好並非一時興起，而是不斷追求進步，終成大器。

同樣地，我們也不知道光秀是在哪裡又是什麼時候開始學習連歌與茶湯的，但可以確定光秀接觸連歌比較早。

連歌以上、下兩句組成，而且大多參考引用古典名句與歷史典故作句。在當時日本的上層社會，連歌既是文藝活動，帶有娛樂性質，同時也是政治、價值觀念方面志同道合的人們維繫關係的紐帶。隨著室町時代武士社會漸漸熱中文藝活動，與文藝界的交流越來越頻繁，參加連歌會的人數越來越多，這一場合也成為評判個人修養的平臺。因此，創作者需要對古典文化有很高的瞭解之餘，也要頂著別人目光的壓力，力求上進。

目前的史料中，光秀首次參加連歌會，是在永祿十一年（一五六八）年十一月十五日，於京都某處舉行的百韻連歌會，即信長護送足利義昭進京後不久的事。除了光秀，出席的還有這次歌會的主辦人細川藤孝，以及當時信長的文書官明院良政、連歌大師里村紹巴、關白近衛稙家之子聖道院道澄（將軍足利義輝的妻舅）、貴族界的「歌人」飛鳥井雅教等人。由此可見，參加這次連歌會的都是當時「歌壇」的大師級人馬。按照連歌會的做法，主辦人負責吟誦第一句，然後依照地位與能力輪流吟誦，有靈感、有意願對接上句的參加者可以多次吟誦。所以，造詣、境界越高的人，一般吟誦的句數都比較多。

那麼，初次登場的光秀吟誦了多少句呢？答案是六句。這數量在參會者中屬於偏少的級別，比主辦人細川藤孝、未來的同僚明院良政吟誦的十句少了一些。表面看來，光秀的表現不算突出，但後來的歷史證明這不過是他成為連歌達人的初次啼聲。而且，與會者都是貴族、幕府與歌壇的代表，本是浪人出身的光秀藉由這樣的機會，得以結交上層社會的精英，給光秀的前途帶來很大的幫助。

永祿十一年的百韻連歌會後，因為「元龜戰亂」的關係，所以光秀沒有參加連歌會的機會。但從天正元年（一五七三）開始，轉身成為信長家臣的光秀便開始頻繁舉辦與參加各種大小連歌會，直至本能寺之變前夕的愛宕百韻為止，達四十多次左右。在這十年內戰事、政務纏身之下，仍然能夠抽空參加四十多次連歌會，可見光秀對連歌的熱愛與日俱增。

參加這四十多次連歌會的人大多數是當時的歌壇名流，也是光秀的好友。例如前面提到的茶人暨豪商津田宗及、吉田神道的鼻祖吉田兼見，還有細川藤孝等。

這裡值得關注的是光秀所取得的進步。前面說過光秀初次參加連歌會時才創作了六句，與創作十句的細川藤孝之間尚有差距。隨著舉辦與參加多次連歌會，光秀有了更多練習的機會，同時也可以想像光秀為此不懈努力地學習；甚至在史料裡看到光秀出兵在外，因為偶遇風景有感而發，隨即寫下歌句，在書信中分享給「歌友」評賞。

到了天正九年（一五八一），光秀所作連歌句數已經追上藤孝等大師的水準。前面提到，吟誦句子的數量跟實力有很大的關係，光秀的創作量增加意味著他明顯進步了。即使我們沒有能力評價光秀創作的歌句水準如何，但根據這些大師定期參加光秀舉辦的歌會，或者自己舉辦歌會也邀請光秀，可以想像光秀的水準不會太差。

最後的幾年，光秀還帶上兒子光慶與重臣齋藤利三出席連歌會，可見光秀不僅自己透過連歌加強修養、陶冶情操，還希望兒子與重臣能參與其中，在明智家的高層裡形成一種文化氛圍。當然，連歌會以外，上面提到的茶會也是同步進行的。

由此可見，舉辦連歌會與茶會已經成為光秀的個人雅好及生活的一部分。雖然其他家臣，如未來的天下霸主羽柴秀吉也偶爾舉辦連歌會，甚至召開了「羽柴千句」連歌大會，但是這對秀吉來說也不過是附庸風雅，說不上是享受其中。光秀在學習連歌及取得進步的過程裡，百忙之中依然不懈用功，可以看到光秀對文藝活動的熱愛與付出。

再者，連歌作為流行於上層階級的文藝活動，能夠與當時的歌壇翹楚並肩，這在織田家的重臣裡，即使包括織田信長本人在內，具備如此水準、修養的人可謂屈指可數。可想而知，光秀在這方面成就不凡，在織田家裡是很獨特的。

至於茶湯方面，雖然不能否認光秀當初接觸茶湯，主要還是因為信長的緣故。光秀為了自身的利益，投其所好也無可厚非。不過，自光秀接觸茶湯以來，便跟一直喜好的連歌會結合在一起，茶會與連歌會均成為了光秀晚年主要的文藝活動。

諷刺的是，他決定發動政變前也舉行了連歌會。如一些史學家的推測，不管他的發句真意為何，這個連歌會跟他決定行動有關聯的可能性還是很大的。

第五章　光秀的末路

信長遺言之謎

本能寺之變，或者說「明智光秀之亂」，其背後究竟有什麼原因？是有功之人想進而奪取天下？是對信長有什麼怨念？還是有第三者的推波助瀾？這些說法又是誰對誰錯？對於這些問題，很多人都想探究其中的真相。在考證這些問題之前，先來追溯一下織田信長死於本能寺的經過。

眾所周知，天正十年（一五八二）六月二日早上四時，當時正好是人們開始一日生活的時間，明智軍約一萬三千人（或一萬五千人，或二萬人）突襲信長入住的本能寺，之後又分兵包圍信忠所在的妙覺寺（位於本能寺東北方約六百米，後來信忠退到二條新御所）。

當時信長原本打算在寺內留宿一晚後，就應羽柴秀吉之請，出發前往備中。明智軍殺到本能寺、妙覺寺的經過，相信不少人透過《信長公記》或後世所寫的小說等也耳熟能詳，以下引用《信長公記》的相關一節，看看太田牛一筆下的信長如何面對叛變：

信長公與他的隨從都以為是下人在吵架之際，聽到跟往常不同的嘈雜聲，而且發現有人用火繩槍射擊信長公的主殿。「這是有人謀反嗎？是什麼人的陰謀？」聽到信長公的詢問，森亂（即俗稱的「森蘭丸」）回答說：「看來是明智家的人。」

信長公聽後說：「是非に及ばず」，然後立即撤退到寺內主殿。（《信長公記》卷十五）

這節堪稱經典，而且是日本人及海外戰國史迷都最熟悉不過的描述。這句可算是信長遺言的「是非に及ばず」，究竟應該如何理解其意呢？

首先從字面意思來說，「是非に及ばず」，後來某家有名的日本歷史遊戲商的遊戲把這句改成了「是非もなし」，兩句的意思其實可說是一樣的，意思是指「別無他法」，或者「迫不得已」、「這不是論是與非的問題」，衍生出來的意思，就是「唯有行動，已經無他法」；亦有說法指是「無奈至極」、「無可奈何」的意思。

套入本能寺之變，信長想表達的究竟又是什麼呢？根據以上的語意解釋及對當時情景的判斷，不少史學家及小說家都認為信長是看到被群集到本能寺的明智軍包圍，而且是被自己信任的能臣明智光秀所謀算，生存已經沒有希望，故「是非に及ばず」應是偏向消極的意思，即「無奈至極」之類的。最後，信長在身邊僅有的侍從、雜兵力戰而亡後亦葬身火海，表現出消極的意思也是能說得通的。

然而，筆者認為這個說法既稍有偏於浪漫主義的味道，同時如此表達也不太符合信長的處世風格。一如眾人所知，織田信長從踏進戰國亂世的那一刻起，在軍事上都以大膽、喜歡險中求勝見稱。像是永祿三年（一五六〇）迎擊今川義元的桶狹間之戰所用的正面奇襲方法；天正三年（一五七五）在小谷城外追擊朝倉義景，揚言必勝的信長在命令將領追趕的同時，自己亦僅率輕兵狂追，這些手法顯示出信長思考敏捷，同時也超出一般人的膽略。

這樣的做法亦表現出信長無懼死亡的心理，迎擊義元前的敦盛之舞「人間五十年」、「豈有不滅之者耶」，面對極大劣勢的信長亦從容面對，甚至到後來遭受數次「信長包圍網」的打擊，信長也是笑到最後的贏家。到了現在被親將背叛，信長的一句「是非に及ばず」，到底都不應是消極的嗟嘆吧？與其說是「無奈至極」，筆者認為當時信長心裡說出這一句，應指「既然已經知道有人背叛，就不再是考慮的時候，只好跟他拚了」，這樣的表現既不離語意，也符合信長的行為模式。

再者，若不論先後的情節差異，所有記載信長之死的可信史料，大多都指出他力戰至最後，然後在已經燃燒的寺內切腹自殺。因此，這個說法不也合乎邏輯嗎？再說，以當時的情況，離本能寺不遠處的妙覺寺，自己的後繼人信忠也在，若力戰的話，或許能待到信忠前來救援吧？（當然，那時信長也沒時間思考在妙覺寺的信忠是不是光秀的目標之一。）

另外，當時除了「是非に及ばず」，也有其他文獻記載信長死前的「遺言」。比如德川家康家臣大久保家的子孫大久保忠教所著的《三河物語》就有這樣的記載：

> 明智日向守受信長重用，並賜予丹波，可是他突然謀反，從丹波發動夜襲，並攻向本能寺。
> 信長說道：「是上之介（與『城介』同音，意即秋田城介信忠）謀反嗎？」
> 其侍森蘭（丸）回應道：「是明智日向守謀反。」
> 信長聽到後就說：「嗯……是明智造反嗎？」

從我們現在所知，這個說法當然不是事實，信忠是受害者之一，最後也戰死了。但這個記載可反映當時京都內外消息、傳言滿天飛，不能分辨孰真孰假。另外，此記載信長懷疑信忠叛變的說法，姑且不論我們是否已知信忠最終死去的事實，站在當時武士階級的角度，父子突然不和亦絕非稀奇之事，不論大久保忠教是從何聽到這個講法，但亦可看出，身處下剋上時代的人對叛逆是十分敏感的，而最信不過的，可能就是自己最親近、最信任的人。事實上，不論是信忠還是光秀，他們都的的確確是信長當時最親近（信忠）、最信任（光秀），又最接近信長的兩個人。

另外一個說法，來自當時身在京都附近的西班牙商人艾維拉．希朗（Bernardino de Avila Girón）所著的《日本王國記》，當中提及本能寺之變時寫道：

> 信長知道自己被明智包圍後，根據謠言所說，當時他手掩其口，然後說：
>
> 「我親手招來自己的死啊！」

當時不在本能寺附近的希朗也是根據傳言而記下這一節的，真假亦難以知曉。不過，若這句話真的出自信長之口，那麼這句充滿懊悔的話語的含意又將是另一個關乎本能寺之變成因的要素，我們後面再來談。

信長灰飛煙滅

決意力戰至最後的信長，也逃不過命運的作弄而命喪於本能寺的熊熊大火之中，享年四十九歲。剛好與他在二十二年前所舞的〈敦盛〉的首句「人生五十年」十分吻合，或許當時的信長也感到十分巧合吧！

一般來說，後世的小說、文章描述信長的死，都是根據、參考太田牛一所著的《信長公記》，信長力戰到最後，於是在御殿放火，而後便於熊熊大火中切腹自殺。

如前節所言，由於牛一當時不在本能寺，所以信長得知明智光秀謀反至死去的經過，都是根據逃離現場的侍女憶述而成。所以，太田牛一寫的內容亦有其信憑性。但仍必須要考慮的一點是，變亂之前的內容的確十分可信，然而到了明智軍殺入本能寺後的情況，則未必是事實的全部。當時理應兵荒馬亂，這個侍女所看到的究竟又有多少？同時，牛一聽到之後又如何理解並呈現出來呢？所以，對於現場的內容還必須多加思考，不宜盡信。

與此同時，同時代除了《信長公記》之外，也有其他人記載這事，例如當時在日的傳教士佛洛伊斯。前章提到，佛洛伊斯曾把信長的事跡記載下來，並且輯錄入他的《日本史》。本能寺之變發生時，佛洛伊斯在事變八年前已經因為染病，把京都的教務交代好之後，便回到九州豐後，所以事發時佛洛伊斯本人並不在京都，他是後來得到另一位傳教士卡里安的報告後，才補寫了本能寺之變的經過。而這位傳教士卡里安事發時人在京都，那時候有幾位教徒走進了教堂，並告知卡里安有大事發生，那就是本能寺之變。透過卡里安，佛洛伊斯才能記下以下這段經過：

（明智軍的）兵士進入（本能寺）內部，見到剛洗完臉、正在用手巾抹乾身體的信長，於是立即抽出弓箭，射中信長背脊。中箭的信長把箭矢拔出，然後拿出好像鐮刀形狀的長槍，即稱為長刀[1]的武器作戰。但經過一輪的戰鬥後，由於身體被火槍彈丸射傷，於是他走入自己的房間，緊閉窗門，自言要切腹自盡，之後其他人（信長的侍從）便在戶間周圍放火，據說他被活生生燒死了。後來趕到的明智軍把守在房間外面的護衛給殺了。以我們所知，不只其聲，就連名字也令萬人驚恐的那個人（信長），他的毛髮、骨頭，無不變成灰燼。他的一切，什麼也沒有殘存在這個地上了。（《佛洛伊斯日本史》）

這個根據身在京都的傳教士的說法，與太田牛一所說的版本可謂大相徑庭，不同

1 即僧兵、女將常用的「薙刀」。

處甚多。兩個都是根據打聽得來的消息而寫，哪個近乎事實，實在難以說定。當然，牛一的《信長公記》有關本能寺的部分是根據曾在現場的證人所言而寫的；但另一方面，當時在日傳教士的情報能力也是不能低估的，亦不能立即予以否定。只能說當時在京洛一帶的情報、消息實在亂不堪言，難以把握，彼時日本情報的傳達能力與確認情報真確性的困難顯而易見。

以上根據太田牛一及傳教士的記載、報告所得來的史料，雖不能確實、詳細地知道信長如何死去，且兩者也有內容上的矛盾，不過亦有類似的地方。例如兩者都記載信長及侍從奮力戰鬥，然後本能寺起火，信長切腹自殺。太田代表的織田方與傳教士代表的旁觀者（第三者）的記載如上所述，那麼謀反的明智方又如何呢？以前，一般明智方有關本能寺之變的記載，只有江戶時代的軍記小說《明智軍記》可參考，其書以野心說的立場展開整個事件的經過，當時明智軍渡過桂川（京都主要河川之一）後：

> 這時候光秀下令說：「各部隊就地煮食、整備武器！敵人在四條本能寺與二條城，我們要擊垮他們！」（《明智軍記》）

可是，這個記載並無根據可循，同時其書之可信度也要大打問號，筆者不作此考慮。但從以上的字面得知，宣告的對象（下級兵士）只知他們的作戰目的是為了軍隊的最上級，即明智光秀而已，對於自己正攻向信長，實是一無所知。筆者這個說法亦的確找到了史料來證明，同時這份史料也提供了明智方在本能寺之變當時的情況描寫，這份史料就是《本城總右衛門覺書》（本來沒有名稱，此乃後世所命名）。

顧名思義，這是一名叫作本城總右衛門的武士所寫的回憶錄。本城總右衛門本是隸屬於明智光秀丹波眾的下級武士，他在江戶時代的寬永十七年（一六四〇）寫下了自己年輕時的作戰回憶，並留給子孫，其中就有描述自身殺進本能寺的情況。這份史料其實不能算是最近發現的，早在二戰前就被當時的書誌學者林若樹，也就是收藏這史料的所有人，在昭和五年（一九三〇）發表的《日本及日本人》一月號中介紹給世人。

可是，這份史料直到二十多年前才被史學家重新找出來研究，究其原因，主要是它的內容乃以平假名寫就，在沒有標點符號的協助下，實在難以解讀。再者，內容被解讀之後，史學家從內容中發現本城總右衛門所見到的「戰況」，並不如太田牛一所描寫的那樣淒厲動人，於是也引不起太多人注意。

然而，近年本能寺之變的研究引起史學界及戰國史愛好者的關注後，《本城總右衛門覺書》搖身一變成為炙手可熱的「新」史料。研究者更視該史料為能夠提供「真實一面」的本能寺之變的重要資料。現在就先把一部分相關內容（奈良天理大學附屬圖書館所藏《寬永十七年本城總右衛門自筆覺書》）引譯如下：

明智（光秀）謀反，迫令信長公自盡的時候，如果有人說比我更早衝進本能寺，我想那人肯定是在說假話。這是為什麼呢？我是做夢都沒有想過要逼信長公切腹自盡的。當時，我們收到消息說太閤殿下[2]在備中國與毛利輝元對峙，需要明智大人前去支援的指令。我們朝山崎的方向前進時，沒想到突然轉進京都了。那時候我想家康公正在京中，（這個轉向）可能跟家康公有關，我也未曾聽過本能寺這個地方。

這部分內容可能令不少未知此史料的人感到震驚。若本城總右衛門所言不虛，當時明智軍內的下級兵士除了聽命行事之外並不知其他的事，就連要攻擊何人、去什麼地方進行攻擊也是一無所知。這一方面，可說是明智軍高層有效的情報管制之下的效果。至於本城等人想像是攻擊家康一事，也只停留於他們私下的臆測，一般兵士所知道而又有史實根據的，就只有前往備中協助秀吉對戰毛利輝元一事而已。六月二日早上六時，包括本城在內的明智軍攻擊本能寺的情況就有這樣的記載：

隨後我走進寺裡，門戶是開著的，連一隻老鼠都沒有。我拿著那個首級走進寺舍內。在這個時候，兩名（明智）彌平次大人的母衣眾[3]從北面進入寺內，跟我說：「把首級扔了」。於是，我便把那頭顱扔進本堂的下面。接著，我來到本堂正面的主廳。沒有發現任何人，裡面只掛著蚊帳，一個人也沒有。在這個時候，我抓到一名從庫房[4]走過來查看情況，垂直髮型、身穿白衣的女子，但還是沒看到任何武士。那女子跟我說：「主公穿著白色衣服。」但是那時候的我不知道她說的是信長公。

在這一部分中，當時在場的本城總右衛門把所見到的情況都清楚交代了。他所見到的本能寺，其實並沒有什麼人在守備，也沒有看到信長及他的侍從在力戰。同時，上述提及雖然西班牙商人希朗所聽到的傳言「（明智軍的）兵士進入（本能寺）內部，見到剛洗完臉、正在用手巾抹乾身體的信長……」的說法，似乎不太可能，但綜合《本城總右衛門覺書》的記載，看來織田信長方面幾乎是在無法來得及防守的情況下，就

2 即秀吉。
3 近衛騎兵。
4 寺院的後廚。

被明智軍攻了進去，最後本城在沒有看到信長之前，守衛就已經潰不成軍。換言之，若是肯定這個回憶錄所說的是千真萬確，那麼太田牛一《信長公記》中的激戰場面就值得重新認識了。不過，在此也不能把本城總右衛門個人所看到的就視為當時的全面情況，故此，在沒有更詳細的史料被發現之前，《信長公記》的內容仍然有其可信性。

這個回憶錄亦進一步肯定了明智方的情報封鎖能力及行軍隱密性之高，是信長、信忠父子敗死的主要原因。明智軍攻進本能寺後不久，信忠及村井貞勝身處本能寺附近的妙覺寺，雖然知道事變，但妙覺寺無法防守，不得不逃到二條新御所進行最後抵抗。

當時誠仁親王剛好在二條新御所，得知光秀正在攻擊本能寺時，信忠已經逃至此處做最後抵抗，而光秀的追兵也已殺過來了。被捲入戰爭的親王於是派人問光秀：

使者代王子問明智說：「我（誠仁）應該做什麼？需要跟他們一起切腹自盡嗎？」

明智對王子沒有任何要求，只希望他立即離開宅第，為了不讓信長的世子趁機逃走，王子離開時不能騎馬，也不能坐轎。（《耶穌會日本追加年報》）

因此，信忠便送走親王，看到公卿已逃到皇宮後，明智軍繼續圍攻二條城，信忠、貞勝力戰不果，最後也自殺身亡。

不論其叛逆的原因是什麼，對於明智光秀來說，最諷刺的，莫過於在事後找不到信長、信忠父子的屍首。有說信長在大火中自殺，屍體燒焦而無法辨認；也有認為信長並沒有死去之類的幻想之說。

根據事後負責埋葬、供奉本能寺及二條新御所戰死者的淨土真宗阿彌陀寺的開基住持、同時與信長有交情的清玉上人的記錄，當時上人得知本能寺之變發生後，就立即趕到寺內，把信長的遺體找出來並且安葬。（《信長公阿彌陀寺由緒之記錄》）

但是，清玉上人能在當時的本能寺來去自如，這是個很大的疑問，根據史學家的研究，阿彌陀寺紀錄裡的死傷者，還包括六月十三日山崎之戰的死者，以及信長的四男秀勝（秀吉養子）。問題在於秀勝死時，上人已經死去三個多月，這個紀錄究竟是否是上人親自所為也是個問題。

至於信忠，他眼見寡不敵眾，於是在切腹的同時，命令侍從鐮田新介為他斬下首級後，將其屍首隱藏，不能讓明智軍找到。新介遵從信忠的命令，把主君的遺體隱藏起來，最後屍首連同二條新御所一同化為灰燼。

說到這裡，還有一個小插曲：事變發生時，明智光秀在現場嗎？這個問題好像顯得多餘，上述耶穌會的記錄描述光秀在現場，而且接見了誠仁親王的使者，安排親王離開。但是，除了這個紀錄與部分軍記物語外，幾乎沒有資料明確記錄光秀在現場。《明智軍記》記載光秀在桂川岸邊喊出「敵人在四條本能寺與二條」，也沒提到光秀在本能寺與二條新御所的現場。據近年發現的《乙夜之書物》記載，參與事變的齋藤利宗（齋藤利三之子）則明確表示光秀不在現場，而是在京外的鳥羽待機。

不管怎樣，得知本能寺、二條新御所化為灰燼的明智光秀，當時心裡在想什麼，又究竟是怎樣的心情……這恐怕就更不得而知了。唯一知道的是，他這次的謀反只成功了一半，十日後的山崎之戰，明智光秀被自備中趕回來的羽柴秀吉所敗，據說最後在逃亡途中，被土民伏擊而死（後述）。

秀吉的中國大撤退

就在明智光秀成功偷襲信長、信忠父子的同一時間，其他正在各戰場奮戰的織田家臣仍然不知道自己所敬畏的主公及世子已經永遠離開了他們。首先，來看看本能寺之變的當日，剛好正在發生戰事的北陸、中國兩個地區的戰況。

北陸地區方面，以柴田勝家、佐佐成政、前田利家、不破光治為首的北陸軍團，在六月二日剛攻下越後邊境重鎮魚津城，吉江景資等十三名上杉守將全部戰死。另一方面，北信濃海津城將森長可則呼應北陸軍團的行動，率兵五千北上，攻擊信越邊境的關川。

中國地區方面，羽柴秀吉等人從五月初開始攻擊備中高松城，並利用高松城的地理環境及梅雨季節，修建三百米的土壩，使高松城一帶被淹，並且阻止了毛利家的救援，一切只待信長到來，便可與毛利軍展開決戰，一舉打敗毛利家。

然而，信長死了，這個藍圖已經不可能實現。不過，幸運女神卻眷顧秀吉，並且將機會送到他的手上。各位讀者都知道，信長死後，光秀派使者到毛利家及上杉家，要求他們努力牽制勝家及秀吉，好讓自己爭取時間控制京畿，然後再與他們一起夾擊，達致雙贏。有關這方面的虛虛實實留待第二部詳細說明，這裡先讓大家了解一下當時秀吉的動向及行動。

究竟秀吉是什麼時候得知本能寺之變的消息，以及當時他收到的是怎樣的情報，這當然是很重要的問題。後者現在已經無法找到史料去還原，那就先來看看秀吉知道消息後的行動。

秀吉大約是在六月三日深夜收到本能寺之變的消息，當然，以當時的時間來看，他收到的並不是信長已死的消息，應是光秀事先向毛利家表明計畫的內容。秀吉收到消息後第二日早上便主動向毛利方提出，以高松城將清水宗治切腹犧牲，毛利方割讓備中、備後、美作、伯耆及出雲五國為條件，協商停戰。這樣看來，不禁讓人想問，為什麼秀吉會如此確定前日收到的本能寺之變情報是真的，並且立即做出反應呢？此處無法完全得知當中的經過，但唯一可以肯定的是，秀吉陣營對於光秀殺害信長一事並不感到驚奇，似乎光秀與信長之間，或者說家臣與信長之間的關係，其實並非十分堅實。

無論如何，秀吉相信了這情報，並且切實地決定撤兵回師京都。幸運的是，當時對戰事束手無策的毛利方很快便答應了秀吉的提議，雙方在六月四日傍晚達成協議。六月五日，秀吉為免毛利家察覺有異，讓宇喜多秀家等人留在前線戒備，自己則立即率兵班師。

事實上，雖然信長的死訊於六月六日傳到毛利方，但對毛利方而言，收到的情報真假難辨，加上當時上下早已經對戰事十分疲憊，即使想藉機混水摸魚也有心無力，他們最終在六月十一日才完全確定本能寺之變的消息，那時間秀吉早已經到達攝津國尼崎，一切為時已晚。反過來說，毛利家當時認為，正好利用這機會靜觀其變，隔山觀虎鬥才是上策，於是也沒有決定追擊。

另一方面，秀吉在六月五日出發後，用九日時間趕到二百三十公里外的山城國山崎，讓明智光秀以及其他正打算向光秀投誠的人都大為驚訝，光秀也一下子陣腳大亂，為後來的山崎戰敗埋下伏筆。秀吉這次「奇蹟」般的大撤退一直被後來的人津津樂道，甚至引起了猜疑，認為這麼周到的軍事行動很可能是秀吉一早準備好的劇本，更有人認為秀吉其實早已經知道本能寺之變會發生，甚至其實是他跟光秀合謀策動叛變，最終反過來吃裡扒外，將光秀推向謀反者的無間地獄，自己則成為討逆復仇的大英雄。

當然，這些都只能說是事後諸葛的猜測，沒有證據證明秀吉的確是陰謀論的始作俑者。為了還原事實，在進入山崎決戰之前，先看看這「奇蹟」是怎麼發生的。

一般認為，秀吉在九日內趕了二百多公里的路程在當時的條件及交通技術而言，是不可思議的。不過，據史料記載，其實秀吉並沒有什麼奇人奇技，「大撤退」也不是什麼奇蹟。首先，按秀吉所說，他在六月五日出發，兩日後的六月七日到達七十公里外的姬路城，即平均一天行軍速度為三十五公里左右。秀吉坦承在行軍中有不少士兵趕不上速度而脫隊，於是決定在姬路稍作休息兩日，重整隊形。

六月九日中午，秀吉從姬路出發前往播磨國明石，明石與姬路距離同樣是三十五公里，秀吉於同日到達明石後又停留一日，並指派別隊去擊退服從光秀的淡路水軍，確保無後顧之憂。

確保前進無憂後，秀吉在六月十日繼續上路，於兩日後的六月十一日回到五十公里外的尼崎，並與同僚池田恒興、中川清秀合流後繼續往東，六月十三日於山城國淀川與原本要出兵四國的信長之子信孝、丹羽長秀會合，並且抵達山崎，準備與光秀決戰。

以上可以看到雖然秀吉一路保持著行軍，但其間有三、四日的休整，並沒有如大河劇中看到的那樣一直拚命趕路。事實上，秀吉平均一天的行軍距離是三十公里左右，這跟其他戰國大名行軍速度比較，並不算十分快，而這個「神速回師」的奇蹟，也有很多要留意的「背後一面」。

比如《惟任退治記》中記載秀吉一行人回到姬路時，軍隊「諸卒不齊」，但秀吉仍然決定翌日繼續趕路；在返回尼崎時，秀吉軍「兵數不齊，途中有死去者」（《淺野家文書》），所以秀吉當時拚命趕路，實在是顧不上兵卒了。到了六月十三日山崎之戰前，秀吉軍「從備中、備前趕來的人很多，但也不足一萬」，山崎之戰開戰前一日，秀吉軍的落後部隊才陸續趕到戰場，但前面已經說了，他們都因為太疲憊，根本沒有戰鬥力。

即使是這樣，秀吉一路順風順水的原因當然不是靠神明的保佑。筆者認為，當時秀吉在事變前已經邀請了信長來中國（本州西部）地區，為了不讓信長一行人太辛苦，這條沿瀨戶內海北岸的山陽道自然就要小心安排，做好一切的補給及準備，但信長還沒有來便死去，原本自己為信長準備的補給便反過來為自己所用。還有，回軍路線本來就是他控制的地區，只要確保路上沒有生變，行軍上基本便不會有太大的阻礙；事變發生後，以上的偶然都變成為自己所用的有利資本，再一次說明歷史總是充滿偶然及巧合。

綜觀秀吉一生能夠成功的原因，不只是偶然的幸運，也不只是憑靠秀吉的謀略。不難發現，秀吉在應變上的冷靜沉著，做好一切應有的措施，確保行軍無礙，他在這方面與其他織田軍團相比，的確是有過之而無不及，這也證明秀吉的統帥能力及視野實在都有其出色之處。本書後面會提到，後人有意見認為本能寺之變是秀吉的陰謀，因為他們解釋不了秀吉為什麼能洞悉先機，但經由以上的分析，這些「指控」其實不過是猜想而已。

背叛與被背叛

信長死了並不意味著事情已經完結，對於光秀而言，接下來還有很多事情需要處理，真正的考驗才剛開始；包括要戒備在各地奮戰中的「前同僚」知道信長、信忠父子被殺的消息後，立即趕來向自己報仇。另外，光秀還要趕快鞏固對京畿及近江、美濃一帶的控制，以便以逸待勞地迎擊趕回來「算帳討債」的織田諸將。

畿內的軍事行動在六月二日早上九時左右結束，信長、信忠等人的死亡也得到確認。之後，光秀便開始著手下一步行動，首先派人安撫朝廷，同時又派家臣三宅秀朝接管京內的政務，以穩定人心。

同日下午，光秀出京前往近江，打算接收已成無主之城的安土城。然而，在這裡光秀便遇到第一個挫折。正當光秀前往安土途中，負責守備來往京、江兩地的瀨田城將山岡景隆，燒毀接駁兩地的瀨田川橋後棄城逃亡，明顯表示了景隆澈底抵抗光秀，不打算支持光秀的行動，這也暗示了光秀確保穩住近江、京都兩地的戰略存在隱憂。

由於沒法渡河，光秀命重臣明智秀滿修理橋樑後回到坂本城，轉為著手懷柔工作，透過書信勸誘畿內及近江從屬織田的勢力加入自己的陣營，然而卻得不到理想的回應。除了一直從屬於自己的大和郡山城主筒井順慶表示支持，另有早已經沒落的前北近江守護京極高次與前若狹守護武田元明表態回應，但這兩個人其實兵力有限，不足以左右大局。除了他們三人以外，其他勢力的反應都十分冷淡。

這裡還有一個小插曲，光秀進入安土城時，曾經把目光轉向當地修道院內的傳教士，光秀希望他們能夠幫忙寫信給把守攝津高槻城的基督教武士高山重友，勸其倒戈，並為光秀穩守來往西國的通道。當時在安土的傳教士奧爾卡迪諾（Organtino Gnecchi-Soldo）面對光秀的強迫，便留了一手，他利用純熟的日文按光秀的意思寫了招降文，但同時又用葡萄牙文寫了完全不同的內容，其中提到：

即使我們被惡魔（光秀）處以磔刑，為了主耶穌的正義，你（重友）千萬不要與惡魔為伍。

重友收到這封信時，已經決定投向秀吉，所以很有可能按照奧爾卡迪諾的要求，順水推舟，並不理會光秀的招降，奧爾卡迪諾也因為按光秀指示寫了招降信，被光秀釋放，去了京都避難，全身而退。

雖然這一插曲只有傳教士的一面之詞，但從結果上來說，四處孤立無援的情況的確使光秀驚慌失措，正所謂屋漏偏逢連夜雨，就連理應關係最好、最有可能支持光秀的細川藤孝及女婿細川忠興都拒絕了光秀。連細川父子這支有力的力量都不支持自己，這表示光秀無法增加自己陣營的兵力，一旦面對織田諸將回師反擊，光秀自身的兵力根本就不能應對所有的防禦，最終光秀軍只會耗盡兵力，直到滅亡。

因此，光秀在六月五日接收了已經空無一人的安土城，便將安土城內的寶物金銀分賜給家臣士兵作為犒勞獎賞，之後一直待到六月七日才離開，光秀在那兩日除了接見了好友吉田兼見，說明了叛變的理由外，其他的行動已經不得而知。很可惜的是，唯一從光秀口中得知叛變動機的兼見並未記下光秀的真心話，使我們對他的行為苦無頭緒。

除了接見兼見，光秀沒有再出兵占領安土附近的領地，也沒有去攻擊收容安土城內人員的日野城主蒲生賦秀，只讓京極高次與武田元明分別占領了秀吉的長濱城及丹羽長秀的佐和山城，將近江東部也置於自己的控制下。但從結果上看，光秀這兩天沒有更多的行動，是因為已經沒有多餘兵力可用所致。

六月九日，光秀從安土回京，朝廷立即派人去向光秀請安，極力討好光秀，光秀也派人獻出五百兩白銀作為回應。同日，光秀做了一個重大的動作，那便是向細川父子寫了一封書信，努力勸誘細川父子出兵協助，詳細內容留待下一部介紹，此處姑且不述。總之，光秀這個最後的努力也是無功而返，光秀自己亦註定陷於眾叛親離的孤立局面，他當時能依靠的就只有自己的家臣及筒井順慶，然而不久後，光秀再次遇到了打擊。

光秀得知自己的女婿，也是信長的姪子津田信澄已經因自己的叛變受到牽連，被織田信孝及丹羽長秀所殺，於是便要求筒井順慶出兵到河內國，打算先處理距離最近、兵力最少的織田四國軍團。可是，這時候明智光秀卻在京坂邊境的洞之峠停了下來，因為筒井順慶出兵後不久突然回返大和，便再也沒有行動；這意味著筒井順慶也叛離了自己，光秀為了保住這個唯一可靠的外緣兵力，於是在六月十一日派家臣藤田傳五到郡山城向筒井順慶問個究竟，但傳五到了之後卻吃了閉門羹，同時傳五又向光秀報告，他在大和聽到筒井順慶已經倒向信孝的消息。至此，光秀的希望終於化為泡影，他只能獨自等待織田諸將的回擊，同時他也得知了秀吉已經奇蹟地與毛利議和，並正從備中趕回來。

就這樣，從六月二日到十一日的短短十日裡，光秀所處的局勢從天堂到地獄，再到無底深淵，所有原本的希望及布局幾乎全數落空，更要獨自應付秀吉等人的反擊。

但是，事已至此，光秀唯一的希望只有盡可能打敗秀吉、信孝軍，保住京都控制權的同時，藉著戰勝來誘使仍在觀望的諸勢力回心轉意。所以，這個決戰對光秀來說雖然不利，但只要戰勝，就將成為他絕命大翻盤的大好機會，這便是大家所知道的著名戰役——山崎之戰。接下來就看看這戰事是怎樣進行的。

決戰山崎，身死山科

如前面提到，正當秀吉火速回到京畿邊境時，光秀正出兵征戰近江一帶，並勸說美濃的國人勢力支持自己。然而，由於秀吉以迅雷不及掩耳之勢出現，意味著光秀之前的所有反制措施及預備全部泡湯，光秀瞬間變成被動一方，為免其他戰線的織田諸將陸續回師，對自己進行圍殲，光秀別無選擇，只有與秀吉、信孝決戰，奪回主導權。

山崎之戰是除了關原之戰以外，另一場決定天下人地位的大決戰，而山崎這地方由於地理位置條件優越，一向都是群雄稱霸京都時的必爭之地，歷史的螺旋再一次使山崎之地成為決定光秀及秀吉兩人成敗的際會之地。

為什麼山崎會成為日本古代史上的兵家必爭之地呢？首先說明一下山崎的地理條件。山崎位於現在京都乙訓郡大山崎町與大阪府枚方市的邊界之地，位處男山八幡高地及天王山高地之間的狹隘迴廊地帶，右面是宇治川、淀川，西南面不遠處則是大阪灣。

由於地理條件優勢，山崎自古代以來都是進出京都的物流要點，以及生產、販賣胡麻油的商座中心；在當時，其實嚴格上有「廣義的山崎」及「狹義的山崎」，前者一般稱為「大山崎」，現在屬於京都府，後者稱「山崎」，現在屬於大阪府。但由於地理上鄰近，在史料上又會將兩者混合在一起，以下便也統一稱呼該地為山崎。

對光秀而言，守住山崎代表京都仍然牢牢控制在自己手裡，守不住則代表讓進入京都的西大門闊然打開，由於京都內部無險可守，一旦失敗，將死無葬身之地。加上決戰當日六月十三日剛好是梅雨季末，當時下著雨，附近的河川處於高水位，這些條件都不利於防守方一旦防守失利後的撤退。因此，山崎之戰實是決定命運的重要一戰。

由於第一手的史料沒有任何關於這場戰事的詳細布陣、戰鬥記載，以下姑且借用後來的紀錄來看看當日的經過。決戰當日之前，光秀派重臣齋藤利三守住洞之峠的通道，以防筒井順慶有所行動，同時又要分兵防守近江及美濃各處，最後光秀只能領兵不足一萬經下鳥羽，到達山崎北面布陣，大本營設在山崎正北面的御塚坊。

另一方面，秀吉回到富田後，會同攝津眾的池田恒興、中川清秀及高山重友進兵山崎，又聯絡當時正從大坂附近北上趕來的信孝、丹羽長秀，合起來兵力大約是二萬二千人。不過，辛苦回師的秀吉軍因為連日趕路，實在是疲憊不堪，根本不能一戰，而信孝及長秀也因為本能寺之變，手下將士大多害怕光秀來襲而逃亡，軍心正值渙散之際，就算抵達戰場也無力一戰。於是，這場山崎決戰雖然秀吉方的兵力較多，但其實全靠戰力十足、又熟知地利的攝津眾發揮重要的作用。

首先，高山重友在六月十二日下午抵達山崎，封鎖了山崎南的入口，而中川清秀則在同日傍晚登上右前方的天王山，伺機迂迴從側面夾擊明智軍，但秀吉為免兩人過早打響戰事，制止兩人冒進，因此兩軍一時處於對峙狀態。但根據當時的日記，十二日兩軍已經展開了槍擊戰，而且槍擊聲甚至傳到了京都內。

到了決戰當日的六月十三日下午，織田信孝及丹羽長秀等人率八千兵力終於抵達戰場南方，並與秀吉軍會合。秀吉眼看萬事俱備，於是下令向光秀軍進攻。然而，由於山崎通道十分狹窄，反而不利於擁有大軍的秀吉軍向北面入口推進。

就在這時候，發生了日本人常掛口邊的「天王山之戰」。現在「天王山」已經成為日語中形容決戰關鍵時刻的比喻。不過，所謂兩軍爭奪天王山的故事，其實是後來《甫庵太閤記》的作者小瀬甫庵為了美化資助自己的堀尾家而作的虛構故事，當時堀尾吉晴也參與了山崎之戰，但戰場表現不明。一如上面所示，天王山當時一早已經被秀吉方的中川清秀所占，在資料上也沒有看到任何關於光秀意欲奪取天王山的跡象，最終因為《甫庵太閤記》的人氣，「天王山」的故事到現在仍然留在日本人的意識中。

無論如何，根據當時在京傳教士的記載顯示，光秀打算一口氣突破山崎，與正中央的高山隊激戰，天王山上的中川軍下山支援，而池田恒興則沿淀川邊從高山隊右邊助戰，也有說法指出在天王山上還有黑田官兵衛及羽柴秀長等也下山攻向明智軍的右翼。

開戰後不久，由於高山、中川及池田三隊的奮戰，光秀軍很快就處於不利的局面。同日傍晚左右，人數處於劣勢，又受到夾擊的光秀軍在抵擋不住秀吉軍激烈的攻擊下潰不成軍，最終各隊爭相敗走，剩餘來不及逃走的光秀軍士兵在驚慌之中墮進戰場旁邊的淀川、桂川淹死，又或者被織田軍的追兵一路追殺，據稱多達數百人在路上便被殺致死。力保退路的光秀率領主力部隊逃到東北兩公里外的勝龍寺城（現今長岡京市勝龍寺）死守；而秀吉方立即進行追趕，一直追到勝龍寺城下，並且實施包圍。

勝龍寺城是京都中心區西南唯一可守的城堡，早年曾經在信長命令下由細川藤孝加建補強，這時候也成為光秀的最後希望。不過，這時勝龍寺城外已經集結了乘勝追擊的秀吉軍，僅率殘兵的光秀剩下的選擇只有投降或力戰到最後。然而，一絲的運氣就在這時候落到了光秀身上，趕來包圍的秀吉軍雖然首戰勝利，士氣高昂，但實際上已經疲憊非常，包圍勝龍寺城的措施並沒有做得很好，一些傳說指出當時的攻城軍士兵認為光秀已經是甕中之鱉，便放鬆警戒，紛紛脫下鎧甲休息。

依然希望奮鬥到最後的光秀或許是看到這個機會，於是便率領親衛部隊逃出了勝龍寺城，經山科北上，往坂本方向逃亡，然而這次賭博卻給光秀貼上了催命符……

雖然成功帶小隊逃出勝龍寺城，但光秀剩下來的選擇中最可靠的，便是回到坂本城重整旗鼓，或者繼續逃亡，又或者乾脆自行了斷。但是，命運女神卻早已為光秀安排了一個出奇的結局。根據後來秀吉方的資料所說，正當光秀逃往坂本方向，途中為了減輕負荷，以及不讓別人察覺，光秀一行人都脫下了鎧甲，但這卻成為了致命的錯誤。他們經過山科小栗栖村時，或許是出於防衛意識，又或者真的得知光秀正經過村落前往坂本，當地的村民紛紛攔住光秀的去路，據說有村民從樹叢中以削尖的竹槍巧合地刺中了正經過的光秀的側腹，使光秀墮馬並大量流血，村民見機後撲上去把光秀殺死，並斬取光秀的首級，其餘數十名光秀的衛兵也一一被殺。

另外，也有人說光秀負傷，在隨從拚死掩護下，在附近某處切腹自殺，並命令一名侍衛在自己死後斬下首級，不要讓任何人奪走，可惜這名侍衛也被截獲，光秀首級最後被送到秀吉軍營。光秀享年多少說法不一，有人引用其辭世句（後述），認為他死時五十五歲；也有人認為要比想像的還老，不論怎樣，以光秀早年的活動時期來推斷，光秀死時也應快到花甲之年了。

順帶一提，光秀遭到土民襲擊的情景在當時其實是一種普遍現象，日語稱為「落武者狩」，簡單而言就是中文所謂的「棒打落水狗」。前面也提到光秀的前主——將軍足利義昭，在逃往西國時也遭到土民襲擊，雖然沒有像光秀那樣被殺，但身上衣服卻被扒光。當時的農村村民本身便是大名軍團的基本戰力，即使不打仗也隨時可以變身成為武裝分子，這種截劫落難武士的行徑便是他們發財立功的好機會，除了首級之外，落難者的武士刀、鎧甲都是值錢的東西，就算不能被大名提拔為家臣，也可以發橫財。同時，為免病疫流行，以及防止被襲殺的武士死後化作怨靈作怪，這些村民在截劫後也會自動善後，必要時會建起神社鎮撫死者的「怨氣」。這種行為也省去了勝利方狙截敵人的麻煩，因此這種土民趁火打劫的行為在當時成了慣俗，得到了武士的認可。

無論如何，在短短十日內，光秀從掌握天下中心的新勢力，轉眼間便命喪在村郊土民之手，當中道盡了命運無常的虛幻。光秀的死訊在同一日傳到安土及秀吉陣中，守衛安土城的明智秀滿得知消息後便率殘兵撤出安土，回到坂本。但途中抵達瀨田橋時，又發現神出鬼沒的山岡景隆在之前又將修理好的瀨田橋燒毀，秀滿被迫在瀨田等待橋樑修好才能回到坂本。但眼見城內已經兵荒馬亂、潰不成軍，於是秀滿便殺死光秀的遺孀及留在城內的家臣妻小，而後命人放火焚城，自己則在火海中切腹自殺，與坂本城一同被火海吞噬。

另一方面，原本負責戒備筒井順慶的齋藤利三，在山崎之戰後逃亡到坂本附近的堅田，但在光秀死後不久便被近江的土豪豬飼秀貞捕獲。利三隨即被秀貞送到秀吉本營，後來利三困在囚車在京內繞城示眾後，於臭名遠播的京都六條河原被斬首。

兩日後，光秀的首級被送到秀吉處，秀吉命人將光秀的首級與身體縫合，連同利三的屍首赤裸裸地吊在京都粟田口關示眾。六月二十四日，秀吉將兩人的屍首埋葬，並在粟田口關以東立了兩人的首塚，就這樣，本能寺之變的始作俑者明智光秀及合謀者齋藤利三便完全「消失」在地平線及歷史上，影響日本戰國時代走向的本能寺之變也以此完全結束。

據說光秀死前留下了辭世句來概括自己的一生，不過其真假難說，現有兩個版本，以下姑且都列出來供讀者一看。

版本一：

順逆無二門，大道徹心源。

五十五年夢，覺來歸一元。

版本二：

不知我心者任其言，不惜身命，亦不惜名。

（心知らぬ人は何とも言はばいへ、身を惜しまじ名をも惜しまず）

以上檢視了光秀在最後兩年至本能寺之變發生為止，他與信長的關係。從現存諸史料及以上過程來說，實在找不到兩人之間明顯的對立。究竟真的如佛洛伊斯所推測般，是利慾野心的驅使，還是出於前文所述的諸類怨恨？又或者是現在十分流行的陰謀論說？之後便大致介紹各有關說法，再以各相關諸史料檢討、考證諸般說法的真確性，最後再以這些考證為基礎，嘗試推論箇中的事實因果。

專論：關於光秀的兩個謎團與傳說

一、「南光坊天海＝明智光秀」傳說

明智光秀死後，與他有關的一切看似就此消逝於歷史長河之中，可是事實並非如此。各種關於他的傳說、流言與後世的罵名一併流傳至今，如「明智光秀埋藏金傳說」、「明智光秀大難不死說」等。在這些流言蜚語裡，「天海＝光秀」這一傳說，至今依然甚囂塵上。

一些熟悉日本戰國史或者玩過相關遊戲的朋友可能知道「南光坊天海」這位高僧。他的身世有些玄奧，尤其是傳說「天海是光秀逃出生天、改頭換面後的名字」，更成為日本近年來膾炙人口的熱門話題。

其實，這個問題在日本也是壁壘分明的。史學家向來對這一笑置之，而坊間的業餘研究者、小說家及喜歡涉獵歷史謎團的人則為這傳說議論紛紛，在各個平臺發表己見。雙方互不侵犯，也互不相讓。最近，這傳說更成為相關電視劇、遊戲的劇情組成部分。

有關「天海就是光秀」的說法，目前在栃木縣日光一帶可謂人人皆知，不少當地的導遊一定會繪聲繪色地介紹給遊客。筆者曾與專門負責日光地區的資深導遊談過，

天海像，木村了琢繪製。

得知大部分導遊對此說法都深信不疑，甚至連京都的導遊也頗為認同，更對筆者說「這已經是這裡的常識了」。

支持這一說法的人，他們的依據大概有以下五點（詳細後述）：

一、日光東照宮陽明門旁天海木像上的褲袴刻有明智家紋「桔梗紋」。
二、傳說日光附近的「明智平」是天海命名的。
三、傳說天海第一次與家康見面時，如見故友般長談言歡。
四、天海死後，與光秀有關聯的寺院有獻贈香典。

五、光秀修築的周山城下的慈眼寺裡，藏有光秀的木像與牌位。

・南光坊天海之謎

進入考證前，先簡要介紹天海的生平與經歷。南光坊天海，院號「智樂院」，後來被賜尊號「慈眼大師」，是戰國末期天台宗的高僧，僧官官階「大僧正」，即日本僧官系統中最高級的僧人。

天海與金地院以心崇傳（本光國師）、江戶初期的巨儒林羅山，是德川家康在政治、宗教、學問三方面的最高顧問。家康死後，天海繼續得到家康的繼承人、第二代將軍德川秀忠，還有第三代將軍德川家光的重用。後於寬永二十年（一六四三）圓寂，傳說他享年一百零八歲。但嚴格說來，年歲不詳。

他的名聲甚至連鄰國朝鮮王國派來的通信使都有所耳聞，可謂當時蜚聲國內外的人物（後述）。

接著就要進入正題了：究竟天海有沒有可能真的是明智光秀呢？為了考證這個問題，有必要站在專業角度，從天海的生平事蹟說起。

從史學的角度，天海的前半生並不見於史料之中，無疑是個謎團。有關天海最早的紀錄是在天正十八年（一五九〇），豐臣秀吉攻打北條家的小田原之戰前夕，當時的天海還叫做「稻荷堂隨風」，他跟隨常陸佐竹家出身、早前於摺上原之戰被「獨眼龍」伊達政宗打敗，被迫逃回老家的蘆名義廣（佐竹義重次子），從會津來到常陸的江戶崎（今茨城縣稻敷市），在此地的不動院繼續修行，一待便是十多年的光陰。

由於天海與隨風的簽名一致，而且天海的嫡傳弟子胤海為先師撰寫的傳記《武州東叡開山慧眼大師傳》中也提及天海初名「隨風」，因此斷定隨風就是天海前半生的名字，應該是沒有什麼問題的。

根據胤海的記述，天海本是陸奧國武家名門會津蘆名家的一族出身。天海在十一歲出家後，便展開到處求學的生涯。他於十四歲在下野宇都宮（今栃木縣宇都宮市）的粉河寺學師修法，十八歲時前往當時日本的最高佛教殿堂——比叡山神藏寺進修佛法。後來，天海又南下大和國興福寺（今奈良縣奈良市）繼續進修。

天海從大和回到關東，進入東日本最強的學問之所、位於下野國足利（今栃木縣足利市）的足利學校進修。胤海說天海回到東日本後不久，有一段時期到了甲斐國躑躅崎館（今山梨縣甲府市），向著名的戰國大名武田信玄傳授天台宗要義。天正元年（一五七二），天海回到出生地會津，成為黑川城下稻荷堂（今福島縣會津若松市）的別當。

當然，胤海的記述可說是片面之詞，不少內容苦無旁證可考，但如果從這記述來看，天海的行動軌跡與活動範圍，與一直身在京畿的光秀之間幾乎沒有明顯的交接點。

那麼，天海與家康是什麼時候初次相會的呢？目前來說，最早可追溯到慶長十四年（一六〇九）。天海獲家康推薦，晉身成為僧正[5]，並且與京都所司代（類似今日的京都市警察局長）板倉勝重一起負責代表幕府與朝廷談判交涉。換言之，天海在這之前已經與家康相識，而且為德川家效命。

順帶一提，天海成為大僧正是在元和三年（一六一七）七月，即家康死後半年。在這之前，天海已經與崇傳一起著手，為草創的德川幕府整頓日本的寺社制度。不過，跟積極參與政務的以心崇傳不同，天海更關心的是宗教方面的政策，以及專心作為將軍家及幕府的祈禱師，也是這個原因，天海積極爭取自己坐鎮的川越喜多院，獲得幕府許可，取得關東地區天台宗的總壇地位。

據時人的記載，天海的天壽就連善於養生的家康都望塵莫及。前面提到，天海是在寬永二十年（一六四三）十月二日圓寂，享年一百零八歲。如果這是真的，可以推算出天海是在天文五年（一五三六）出生，以當時的醫療及飲食營養水準，哪怕用現代的標準來衡量，都稱得上是難得一見的人瑞。有趣的是，天海的高壽就連從朝鮮來到江戶的朝鮮通信使都有耳聞。天海死去前四個月，即寬永二十年六月，朝鮮通信使

5 僧官的一種高級職位，僅次於大僧正及權大僧正。

尹順之來到江戶後，更賦詩一首，贈予抱病不能見客的天海：

東來偶入大羅山，聞有長生不死仙。
歲序已周三甲子，容顏猶侶舊丁年。

「三甲子」就是三個六十年，即一百八十歲，與「長生不死仙」一樣，顯然是尹順之誇張讚美之辭。無論如何，這首詩足見當時天海的高壽傳奇早已廣為人知，甚至揚名國外。

按這個年紀推算，天海在年齡上很大程度是跟光秀重疊的，不少人認定這不是巧合，是證明兩人根本就是同一人的關鍵線索。那麼，連帶上面提到的五點，接下來便要好好驗證一下真偽了。

・解疑析惑

前面提到的五大依據裡，第三、四點本身只是傳說，或者無法被證實。那麼就集中談論其餘的第一點、第二點與第五點。

第一點說，日光東照宮陽明門旁的天海木像上的褲袴刻有明智家紋「桔梗紋」。事實上，這個發現完全是誤會。嚴格上說那並不是桔梗紋，而是「五瓜唐花紋」，屬木瓜紋，即織田家家紋的一種。所以，人們說褲袴上的是桔梗紋，也不過是後人不小心搞錯，以及一廂情願的附會罷了。退一步來說，不論是五瓜唐花紋、木瓜紋，還是桔梗紋，都是當時衣物上常見的「紋樣」，所以不能代表這就是天海的家紋，更不算是什麼隱喻。

第二點說，傳說日光附近的「明智平」是天海命名的。這個應該是現代許多日本人都聽過的說法，其實卻是理據最為薄弱的。為什麼呢？翻查江戶時代至明治時代為止的日光地名資料或遊記，由日光東照宮進入西邊的中禪寺湖的路線中，都沒有看到「明智平」的記載。那地方在當時一直沒有特定的名字標識，附近的第一伊呂波坂、第二伊呂波坂也是後來命名的，原本稱為「馬返坂」。

「明智平」最早的紀錄要到二十世紀中期的昭和年間，在這之前的明治時代也流傳著一些佚名的說法認為「天海＝光秀」，但未曾提及「明智平」。因此，「明智平」的傳說其實是近代才開始的，配合一九三三年（昭和八年）東武集團經營的「明智平吊索道」開業，「明智平」之名才正式出現並深入人心。換言之，那很可能是當時配合開業而做的宣傳，卻被後人拿來呼應故事。

第五點說，光秀修築的周山城下的慈眼寺裡，藏有光秀的木像與

五瓜唐花紋

桔梗紋

牌位。京都市右京區京北周山町的曹洞宗佛寺——慧日山慈眼寺在這幾年人氣回升。事緣該寺公開了一尊一直密藏於寺內的神祕黑色木像，並聲稱是明智光秀的木像。其嚴肅、目露凶光的表情與一直流傳的「文人書生」形象大相徑庭，於是引來不少關注。此外，好事者發現「慈眼寺」的寺號「慈眼」，跟天海死後的諡號「慈眼大師」奇妙地一致，認為這是個重要的新線索，結果使「天海就是光秀」的傳說再現江湖。

不過，這個新說法也是沒有什麼根據的。

第一，據該寺的記載，慈眼寺開基之年已不可考，只知在江戶時代的寬文十年（一六七〇）復興，在這以前的寺史一片空白，無從稽考。因為該寺位於光秀晚年修築的周山城下，就有人順此推斷慈眼寺裡的木像就是光秀。

可是，據慈眼寺的紀錄，這個「光秀木像」原來是由附近另一個跟光秀有關的寺院密嚴寺收藏，密嚴寺在十九世紀被廢棄前後，木像才搬到慈眼寺內的開山堂繼續供奉。雖然兩寺都位於周山城下，也傳說跟光秀有淵源，但事實上不論是密嚴寺，還是慈眼寺的紀錄均未提及木像的來歷，木像上也沒有任何線索，人們依據跟木像一起搬到慈眼寺、寫有光秀法名的牌位來斷定木像的身分。至於牌位是什麼時候造的也不得而知。

第二，上述兩間寺院的歷史淵源與木像的來歷，恰好可以協助否定所謂「慈眼寺」

的寺號與天海的謚號「慈眼大師」有關。既然木像跟慈眼寺產生關聯是在十九世紀，那麼「寺號的由來是因為天海的關係」之說也就過於薄弱了。何況慈眼寺是曹洞宗的佛寺，跟天海所屬的天台宗分屬完全不同的兩個派系，兩者可說是風馬牛不相及。還有，只要細查紀錄與地圖，光是京都內外的「慈眼寺」，包括周山這個在內，現存的就起碼有四、五個，分屬不同宗派。「慈眼」本來是常見的寺號，單是因為位於與光秀有淵源的地方，便認為與天海有關係，那實在過於武斷了。

・傳說的背後

我們知道光秀跟天海在年齡、活動時期上有部分的確是重疊的。但是，先不說跟光秀活躍於同一時期的人多如牛毛，見過光秀，同時於天海活躍時期尚健在的人也不少，如前田利家、織田信雄等。天海能夠瞞天過海、不被人察覺，恐怕不太可能，相信他能夠做到的，恐怕只有我們這些後人了。

另外，認為光秀是天海的說法背後，不難想像就是企圖暗示德川家康奪得天下，靠的不是自身實

慈眼寺的「傳明智光秀」木像。

力，而是天海（光秀）對宿敵豐臣家的怨恨、大力支持家康才成功的，又或者相信光秀跟家康有合作關係。

換言之，這背後存在一種質疑家康、抹黑家康的潛意識。加上「明智平」傳說始見於明治時代後，也就不難想像這是當時政治上狠批幕府思潮的產物。當然，對於想為旅遊時光增添樂趣玩味的遊客來說，浪漫主義、陰謀論的確是不錯的調味劑吶！

二、明智光秀肖像畫之謎

接著再來探討另一個有趣的謎團。有幅廣為流傳的明智光秀肖像畫，藏於大阪府岸和田市本德寺，相信非常多的讀者在網路上都看過。然而，很遺憾地告訴大家，這幅肖像畫在歷史學上正確的名稱是「傳明智光秀畫像」；再坦白地說的話，其實沒有任何證據確認畫中人是明智光秀。這是怎麼一回事呢？

首先，位於岸和田的本德寺基本上與光秀沒有任何關係，按道理不應讓人聯想到畫中人。不過，不知道從何時開始，當地流傳本德寺的開基住持南國梵珪其實是明智光秀之子。至於是哪一個兒子也有不同說法，有說是光秀的長子光慶，也有說是光秀一個不見於史載的兒子，名叫「玄琳」。

究竟是光秀的哪個兒子其實並不重要，重要的是，人們認為既然創寺開基的住持有可能是光秀之子，那麼畫中人物自然很有可能是住持懷念亡父之作。

當然，單憑此論也實在太過牽強，於是好事者增添了第二個根據來加強說服力。肖像畫的上方寫有畫贊、偈語及畫成的日期，寫明畫中人的法名是「輝雲道琇禪定門」，畫於慶長十八年（一六一四）六月六日。

光秀比較可信的法名共有兩個，一個是跟光秀一族關係深厚的近江國坂本西教寺裡的牌位所記「秀岳院宗光禪定門」；另一個是美濃國可兒郡天龍寺裡的牌位所記「長存寺殿明窗玄智禪定門」。顯然，光秀的法名不只一個，所以無法斷定本德寺的那個法名一定不是光秀的。

不過，從畫贊日期跟光秀忌日（六月十三日）無關，本德寺又與光秀沒有什麼關係，畫中人也沒有任何能讓人們聯想到光秀的痕跡與線索，硬要斷定畫中人就是光秀，同樣太過牽強。可是，這話題還沒結束，好事者又

本德寺的〈傳明智光秀畫像〉（局部）。

舉出了一個「證據」來肯定畫中人就是光秀。他們認為畫中人的法名「輝雲道琇禪定門」隱藏了暗號，由於光秀是弒主的反賊，故而斷不能讓人輕易察覺畫主身分，於是要暗藏玄機。他們認為「輝」與「光」相通，「琇」中有「秀」，合起來就是「光秀」，因此這位畫中人無疑就是明智光秀。

不知道各位讀者是否同意這說法的邏輯，無論如何，這些傳說與謎團都充分反映出不少日本人喜歡探討和創造歷史謎團的程度，以及他們是怎樣透過考察歷史，在歷史的空白處編造、傳承傳說，並從中尋找樂趣。事實上，明智光秀的例子也不過是眾多事例中的冰山一角。

總之，不論這些傳說背後的故事真假如何，其實都不會影響到明智光秀與本能寺之變在喜歡「謎團」的日本人心中的地位與作用。同時，對於理解日本人的歷史觀、成敗觀與生死觀，乃至想像力都有一定的參考價值。

第二部

本能寺之變考疑

第六章　本能寺之變諸說

接著就要正式導入本書的另一個核心——探究本能寺之變的真相。

對於這件足以影響日本中近世史發展的事件，直至今日，依然是個令人百思不解卻又使人們不停研究的題目。當然，最大的疑問是到目前為止，明智光秀的動機到底是什麼？他是怎樣做到神不知、鬼不覺的？還有，事件背後是否存在合謀？這三個問題，不少現今的戰國史愛好者及史學家都想得到答案。從江戶時代到現代，已經有無數的文人、小說家、軍記小說作家、儒學家與史學家絞盡腦汁地嘗試提供答案。

四百多年來，多方一直爭論不斷，目前為止已經出現了四十多種說法及推論。但這些說法並非都具有信服力，不少是流於揣測、幻想，甚至完全缺乏根據的。最終真正具有一定可信度、又得到史學界大致採納的，有以下四種主流說法：

一、野心說

二、怨恨說
三、各種陰謀論說（主要）
1 朝廷陰謀論說
2 足利義昭陰謀論說
3 耶穌會陰謀論說
4 豐臣秀吉陰謀論說
5 德川家康陰謀論說
6 本願寺教如陰謀論說
四、信長野望阻止說

簡而言之，按行動形式來分類的話，一、二、四項可歸納為單獨行事，而第三項則是合謀行事。第三項的各種陰謀論說在近年的史學界呼聲甚高，同時也符合日本人極好陰謀論的思維，令各種陰謀論說幾近成定說。但是，由於沒有決定性的史料可以完全確定明智光秀的動機，自然也不能把其他的說法完全排除。

這四種主流說法，都是二戰前後以至現代的新派日本史學家提出的說法。各說法的可信性及說服力，亦因不少新史料的發表、再解讀而改變。即使如此，這四種說法依然有它們的地位及獨特性。本書將集中檢討這四種說法，根據諸史料的記載以及其他相關的學術論文做相互對比，從而得出各說法的可接納部分，以求貼近事件的真相。

以下，就先把立論最早的「野心說」及「怨恨說」一併檢證，之後再依發表的先後，依序檢討另外兩種說法。

野望之業障

江戶時代以來，一般對於本能寺之變的發生，都歸因於明智光秀的怨恨及野心兩個說法，之所以如此，一方面是為江戶時代所提倡「尚忠」的武士道精神所左右；另一方面，也因為事變後的其他軍記小說（如《明智軍記》、《總見記》）的影響，才得以被人們津津樂道。

其中的怨恨之說更因此成為主流觀點，直到二戰後初期的史學界仍然對怨恨說十分重視、支持。在那個時候，被喻為戰前日本史學界翹楚之一的大史學家德富豬一郎（蘇峰），就把江戶時代以來的諸說歸納為三種：

一、處心積慮的謀反

二、防範自身的危險於未然

三、因怨恨而報復

蘇峰檢討後自言其感想時說：

正所謂「開口便有牡丹餅，貓兒便有鰹魚吃」[1]，既然如此，自己將信長取而代之，豈不是大快人心之事嗎？

這個說法可說是大正昭和時代以後，野心說及怨恨說的主調，然而這想法不過是蘇峰的個人見解，其實未認真以史料加以佐證。

到了一九五八年，高柳光壽比較分析當時流傳的諸多史料（例如比較可信的軍記小說、家譜、回憶錄）後指出，本能寺之變的發生實因明智光秀希望奪得天下，成為新的「天下人」，並非因為坊間一直流傳的怨恨之說。

他說「信長欲得天下，光秀亦同樣欲得天下」，並非只有信長才想得到天下，成為天下霸主。他又認為怨恨說都是從沒有歷史根據、以訛傳訛的江戶軍記小說而來，實在難以相信。同時他更提出明智光秀因以下三點而決定自己取得天下：

一、前途已經無希望（功名沒有更進一步的機會）
二、與勁敵秀吉的地位競爭落敗及被冷落（信長的四國政策轉變）
三、信長無情的性格（佐久間信盛、林秀貞等被放逐事件）

平心而論，高柳的這三個論點，姑且不論野心說能否成立，但以較可信的史料，細心檢出各軍記小說的謬誤，再加以批判，實在可說是現代研究本能寺之變的一個里程碑。這是把本能寺之變的研究拉回到科學性研究的契機。不過，值得注意的是，他所列舉的三個要點其實也包括了怨恨的因子。

高柳光壽之後，其學生桑田忠親否定了老師的說法，又再次檢討各怨恨說後，提出較為廣義的怨恨說：

一、因對前途絕望而叛變（本領地被收回，並改到石見、伯耆）
二、信長屢次令光秀面目無光

1　日文諺語，即「不勞而獲，天降大運」之意。牡丹餅為一種米製成的糕點。

以上兩個說法都是基於後世軍記小說歸納而來，其根據及可信度成疑。但是，不難發現兩人都把本能寺之變歸因於光秀與信長在性格上的差異，以及兩人之間的恩怨對立之下的結果。究竟本能寺之變是否因為光秀的私慾，又或者是否因他與信長性格之差異而起？首先就從野心說談起。

本能寺之變發生後，當時的人及第三者的記錄都明確指出，明智光秀的叛變是經年累月、處心積慮的結果，而且也是因光秀的野心而起，並非偶發事件。之前引用的在日傳教士記錄就是其中一例：

……或許在其（光秀）過度的利慾及野心驅使下，終誘使他有了成為天下之主的想法吧。

另外，太田牛一的《信長公記》也提到：

（光秀）認為在成功殺死信長後，將可成為天下之主。

山崎之戰的勝方秀吉事後也有類似的說法，他指示祕書大村由己撰寫的《惟任退治記》中說：

我認為這不是（光秀）臨時決定的，而是他蓄叛逆之意多年所致。

還有其他的史料，像是竹中重門（竹中半兵衛長子）的《豐鑑》，以及同時代的醫師江村專齋所寫的《老人雜話》，都指稱光秀因野心作祟而叛變。

以信長在本能寺之變時的兵力來說，可謂不設防（當然這也不是無理），那麼，若是光秀心中已經有「長期以來的叛意」的話，知名史學家高柳光壽的說法便顯得合理，他說：

光秀並沒有能與信長爭霸的兵力，可是，只要有機會，要打倒信長也不是不可能的，當時就是個好機會。

的確，在戰略及客觀理解上，這番話都是至理名言。但是，以上高柳所說的話，並不一定只限於野心說，無論是什麼理由，對已經決心殺死信長的光秀來說，「只要有機會」，而且在確實地把握了信長的虛實的那一刻，都會是「一個好機會」。因此，高柳的說法雖然十分有理，但不是只有野心說才能成立的理由。

另外，就以上幾份史料都指稱光秀因野心而叛逆，如此出奇的同一口徑，都反映了是後來不知實情的人所做的揣測。在當時的戰亂時代，叛變、以下犯上的情事實在多如牛毛，即使在信長奪得中央的控制權時，時人也未放鬆對「下剋上」的敏感神經。因此，對於不知內情的人來說，光秀的「突然反常」在他們的眼中，亦只是「下剋上」風潮的又一事例而已。

除了最早得到消息的秀吉，隨之得知消息的丹羽長秀及織田信孝亦一開始便疑神疑鬼，後來把與光秀關係密切，但事實上沒有與光秀一同叛變的津田信澄（信長之姪）給殺了。這一事件就反映了長秀及信孝，以至其他人的第一反應，都下意識地想到光秀等人因欲「下剋上」而「叛變」，故把與光秀最有關係的信澄也不由分說地清算了（信澄之父信勝是信長胞弟，但因內訌被信長所殺），這樣便更顯示了他們對本能寺之變的起因，還是苦無頭緒，只能從犯人明智光秀的身上找發洩口。

或許，有人會舉出《明智光秀張行百韻》的第一句「時為今下雨之五月天」，以力證光秀早在五月末就表明反意，可是一如上述，把該句的意思作為證據，也不過是事後諸葛的附和，而且這句也有被篡改之嫌，更表示了難以實在地推定光秀單為野心而叛變。

所謂的篡改之嫌，就是《常山紀談》中提及的一段傳說：

山崎合戰之後，羽柴秀吉得知愛宕山和歌會一事，於是找來同樣有參與的里村紹巴，秀吉責問道：「『あめが下しる』（近於「號令天下」之意）不就是謀叛的證據嗎？你應該一早知道才是。」

紹巴便苦苦解釋道：「原句是『あめが下なる』（即「下雨」之意）。」

秀吉就說：「那就把那和歌紙拿出來吧！」

後來秀吉看見紙上寫的是「あめが下しる」時，紹巴就哭著說：「請看，上有被改過的痕跡，原本應是『あめが下なる』才對。」

於是秀吉沒有再追究紹巴的罪，但實情卻是紹巴等人知道光秀敗死後，立即急改原文為「下しる」，並堆砌其詞。

這個說法是真是假並不重要，因為光秀的和歌紙原版已經因火事而化為灰燼，目前只留下在江戶時代抄寫的謄寫本。而這兩個說法也分別被寫在各份抄寫本中，所以，究竟哪個是原句已經不可考。如果沒有本能寺之變，或者事變是一、兩年後才發生，這句和歌的震撼性相信會相對減少，蓋因大家都把這句和歌「政治化」了，而使原意變得十分複雜。如果單純地試以光秀角度去想，或許會更容易找出答案。

筆者認為，不管光秀的原句是「下なる」，還是「下しる」，都是有可能的，只是和歌解讀實在太主觀，而且和歌作者亦經常引用古代的故事感物興懷，解釋的彈性十分高，就算光秀當時已經決意叛逆，為了避免太多不必要的外人知情，理應不會用「下しる」這個極為敏感的用字。反過來說，為了表示自己有意謀叛但又不想惹人懷疑，亦應該選用較為含糊、曖昧的用字來表達，以免節外生枝。這一點，相信向來冷靜、處事沉穩的光秀亦應該想到才是。

怨恨之真相

檢討過野心說之後，就來談一下怨恨說。本書第一部的二、三章，追溯了光秀在出仕織田家時發生的事件，如火燒比叡山、母親死於八上城、接待家康出醜之類有關怨恨的俗說，皆缺乏史料根據，應予以否定，亦不用再談。現在就追溯一下怨恨說的成說及其問題。

就時間來說，指稱光秀因為怨恨而舉兵造反的，大多數是江戶時代後期的小說，最初的出處大概可追溯至《別本川角太閣記》一書。同書收錄了一份明智光秀在叛變成功後，寫予毛利家重臣小早川隆景的密件，其後因為途中被秀吉軍抓住，而無法交到隆景手上。這封書信的內容，除了要求毛利兩川盡力牽制羽柴秀吉之外，還提到發動本能寺之變的原因，內文說：

緊急遣派使者來告，今次羽柴筑前守秀吉於備中國陰謀搞亂之事，將軍（義昭）褒揚三家（毛利、小早川、吉川）對陣一事，實在是忠烈之至，屬永傳後世之義舉。我光秀近年對信長早已經懷恨在心，再也難以默止。故此在今月二日，已經於本能寺誅殺信長父子，終達素望。

這封信的字面，雖然整體內容順暢，但說法的真實性既有可疑之處，也存在一些問題。比如信末的結語禮句用上了「誠惶誠恐」，其語含意極為恭敬，甚至到了卑微跪啟的程度，即使光秀真的乞求毛利家盡力牽制秀吉，也無必要用上如此之語。而且，同時代的書信上，基本上對同等位階的人是不會用「誠惶誠恐」作結語的，大多是「恐恐謹言」或「恐惶謹言」，意即「恭謹地申告」，這樣的話語遠比「誠惶誠恐」來得自然。同時間光秀在寫予美濃國的一個領主西尾光教，要求他支持自己的書信中，也只用上了「恐恐謹言」，所以，此書信的真實性已經有了疑問。

再說，此信內容中以「羽柴筑前守秀吉」指名秀吉，也是不自然的表現。當時秀吉在中國地區作戰已經有數年，基本上只說「秀吉」，或者當時慣用的簡稱，如「羽筑」、「羽柴」之類便可以，毛利家也絕對不會搞錯。再者，此信的收信對象只是小早川隆景一人，要是真的希望毛利家全力牽制，理應在收信人名字上，連「輝元」、「元春」也一併加上，然後曉以利害，誘出毛利家積極作戰才是。故此，筆者認為此文書乃後人知道本能寺之變後，追加附和的冒寫，而不是光秀親筆。

另外，相比《別本川角太閤記》，與光秀關係親密的細川家家史《細川家記》也記載了本能寺之變後，光秀派家臣沼田光友（藤孝正室之兄）到細川父子處，解釋他的主公光秀謀反的原因：

> 信長連年讓光秀盡失顏面，而且經常肆意妄為，今已經誅殺父子二人，以消心中積鬱。

雖然《細川家記》與《別本川角太閤記》所說吻合，但不得不留意的是，《細川家記》成書於江戶中期的延享三年（一七五六），遠遲於成書較早的《別本川角太閤記》，所以我們有理由懷疑《細川家記》極有參考《別本川角太閤記》等書的可能。再者，有關

《細川家記》的另一個疑問就是當中記錄天正十年五月時，就連細川家內對藤孝在天正十年整個五月的所在都不清楚，只說細川藤孝「應該在丹後」，卻又突然在記錄本能寺之變時，明記他在事變後的六月三日出現在宮津等待光秀的使者，當中實在存在難解的謎團、矛盾，因而影響以上說法的可信度。

依以上所示，諸多軍記小說雖然異口同聲地指證光秀乃因怨恨而叛變，但實在沒有任何旁證。相比野心謀叛說，怨恨之說的可信度及合理性更難以證明及予以評價。但是，是否能因此便完全否定怨恨說的可能呢？

事實上，人類的行為並不一定只有單一因素驅使。換言之，野心也好，怨恨也好，若死板地限制自己要二選其一作為唯一的理由，不但十分危險及不科學，把問題看得過於表面，亦無視了光秀在抉擇時的複雜心理及掙扎。而且，姑不論野心與怨恨哪一個理由較重，在把自己行動正當化之時，都是可以用作宣傳藉口的。

所以，筆者無意只就兩個說法做任何選擇。光秀打倒信長的過程中，若沒有政治利益（野心實現）或對立（怨恨、不滿）的因素，根本不可能出現本能寺之變。不論是野心還是怨恨，都是由「政治的利益」問題引發出來的。生存在戰亂時代的光秀，如果沒有利益的考慮，恐怕也不會冒險叛亂，更不會做徒勞的事，更遑論要得到別人信服。

★★★

筆者認為，野心說及怨恨說頂多只能算是光秀造反最表面的理由，換言之，要探討本能寺之變的原因，並不能只在這些最低限度、最表面的理由中尋求答案，非找出更具體、更直接的原因不可，亦即要找出引起光秀決意行動的直接導火線。日本的史學界近二十年開始，亦把整個本能寺之變問題深化及擴大至織田政權的各方面政策來加以考慮，最終也發展至各種陰謀論說的出現。次章，將帶領大家一同審視各種陰謀論說。

第七章　陰謀論的虛實

前文提及二戰後，有關明智光秀的研究已經漸漸明朗及深化，對他的了解也漸漸加深。同樣地，日本史學界對織田信長的研究，亦已經由個人的生平，深化至信長以至父親信秀時代的情況。還有，信長擁護義昭上京後，至本能寺之變為止的十五年間，他的政權，即初時的「足利・織田聯合政權」，到後來與義昭決裂後的「織田政權」，史學界對於它的運作、諸方政策也做了全面的研究。

因此，受惠於各史學家多年來的研究，織田信長及其政權的實態漸漸從受到政治影響的盲目神化，轉到學術性的歷史研究。同樣受惠於多年的研究成果，一旦涉及本能寺之變，始終會刺激不少戰國愛好者及史學家的神經，因而試圖參考諸研究以解答本能寺之變的真相。近二十多年間，部分史學家便跳出了上一輩史學家提出的野心、怨恨舊說，提出了更為腹黑的「陰謀論說」。

所謂的「陰謀論說」，其實就是陰謀論，持此論者認為明智光秀並不是單獨決定、意圖殺死信長以得到天下，背後其實有「某些」勢力或第三者與光秀合作，或者煽動、操控光秀以達到殺死信長的目的。

換句話說，光秀或許有自己個人的動機，但當中受到他力干涉的因素影響才是引發本能寺之變的「幕後黑手」。再直接一點說，光秀不過是「幕後黑手」計畫中一個提線人偶、傀儡而已。這種聽來劇情峰迴路轉的想法或許讓不少冷靜客觀的戰國史愛好者莫衷一是，反正是死無對證，任由提倡者說了，但由於日本人素來喜歡猜謎、解謎，甚至造謎，為了這樣的興趣不惜反覆思量，甚至為此爭論不休，以滿足自己的好奇心，在日本早已經不是新鮮事，日本人甚至為此能充當歷史偵探而津津樂道，樂此不疲。

這種陰謀論最早是由一些非主流史學家與歷史小說家提出的，諸多不同套路的陰謀論說法紛紛出現。據學者的整理，本能寺之變的諸說中，有關陰謀論說的有十七種。這十七種說法，被指為陰謀論的幕後黑手或光秀同謀的人，包括朝廷、足利義昭、羽柴秀吉、德川家康、毛利輝元、長宗我部元親、本願寺教如、堺商、耶穌會、信長正室齋藤氏等等。後來，各種陰謀論說或被否定，或被質疑，但到目前為止，陰謀論說仍在持續增加，被學界否定的說法依然廣為流傳，不絕於耳。

當然，就如本書一再說明，不少的陰謀論說都只不過是小說家、陰謀論者的幻想及假設，並沒有史實根據及史料證明。直到十多年前，部分史學家嘗試以史料加上推論，去引證各版本的陰謀論說的可信度。這個新的研究熱潮使得本能寺之變的問題，不知不覺間增加了不少陰謀論的味道。

綜觀諸種新檢證的有力說法，曾引起日本方面爭論的，首推「朝廷陰謀論說」及「足利義昭陰謀論說」。本章將就此兩個說法做詳細的檢討，以論證此二說能否成立，之後再簡單地對其他主要的陰謀論說做出檢討。

朝廷陰謀論說——天皇自救之聖斷？

所謂的「朝廷陰謀論說」，顧名思義就是指天皇與朝中貴族中的某群人，唆使明智光秀去殺害信長。這個說法其實並不新鮮，早就有不少小說家透過小說提出了類似的猜想。有的猜想當時在位的正親町天皇因為擔心信長會廢掉自己、再消滅朝廷，因此指使光秀起兵叛亂；有的則認為朝廷中的某些貴族因為不滿信長只為方便自己成就霸業，視天皇及朝廷為有名無實的傀儡，心生不滿，故而唆使光秀行叛逆之事。

另外，還有主張天皇因信長迫令自己讓位而感到不快，於是透過不為人知的方式暗中與光秀合作，在事變前設法誘使信長留在京都，再讓光秀施以襲擊。甚至更有說法認為朝廷除了光秀之外，還在幕後控制德川家康、毛利輝元、羽柴秀吉等與光秀策應起事，事成後光秀便成了用完即棄的棋子而被殺。

以上的說法讓不少日本讀者感到十分震撼及刺激，使得他們津津樂道，回味無窮。但到那時為止，這些猜想都仍停留在小說的創作層面，如上面所見，當中很多推測的細節部分已經難以證實，也難以禁得起嚴密的歷史考證。

到了二十世紀八十年代末，藉著昭和天皇駕崩，日本社會陷入反思天皇歷史地位的風潮，終於有史學家提出本能寺之變的背景，與幕府大權旁落、天皇試圖奪回權威有關，之後時任國際日本文化研究中心教授的今谷明承繼這個說法，在他的兩本著作《戰國大名與天皇》（戦国大名と天皇）及《信長與天皇》（信長と天皇）中指出，雖然天皇及朝廷涉及事變的可能很低，但信長的最終失敗皆因他輕視天皇及朝廷的力量，同時亦高估了自己的能力，而最終被一直忠於天皇的明智光秀輕易襲殺，更力言「信長最大的敵人乃正親町天皇！」（《信長與天皇》）。

受到今谷明「天皇權力回升論」的影響，原本只流於坊間異聞的朝廷陰謀論說彷彿得到了新的力量，新一批的史學家與作家也承接今谷明的說法路線，試圖引證朝廷乃是導致事變發生的主因。其中更有人直言事變關係到朝廷公卿的利害關係，認為時任太政大臣的近衛前久及朝廷神祇官、同時是光秀好友的吉田兼見，便是朝廷與光秀的中間人，以及消滅信長的始作俑者。

另外，也有部分史學家藉由一系列歷史刊物，提出天皇因為害怕信長終有一日會消滅朝廷，自立為皇，所以由當時的皇太子誠仁親王與高層公家的勸修寺晴豐、吉田兼見等籌劃了整個打倒信長的陰謀。

以上已經簡單說明了一連串朝廷陰謀論說的形成及它們的基本要點，一如所示，初時乃小說家提出的說法，原本不過是譁眾取寵的產物，並沒有史料確證。可是，後來當代史學家主張這些假設其實有史料的支持。這些極力主張朝廷為幕後黑手的史學家，提出了以下數點作為朝廷決心除去信長的理由：

1 信長干涉朝廷內政。
2 織田政權意圖消滅朝廷，迫使朝廷自救。
3 信長逼正親町天皇退位，激起天皇的反擊。
4 朝廷無法掌握信長的真正想法而決定先下手為強。

以上四個概括的要點都涉及兩個核心的問題：

1 戰國時代朝廷與天皇的權力問題。
2 織田信長與天皇的關係。

為了在清楚地解釋史實的同時，又能檢討朝廷陰謀論說的論點、證據，讓讀者盡可能明白當中的關係，本章將以夾敘夾議的形式，首先追溯室町時代到戰國時代，天皇及朝廷權力的問題，繼而分析信長的天皇政策問題，最後得出結論。

一、室町初至應仁之亂前的天皇

要解構「朝廷陰謀論說」的可信度，必先思考此說法的理論出發點及前提，亦即戰國時代的天皇權力是怎麼一回事。

認為戰國時代的天皇得以復權的史學家認為，天皇的權威在戰國時代，隨著時間的流逝而巨大化，這是不容置疑的。這個說法的根據，在於當時幕府將軍自身難保，戰國大名想藉由政治手段對付自己的敵人，便想到還有一招，那就是那個在京都的天皇。大名們想利用天皇頒發討敵聖旨，以及頒授官位，自抬身價。這樣一來，朝廷便成為室町幕府衰退不定時，給予戰國大名正當性、統治根據的替代源。這一派的史學家更強調，就算是信長上洛，也是得到天皇所賜的大義名分才成事的，換言之，信長是受惠於天皇而成功上洛爭霸的。

以上的說法是否正確呢？在這裡必先考證日本中世至戰國時代，亦即室町幕府成立後的天皇以及朝廷的權力才行，同時也好讓讀者瞭解一下這個號稱「萬世一系」的皇室的真實一面。

為此，我們先把時間軸調回到室町時代初期，一起回顧一下天皇家的歷史。元弘三年（一三三三）鐮倉幕府滅亡後，中興之主後醍醐天皇重新執掌國政，親自裁萬事、定陰陽，史稱「建武政權」，這可稱得上是中世日本天皇親政的特例，也是自鐮倉幕府成立後，唯一一次的天皇專政。

然而，三年後的延元元年（一三三六），這個宣言革新、創造「未來之先例」的建武政權，就被足利尊氏的室町幕府所追迫，最後後醍醐天皇逃到吉野，自立流亡政府，史稱「南朝」（或稱為「吉野朝」），而叛逆後醍醐天皇、開創幕府的足利尊氏，則另立天皇家的另一個支系為新天皇，繼承正統，史稱「北朝」。自此，足利尊氏在京都建立武士政權，史稱「室町幕府」或「足利幕府」，日本進入了室町時代。

室町時代的開始，也意味著南北朝時代一同開始。在當時，就稱為「一天（下）兩帝南北京」。在這個時期，不論南朝還是北朝，朝廷以及天皇都已經沒有能力阻止以幕府將軍為首的武士專權。天皇家的分裂使得朝廷也陷入兩極內訌，這場持續近六十年的南北朝內戰的結果，致使天皇及維持朝廷運作的貴族莊園領地，一步一步被各地武士肆意霸占、奪取，他們的經濟力也受到狠狠打擊。當中，天皇作為日本的權威象徵，除了部分家族靠著較穩固的地位及透過掌握重要產業，足夠賴以維生外，其他大部分的貴族只能依靠掌握武力的武士保護，才勉強保住部分家產。結果，他們漸漸變成依附、寄生於武士政權的政治集團。

在這個情況下，再加上後來幕府內部的「觀應之亂」，形成更加混亂的局面，雖然為期不長，但室町—南北朝時代的皇權及朝廷威信已經明顯地每況愈下。

到了第三代將軍義滿的時代，朝廷及天皇的權力更進一步被室町將軍蠶食。南北朝以來的武士霸占公卿領地的問題，在後來更被幕府正當化，除了一部分屬於皇族、高級貴族及權勢較大的大寺院不受半濟令的影響，其他中低級貴族大受其害，只能進一步依附武士。

說到足利義滿這號人物，各位讀者對他可能比較耳熟能詳，因為他曾被中國明朝封為「日本國王」，其實不僅在外交上，義滿在日本國內也表現出有意成為最高統治者，不過，不是體現在建造金閣寺之類的建築上，而是當時盛傳他與在位的後圓融天皇的寵妃有染，更指出他將放逐天皇，這些事件迫令天皇一度尋死。

幾經朝、幕各界人士的勸說及義滿親自解釋、請罪，天皇才打消念頭。另外，因天皇不滿義滿專權而拒絕執行政務時，貴族們都找義滿代為處理。以後更演變成義滿在征討叛逆時，已經不需要天皇，自己「下旨」討伐的局面，此舉無疑等同無視天皇的存在。

後圓融天皇駕崩後，義滿趁太后三條嚴子病入膏肓之際，便以新任天皇即位前後，因為親生父母死去，需要守孝一段時間，一直不能處理政務為不吉，提出讓自己的正室日野康子去當新任天皇的義母，新任天皇立即尊拜康子為「北山院」（「院」是最高級的貴族正室，以及天皇母親、妻子才能用的尊號），自己便順理成章地成為天皇的「義父」了。

這樣一來，升格為天皇「義父」的義滿在自己的住所——北山第中，模仿仙洞御所（上皇住所）的規格進行改建。當然在國內，義滿自稱天皇是毫無立場可言的，但他的權勢已經與「日本國王」無異，朝廷與天皇的地位在義滿時代，無疑處於幕府將軍的下風。

某些日本史學家認為，足利義滿上述的諸舉動便是謀求篡奪皇權的布局。但是，這說法卻略嫌牽強。因為義滿的行為恰恰反映了他不可能，也無意要篡奪皇權。即使義滿強行當上天皇的「義父」，也不能因此就斷言義滿希望篡位，倒不如說這是以幕府為主導去統合朝廷的舉動。

如果真的要為奪權找藉口，那麼大可強制提請天皇收自己的兒子為皇子，不是更直接爽快嗎？另外，義滿要當天皇的話，那麼幕府體制又應如何處理？之後的繼任將軍又當如何自處？而且還要考慮如何安置身處關東的鎌倉公方，義滿不會不加考慮而輕率行事吧。義滿欲稱「太上法皇」一舉，無疑是他個人的野心，但問題是，義滿也不能放任到不理會幕府重臣的意見，或許，義滿自稱「太上法皇」而不稱「天皇」，大概是野心與現實之間的折衷。故此，筆者認為義滿想成為天皇之說實在有粗疏之處，不能採信。

義滿死後的室町幕府延續了義滿以來，以「幕府優越於朝廷」為前提的政治思想。換言之，幕府與朝廷乃相輔相成，幕府不可缺乏天皇及朝廷的權威，朝廷也不能失去幕府的保護及資助。後來發生的關東公方足利持氏之亂，幕府才再次請求天皇下「討伐綸旨」，以正大義名分。六代將軍足利義教被赤松滿祐襲殺的嘉吉之亂（一四四一）發生後，幕府也請出天皇的討伐綸旨。之後到應仁文明之亂，以至戰國時代，天皇的朝敵、討伐綸旨便重新成為慣例。作為「朝敵制度」發端的此兩舉，就被今谷明評為皇權上升的先兆，也就是強勢的室町殿不得不藉助天皇之力平亂，更稱之為「扯拉袞龍之袖」(即藉天皇之天威)。此說的確有根據，但細想一下就會發覺其內在的意義。

首先，雖然持氏之亂是幕府的內亂，而鎌倉公方在名義上也應在室町將軍之下，但實際上，室町幕府已經把關東的控制權交給了關東公方及關東管領，在外部只曾一時設立兩個小公方牽制，以及動員身為幕府扶持眾的東北諸大名及駿河今川氏作為包圍警戒之重心。換言之，室町幕府對於關東事務並沒有直接的干涉權。故此，足利持氏起兵的話，就是關東府與室町殿的對立，嚴格來說，是關東、關西不分上下的對等內亂。

再者，足利持氏起兵前在鶴岡八幡宮時所寫的血書願文，就強調「攘詛咒之怨敵於未兆，為荷關東億年之重任」，可見持氏實為了滅亡幕府以自立而舉兵，應對持氏之亂的幕府自然就會舉出天皇以正大義，同時宣傳持氏為叛逆之舉，故幕府請出「討伐綸旨」也是理所當然。何況足利義滿、義持兩代的政治局勢已與足利義教時代不同，政治權力也由義滿時代的專權，變成義持、義教時的宿老會議模式，即使在被稱為「萬人恐怖」的義教時代，也不是獨斷獨行。義滿時代的個人專橫，隨著他以及一眾義滿時代的老臣先後死去，已經慢慢褪色。若硬直地把義滿、義持時代的幕政與義教時代的幕府作比較，不是有失真實嗎？

之後的嘉吉之亂，討伐的對象只是一介幕臣赤松氏，卻要出動天皇的討伐綸旨，皆因幕府將軍被刺殺，權威、顏面盡失，只好藉助朝廷的權威。這一點的確是幕府權威下降的最大契機，也開始了「請旨」恆常化。然而，這樣也不能把此事與皇權上升拉上關係。當時天皇及朝廷的經濟力大不如前，一如上文所示，除了倚賴幕府的資助及僅有的料所，別無其他收入。天皇及朝廷即使不滿幕府目中無人也好，幕府自義滿以來不請綸旨是「極為不當之舉」（《建內記》）也罷，亦不能放棄權威已經不振的幕府。

簡而言之，朝、幕兩方已經是唇亡齒寒，相依為命。皇權上升似乎也是幕府衰弱的副作用，天皇及朝廷本身亦沒有把這個現象意識為權力重歸，反而只把發出綸旨之舉侷限於「敵人與公方敵對時」的措施。即是說，朝廷只因要保護將軍而出動綸旨而已。朝幕對立的現象根本沒有出現。反而是嘉吉之亂後，幕府藉助朝廷的威信平定混亂及保持政局穩定，才給予了人們皇權上升的錯覺。但對一般大名來說，幕府的權威比朝廷要高，或者說，幕府作為武士棟樑的精神意義根本從未改變。

上述部分雖略嫌遠離主題，但筆者認為建武政權的失敗、室町幕府的創設，以及天皇家的南北對峙，代表了天皇集權思想的希望及想法已經完全幻滅，同時間，武士政權的再興亦證明了中近世日本已經不再是貴族掌權的時代了。

自平清盛、源賴朝先後建立武士政權，天皇家雖然也曾嘗試反抗，如承久之亂、正中之變，但都失敗而歸，被喻為天皇家「最後希望」的建武中興也不幸以失敗收場。朝廷與武士的政治角力，到了室町時代為止，已經以武士為最終勝利者而告終。

諸如上述所示，進入室町時代，尤其是南北朝合體後的天皇及朝廷，已經與室町幕府融合為一，足利義滿與朝廷合體的舉動，在他死後依然保持影響力，應仁文明之亂前夕的皇權，仍然在幕府保護下存續，朝廷也絲毫沒有對抗幕府的想法。部分史學家提倡的天皇權力回升之說，恐怕在應仁、文明以前的室町時代還未有徵兆，也不是事實。

二、戰國時代的天皇

應仁文明之亂時，室町幕府的權威已經每況愈下，幕府本身既自顧不暇，更無法保護朝廷的收入。亂事過後，幕府面臨瓦解的危機，各地的大名紛紛乘機進行領國化，各地的農民、平民都不堪壓迫而藉機發動一揆。在這種情況下，公家、寺院更是成為眾矢之的，倉庫被破壞，料所被霸占，寺院、公家及皇室的收入大受打擊。原本已經收入不多，需要幕府補貼的朝廷更是陷入困境，連基本的例行公事也難以進行。

最深刻的例子，當數天皇的大喪及即位禮的問題。明應九年（一五〇〇）九月，後土御門天皇駕崩，但因為幕府經費不足，令天皇的葬禮無法舉行，天皇的遺體更是停放在宮內達四十三日之久，之後才在天皇家的菩提寺——泉湧寺火葬。

繼位的後柏原天皇亦因為幕府無錢，無法舉行繼位大典，二十一年後的大永元年（一五二一）三月，當時已經五十八歲的後柏原天皇才正式舉行即位大典。但即位大典後的慶祝大會（大嘗祭）卻無法舉辦，最終高齡的天皇在五年後的大永六年四月鬱鬱而終。

更可悲的是，這位不幸的天皇同樣因為葬儀經費不足，在去世一個月後的五月三日才簡單下葬，而且因為時值暑天，天皇的遺體已經發脹，入殮時很勉強才塞入棺材。下一任的後奈良天皇在弘治二年（一五五六）駕崩後，時任將軍義輝身在近江朽木，京畿內因無實力者，朝廷別無他法，被迫把遺體停放宮內兩個多月，等待後來掌握京都控制權的三好長慶在京都徵收臨時棟別錢稅（當時的一種房產稅）後，葬禮才總算補辦完成。

天皇家都那麼潦倒不堪了，身邊的公卿貴族當然也自顧不暇。他們紛紛離開京都，到有交情又有實力的大名（例如大內義隆、今川義元）處寄居，或者到自己在京外的地方領地處定居，進而成為當地割據勢力之一，比如土佐的一條氏、飛驒的姉小路氏等。

天皇面對如此困境，當然不能坐以待斃。有鑑於當時將軍家因為出現繼位鬥爭而戰亂頻生，將軍經常不在京，權威不振，對諸大名也已經沒有了統制能力。剛好藉助下剋上而統治各地的戰國大名為求得合法的統治權，必須尋求權威的保證及承認。故此，官位就成為最合適的工具，而朝廷亦正好配合這個需求而得到新的自救出路。當然，室町幕府的影響力仍然殘存，只是在將軍歸京前，朝廷便成為各大名索求政治資本的理想對象。

站在天皇及朝廷的角度來說，地方大名送錢買官的要求，原本要根據該提出者的家格高低來決定，再由幕府透過奉行的上申，進行審批為原則。若幕府同意，朝廷方也會如實照辦。但在當時朝廷潦倒不堪、將軍不在的情況下，已經無法死守舊制了。

所以在後土御門、後柏原及後奈良三代天皇面對生活的困窘時，求變自救更是迫在眉睫。於是，地方大名只要相應地貢錢給天皇及朝廷權貴，而且只要索求的不是一些限定、高級別的官位，朝廷大多有求必應。當然，要求越高的官位，所需的報酬也相應提高，有時更會討價還價，這與賣官鬻爵其實已經毫無分別。

另一方面，對於戰國大名來說，他們當中不少是透過以下犯上，或者單憑自己的力量崛起，從而得到一方的統治權。正因如此，無名無分的自卑感及為求得統治正當性的證明，出錢買官是很合理又低成本的買賣，一般的戰國大名都樂意向朝廷買官。

當時的官位其實並不職名相符，身處在西國的人，其官位可以是東國的「國守」，比如毛利元就的官名乃「陸奧守」。換言之，在戰國時代官名不相稱的事例多不勝數。但到了天文年間，即戰國時代開始進入穩定發展期，各國的第一實力分子都先後要求得到當地的「國守」之官。

這當中更有戰國大名因為得到朝廷的賜官及下賜恩物而痛哭流涕，其中一個例子便是信長的父親信秀。織田信秀不過是尾張國下四郡的守護代織田大和守家的家老。論地位，原本不過是小角色，但是在大永、天文年間，他已是尾張的一大實力者，影響力波及鄰國的美濃及三河。

信秀在天文十三年（一五四四）十一月的稻葉山之戰，大敗於齋藤道三及朝倉教景，最後僅以身免逃回尾張。那時連歌師宗牧正好奉天皇之命，攜帶天皇親寫的女房奉書及贈送給信秀的《古今和歌集》抄寫本來到尾張，就記載了信秀的感恩之言：

今次得以身免，皆因拜領天皇的御墨寶所賜也，這對織田家的面子來說，已經無其他能與此相比了。（《宗牧記》）

這裡面或許是有點誇張或虛偽，但是從中的確看到天皇的地位及精神意義，即使在崇尚實力至上的戰國時代，對各大名而言依然有十分大的感染力。

在這個期間，信秀也有向朝廷展現勤皇的一面，包括天文十年（一五四一）獨自負擔了伊勢神宮外宮新殿的建築費，因此受朝廷賜封「三河守」。兩年後的天文十二年，京內的皇宮日久失修，朝廷無錢修補，於是各地大名紛紛上貢援助，其中信秀的貢錢達四千貫，乃諸大名之冠。於是朝廷為感謝信秀之慷慨、忠心，便拜託連歌師宗牧到那古野城慰問。

這幾次的交往，反映了信秀與朝廷的關係頗為密切，朝廷也對「尾張國的織田信秀」有了深刻的印象。當然，其他的戰國大名也有襄助朝廷之舉，比如永祿元年（一五五八）正親町天皇繼位，安藝的戰國大名毛利元就上貢石見銀山的銀產作為繼位大典的費用，就是一個很好的例子。

信秀、元就做出這些勤王之舉當然有其政治目的，絕難以純粹忠於天皇作為解釋理由。例如那時毛利家剛滅亡防長大內氏，並準備攻擊出雲尼子氏及豐後大友氏。由於毛利家滅亡了幕府任命的守護，以及出師的大義名分不足，所以在大內氏滅亡之後，為免受兩方正面夾擊，元就採取了親朝廷政策，也避免幕府及周邊守護大名的留難。

然而，戰國大名們的獻金並不代表天皇的權威便因此而上升，賜予官位只不過是朝廷及天皇開發財源的手段，目的在解決生活及事務上的所需，例如上貢錢財或必需品，又或者退出天皇及朝廷的御料所之類。在戰國歷史當中，未曾見到有天皇運用大權去指揮諸大名為復興朝廷權威而戰的實例。

因此，信長上洛以前，真正上升的不是天皇的權力，而只是天皇的利用價值罷了。但是，錢是賺到了，生活有了保障，換來的卻是官位濫發，公家地位下墮、家格地位混亂深化等後遺症，等到後來織田信長、豐臣秀吉崛起後，才著手整頓官位混亂的情況。

以上，由室町時代至信長上洛前的兩百多年間，天皇的權力已經不斷萎縮，並被室町幕府吸收、併合而成為新的公武合一政權。所謂的「天皇權力上升」之說，經過上述的說明，相信各位已經明白，天皇及朝廷在這兩百多年間，已經成為無法獨立自處的政治集團，與室町幕府更談不上是敵對關係，而到了之後的應仁文明之亂，朝廷因失去幕府的支援而不得不另尋活路。因此，他們就順應戰國時代的到來而自降門檻，交易官位給一眾戰國大名，以換取貢錢自救。

這時期的皇權當然亦不見得有什麼改變，後土御門、後柏原、後奈良三代天皇的窮困正好表現出，即使賣官鬻爵也不代表能換來戰國大名勤王復權的義舉，各大名所求的只是政治上的現實利益，而這些利益都集中在自身領國內外上，例如上杉輝虎（謙信）得到天皇的討伐命令以征伐武田信玄，其出發點亦只因為幕府不同意輝虎的要求，別無他法，苦尋大義名分的輝虎便找到天皇來制衡強敵。

因此，大名的希望，不是為求成為天皇及朝廷的重臣，更遑論幫助朝廷復權。對諸大名來說，天皇及朝廷乃擁有淩駕於國別、家族間爭執的地位，故可加以利用而已。

既然在信長上洛前，天皇及朝廷都沒有在實質上得到政治利益，那麼所謂的「信長最大之敵是天皇」一說又是否有理呢？接下來，便來看看信長與朝廷，至天正元年足利義昭被放逐之前的關係。

三、信長時代的天皇

人稱「第六天魔王」的信長與天皇的關係又是如何呢？先來看看他上洛前與天皇

的交流。永祿十年（一五六七），朝廷賜封信長「尾張守」的官職，意味著朝廷正式承認了信長統治尾張一國的合法地位及名分。

當然，這一方面是基於信秀以來的情誼，另一方面也是朝廷想拉攏信長，希望他繼續學他老爸一樣「供養」朝廷。這期間，信長把矛頭直指北方的宿敵齋藤氏，同年的八月十五日，信長在稻葉山城之戰中打敗齋藤龍興，把美濃大部分奪了過來。朝廷得知這個消息之後，在十一月就命令公卿勸修寺晴豐寫信，再派立入宗繼作為敕使，把信件交給信長，其中內容提及：

> 今次諸國服於汝下，實武勇之高譽，天道之感應，古今無雙之名將也。乘勝追擊亦當然不過之事。就此，請確保尾張、美濃的皇室食邑安全，若能妥善處理此事，實在妙絕也。（《立入宗繼文書》）

這可算為「等價交換」的書信，稱得上是信長與朝廷的第一次交易，從字面看來，朝廷給予信長絕大的盛讚稱美，但真心話卻是放在後面，濃尾兩國的米產之豐，絕對是朝廷求之不得的財政源泉，朝廷的心思可謂表露無遺。因此，信長讀完這封天皇書信後，便在十二月五日回信給朝廷：

聖旨及所賜紅衫我已經恭敬地收下了，實在感激不盡。另外前信所提之事（有關兩國皇室食邑安全）亦當恭敬從命。（《熱田神宮所藏文書》）

從內容來看，信長很爽快地答應了朝廷的要求，並且從信中得知，朝廷在十一月寫信給信長時，還附送了一件紅衫。有些史學家認為，這便是朝廷給予信長「支持」的「暗號」，儼如在古裝劇中看到皇帝親賜的「尚方寶劍」一樣。

但問題是這一來一回的書信交往，並不能證明信長與朝廷的信任度有多大。即使後來信長協助足利義昭上洛歸位，得知信長帶兵壓境的朝廷卻是非常驚惶失措，早早聯絡京中的公卿貴族，而且加強警戒及防範。後來，天皇又命甘露寺經元寫信給信長，要求剛抵達京都的信長提防手下兵士藉機搶掠、搗亂。朝廷這樣的舉措，讓人更難以確信他們早已跟信長存在互信及默契。

即使信長及義昭進京成功，朝廷也沒有十分積極的動作，義昭繼任將軍之位的手續更是被多番延遲才成事。之後，朝廷便主動提議授予信長官位，這可表示朝廷瞭解到信長的身分，與幕府並無關係，甚至可以說朝廷深知信長才是義昭政權成立的關鍵人物。即使如此，這次信長拒絕了官位（《言繼卿記》永祿十一年三月二日條）。

信長明顯地想與朝廷及幕府劃清界限，也就是不想受朝廷及幕府牽制。一旦接受了幕府的要求，那麼信長就會淪為義昭的一個下屬，成為幕府將軍之下的「副將軍」、「管領」。這樣的話，信長的「天下布武」大計就會不進而終。

至於朝廷方面，信長不願再接受官位，也是由於義昭的存在，對終生強調「君君臣臣、父父子子」的信長來說，官位大於義昭自是不可，但低於義昭之下又毫無意思。可見信長當時是想把自己置於幕府及朝廷牽制之外，以第三者的身分輔助、保護幕府及朝廷之餘，可以方便自由行事。

能證明信長希望在京中自由行事的事例，當數支援耶穌會在京中傳教。從前，耶穌會的傳教士已經先後得到三好長慶及當時的將軍足利義輝的批准在京傳教，但長慶及義輝先後死去後，傳教士便失去靠山，於是在永祿十一年，也就是信長護送義昭上京前一年，在京中懷恨多時的佛教徒及神道教徒連同反基督教的公卿等人，請求天皇下令，盡趕傳教士出京。佛洛伊斯等耶穌會傳教士被迫離京，在一年多後得知信長已上洛，於是來到岐阜，請求信長幫助。那時信長對佛洛伊斯說：

> 朝廷也好，將軍也好，都不用理會。所有的事都掌握在我手裡，你們只要聽從我的命令行事便可以了，你們想在哪裡傳教都可以。（《佛洛伊斯日本史》第三十八章）

這一段發言充分表現了信長堅決立於朝廷、幕府之外的立場及意志。事後，得知信長意向的公卿竹內季治便向足利義昭批評信長「不過如熟透的無花果般，早晚會從樹上掉落地上的」[1]（《耶穌會日本通信下》）。信長知道這個消息後，在義昭的默許下，立即下令把竹內季治拖到近江永原斬首。這事件更加肯定，只要得罪了信長，即使是朝廷中人，他也是毫不客氣的。

竹內被斬首後，朝廷再也不敢強硬地堅持己見。被信長斬首的竹內季治之子竹內長治卻在後來成為信長身邊的昵近公家眾之一[2]，跟隨信長參加天正九年的京都軍檢閱式（《信長公記》、《兼見卿記》等）。就以上諸史實，筆者認為，義昭在任將軍期間，與信長關係良好時的天皇，除了趁京畿內的權力真空之機，與反基督教的貴族、神道、佛教勢力一同推動禁教外，基本上沒有實際牽制或干預義昭及信長的政權運作，反而是一旦面對信長的強硬回應，便顯得一籌莫展。

另外，在元龜爭亂時的志賀之陣，信長與朝倉．淺井聯軍對峙良久，比叡山延曆寺又堅拒信長命其保持中立的要求，使三方沒法分出勝負。最終，信長請朝廷出面斡旋以破困境，一些史學家認為天皇及朝廷還是有著信長所不能否定的權威，甚至能夠介入戰國大名的戰爭。

筆者對和議乃信長方提出一說並無異議，因為當時的公卿日記及朝廷方面的書信都能證實這個說法。可是，單憑這件事來強調天皇在戰國時代重新得到「調停權」，那就值得商榷了。

首先，信長要求和解一事傳到京都後，關白二條晴良受義昭之請，立即前往志賀進行斡旋，更宣言「如無法斡旋成功，我便立即到高野山出家隱居」。及後，將軍足利義昭也親自出面，到志賀附近的三井寺介入調停（《尋憲記》、《中山家記》）。就以上所示，促成織田信長、朝倉義景、淺井長政和解停戰的，不僅是朝廷介入，更重要的是將軍義昭也出面調停，還帶上關白二條晴良一同施壓，才能使交戰雙方達成初步的協定。但諷刺的是，天皇及朝廷的威德卻受到打擊，因為宗教界代表比叡山延曆寺堅拒關白二條晴良的停戰要求。十二月九日，朝廷便向不願屈服的延曆寺發出聖旨：

> 今回義景、信長就對戰一事，請公（朝廷）武（幕府）出面調停，終於達成和議，真乃萬幸之事。延曆寺之領地將如從前不有違。（《伏見宮御記錄》）

聖旨以保證寺領不變作為條件，要求比叡山延曆寺要讓朝倉義景、淺井長政與信

1 即盛極必衰、花無百日紅之意。

2 昵近為親近之意。昵近眾為親近主君身旁之人。

長順利和解，不可干擾。這是朝廷意圖盡快促成和解的命令。終於，朝倉及織田兩方交換人質後，各自撤兵，回返領國。二條晴良及足利義昭也跟著回京，志賀之陣亦就此結束。

綜觀整個事件，朝廷的關白二條晴良當然出力最大，而足利義昭亦適時發揮了將軍的權威，但天皇的威德卻不十分明顯，事前反抗的比叡山延曆寺因為座主（寺代表）覺恕法親王是正親町天皇的庶弟，地位近同皇室，所以有條件及本錢堅拒二條晴良的斡旋，最後在朝廷及天皇親自出面，以及保證寺領的條件下才終於屈服。

所以，除了比叡山延曆寺的情況較為特殊，需要天皇出面之外，整個志賀之陣並不能說是利用天皇的天威來終結的，倒不如說是信長成功拉動朝廷、幕府的權威達成有利於自己的和議。宏觀來看，自信長請求第三方斡旋後，二條晴良便決心調解，足利義昭又介入事件，整件事都朝對信長方有利的方向進行。而且看朝倉及織田兩方的停戰誓詞，都以接受朝廷的斡旋而停戰。朝倉一方的誓詞中提及：

是次和解，遵循敕命及將軍旨意……（《伏見宮御記錄》）

而信長方則在誓詞中寫道：

……自今以後，對公儀（國是）不可有異心，信長不可存有異議……（同上）

但比叡山一方卻跟朝廷討價還價，直到天皇做出保證後才勉強屈服。到了第二年，信長便隨意地違約攻上比叡山，進行大報復，這充分證明了天皇的權威並不是絕對的，也不具永久的效力。天皇的聖旨說到底只是信長利用的工具罷了，這跟前述的基督教問題一樣，信長出面保護傳教士後，天皇沒敢再嘗試挑戰織田信長的權威。

四、信長與天皇的關係

相信從以上各節的事件不難發現，在信長協助義昭上京前，所謂天皇的權威其實只是表面風光，並不能說天皇成功藉助戰亂頻仍，將權威、尊嚴給找回來。那麼，放逐義昭後的信長與天皇的關係，是否因信長的威壓而出現決裂，以致天皇指使光秀去搞暗殺毒計呢？就這個問題需要提及三個主要問題：

1 信長迫令正親町天皇退位予誠仁親王。

2 改曆問題。

3 三職推任問題。

以下，將繼續剖析上述三個被朝廷陰謀論派史學家指出的「對立點」之真確性，並在本章的最後嘗試分析織田信長之政治思想。

（一）退位問題

說到信長要求正親町天皇讓位一事，就必先連同「天正改元」一事加以說明。元龜四年（一五七三）七月二十八日，即足利義昭被信長放逐出京十日後，信長便立即要求朝廷把代表義昭治世的「元龜」年號廢除，改元「天正」。在此之前，朝廷方面便收到「信長突然提出改元之事」的消息（《御湯殿上日記》元龜四年七月二十一日條）。如今成功放逐義昭後，這個要求也在七日內順利達成。

事實上，信長早在元龜三年九月就有改元的想法。信長在同月寫給義昭的《十七條異見書》中的第十條就寫道：

> 元龜之年號實在不吉也，應當改元……此乃為天下之舉，如此遲滯，實為極不應當之事也。（《尋憲記》元龜四年二月二十二日條）

雖然中世日本的年號經常更改，但改元往往需要經過一連串的選定，以及向熟知有關事務的公卿疏通等工夫才行，在七日內便完成改元工作，在當時實在算是十分快速。當然，信長也不是毫無準備就要求朝廷快速改元。「織田信長在諸勘文中，望用『天正』……」（《壬生家四卷之日記》天正元年七月二十八日）。所謂的「勘文」，就是朝廷擔任改元的公卿選取合適的元號及其意思出處的原文。

在信長之前，也有幾次由控制京都的權力者強制改元的事例，但一般都被朝廷拖延一月半旬，就比如足利義昭繼任將軍後兩年才成功改元「元龜」。信長此舉，明顯是想盡快向天下宣示自己放逐義昭後的大義名分，以免造成尷尬。

改元成功後一日，朝廷便派「武家傳奏」（為朝廷與幕府傳達消息的貴族）中山親綱通知信長改元一事：

> 有關改元之事，已經定年號為「天正」，實可喜可賀之事也。而國內將得以平定，和平安定之時日將至，天皇陛下滿足之至也。（《親綱卿記》）

得到朝廷全力配合的信長卻在同年十二月八日向朝廷進一步提出天皇讓位的奏請。當時的公卿中山孝親（親綱之父）的日記，就記載「今日織田彈正忠（信長）頻頻奏請讓位之事」（《孝親日記》），於是正親町天皇便派關白二條晴良及中山孝親等，攔帶天皇的御書信到信長處，天皇在信中回應道：

> 協助統籌讓位之事，已經耳有所聞。此事自後土御門院以來，一直是歷代先帝所望之事也……實在是朝家再興之大事，望汝能助其成事。（《宸筆英華・正親町院宸筆消息案》）

而信長則回應說「今年既無餘日，來年定當早早執行」（《孝親日記》）。但天正二年，讓位之舉卻沒有實行。到了天正九年三月，朝廷屬意提升信長的官位（當時信長無官職）時，信長又再次請求天皇讓位，揚言新帝即位之後，他再接受官位（《御湯殿上日記》）。但直到天正十年六月二日，信長橫死於本能寺為止，始終都未能實現。

信長在改元成功後就請求天皇讓位一舉，令重視「朝廷陰謀論」的史學家認定信長無視天皇的存在，甚至指出信長欲藉迫使天皇讓位、新帝登基之舉，成就控制朝廷的野心。朝廷、天皇，甚至誠仁親王也因此聯手起來，連同明智光秀一起謀殺信長。這個說法聽起來十分有說服力，但在歷史考證下其實是難以成立的。

信長要求天皇讓位時，天皇明言是「朝家再興之時」、「後土御門院以來，一直是歷代先帝所望」，這明顯反映了當時天皇對信長的要求是正面回應的。其實，在中世日本的天皇政治思想裡，天皇死前讓位是例行公事，在應仁之亂前都一直如此，而一如上節所示，後土御門天皇以來三代因為財政緊絀而無法讓位，最終在位至駕崩。可見正親町天皇所說的「朝家再興」，實際上就是指「回復生前讓位」舊習一事。

另外，從當時的公家日記及宮內的記事記錄中，都能看到天正元年已經五十六歲的正親町天皇早有病患，而那時成年的皇長子誠仁親王已經二十二歲，也到了繼位的合適年齡。後來公家、神官的日記內，都稱誠仁親王為「陛下」、「今上皇帝」，同時又把親王所居住的二條新御所稱為「下御所（下皇宮）」，可見親王繼位在公家看來只是時間的問題，從史料中沒有看到有誰表示出不滿、反對的意見。

再者，後來本能寺之變發生，誠仁親王等公卿也是狼狽不堪的。要是光秀與朝廷有所關聯，那為什麼不預先讓親王等離開現場？所以，除非可以證明信長推舉親王繼位受到朝廷的反對，或親王本身不願意，否則此說難以成立。

那麼，為什麼天皇遲遲不讓位？筆者認為，與其說是天皇不希望讓位，不如說信長方面還沒準備好。天皇的就位、讓位，以及建造仙洞御所（天皇退休所）等大事，需要極為龐大的資金，尤其是信長想藉機宣示自己的大義名分的話，更需要大筆的資金，而且他也需要找到一個覺得合適的時機。

可是，自天正年改元開始，對戰本願寺、武田征伐，以至各地的征伐活動，都令信長忙得不可開交，更遑論輕鬆地舉辦繼位儀式，加上當時距離天下統一還有一定的時日，信長並不急於要做政治秀。例如，之後豐臣秀吉在天正十四年（一五八六）為了讓諸大名完全臣服而費盡金錢，為後陽成天皇舉行繼位儀式（《兼見卿記》）。那時的秀吉已經完全奪取織田權力，使家康臣服以至近畿周圍都已經完全平定，所以最後藉助後陽成天皇即位來宣示自己已完全接掌信長的衣缽，為此大費周章也不無道理。

至於有史學家認為，正親町天皇眼見朝廷被武士任意擺布而堅決反抗一說，筆者認為是過於誇張的說法。一來沒有史料可證明天皇有意對抗信長，即使在一些史料中看到天皇不滿信長的壓迫，但以此來推論天皇與信長之死有任何的關聯，似是空有想像的說法。

朝廷在天正九年回絕信長的請求時，以「今年方角不合」，即陰陽道有關風水不利繼位的說法為由而拒絕。要是朝廷真的以此作為對抗信長的藉口，亦未免太過幼稚。而且，若朝廷真的一直拒絕信長的所請，那根本沒有必要以陰陽道之說來推搪。反而，若是已經有默契，卻因信長上貢的金錢未及朝廷所望，因而故意推遲，這個想法不是更為合理嗎？因此，筆者不會否認，在公卿之中有不滿信長的人存在，但在明智光秀與朝廷之間有謀殺信長的默契這一點，單是改元讓位一事，作為朝廷方的動機就難以成立了。

（二）改曆問題

這次改曆事件，或許不及前述的退位爭端那樣重要，但卻是朝廷陰謀論說的立論要點之一。所謂的立論要點，便是該派學者認為信長藉改曆問題，否定朝廷一個重要傳統權威——曆法制定權。曆法制定權向來是東亞國家封建皇權的象徵之一，故該派學者認定信長介入曆法改定的舉措，是為了篡奪皇權的前奏。可是，是否真是這樣呢？

當時日本朝廷所用的是宣明曆，即所謂的「京曆」。可是，隨著中世朝廷的權威下降，各地出現曆法學者自製的曆法，即所謂的「地方曆」。彼時日本各地都有不同於京曆的曆法，如東日本所用的三島曆（伊豆三島大社下神官河合氏所定）、大宮曆（武藏冰川神社所定），大和地區的南都曆（又稱幸德井曆），甲信所用的甲斐曆，常陸的常陸曆等。

按當時的做法，負責曆法事務的陰陽寮曆法博士會在前一年十一月初，向朝廷提交來年的曆法，朝廷御准之後，再向外界通傳、販賣。然而，雖說京曆是朝廷長年專用的年曆，又是官方專家算定的，但不代表沒有錯誤，比如天正六年（一五七八）十月就曾出現日蝕，而當時的京曆及負責曆法的博士卻沒計算到，信長會提出改曆建議，無疑反映出他對當時曆法的不統一是有些意見的。

事實上，這次的改曆並非信長突然提出的，而是早在天正十年（一五八二）初就已提出。當年的正月二十九日，信長命陰陽頭兼天文博士土御門久修，以及公卿中的曆道名家賀茂在昌到安土城，與來自地方的曆法學者來了個辯論比賽，搞清楚當年究竟應不應該加入閏月。太政大臣近衛前久也被邀請前來安土觀賽。代表朝廷的土御門及賀茂兩人認為當年沒有閏月，相反的，信長找來的地方曆法學者則認為當年應該有閏月。可是，最終雙方卻沒法論定。

但信長並沒有放棄，二月，信長又命令近衛前久召集以上的曆法學者，再次前往安土進行討論，並且命令他們在二月七日前必須得出結論。二月三日，信長又派京都所司代村井貞勝請出精通中國曆法及醫學的名醫曲直瀨道三、玄朔父子加入討論。

然而到了二月四日，村井貞勝向信長彙報結果，稱曲直瀨父子經計算後，當年並無閏月（《晴豐日記》）。五日，曲直瀨父子、土御門、賀茂四人又向近衛前久彙報了相同的結論，再由前久在二月七日向信長彙報。雙方的一致結論，致使信長暫時沒有再提起閏月問題，但是到了六月一日，信長又突然重提舊事。公家勸修寺晴豐在當日的日記中提到：

> 信長提及十二月有閏之事，說本年應有閏月。此事實難以理喻，各人乃怨信長無理也。（《晴豐公記》）

換言之，信長認為當年十二月後應有閏月，即加上閏十二月。所謂閏月就是用以填補年曆計算全年日子遺漏時加上的。究竟為什麼信長對那一年的曆法這麼執著呢？細心思考，六月一日信長之所以重提舊事的導火線，很可能是當日發生的日偏蝕，太陽有六成被遮蔽。然而，由於當時京曆也準確預測出這次日蝕，信長在同一日再次提出這個改曆提議，恐怕跟測算日蝕的問題關係不大。不過，由於六月一日的日偏蝕發生在本能寺之變前一日，後來也引起不少當時的人士認為這是不吉祥的先兆。

順帶一提，當時日本人跟大多數古人一樣，非常重視日蝕、月蝕的出現。其實以當時日本人的觀念，以及朝廷自平安時代以來的傳統認為，日蝕、月蝕，包括還未被完全遮蔽的日偏蝕、月偏蝕所射出的陽光、月光，都是妖邪穢亂之光，會傷害到貴為神明的天皇以及皇室成員的身體。

因此，每當預測會有日蝕、月蝕，皇宮都會用布或竹簾包著宮殿，以遮擋「妖光」。根據相關的研究，這個習慣在武士政權產生後，除了天皇之外，鎌倉、室町幕府的將軍都成為被保護的對象。當時地位已經等同或超越室町將軍的信長很可能基於這個傳統，也對日蝕測定一事十分敏感。

於是，朝廷陰謀論者便認為，信長一早便懷有挑戰朝廷的想法，想藉機批評天皇的制曆能力不濟，隨後朝廷便命光秀在第二日下手殺害信長。但是，先不論時間上過於不合理及草率，如果信長真的想藉機否定朝廷的權威，那根本不用屢次派曆法學者及近衛前久討論曆法問題，只要強制通過不是更直接？

那麼，既然跟日偏蝕無關，信長的真意是什麼呢？筆者認為跟那年初討伐武田有關。前面提到當時日本各地存在不同的曆法，各地方的時間、日子出現誤差是顯而易見的，本來，出身尾張的信長用慣了尾張曆，如果他還是一介尾張國戰國大名，這倒沒有什麼。

但是，對於當時已經掌握日本半壁江山的信長來說，原本與自己大有關係的曆法問題，現在已經變成實際的技術問題、政治問題了。京曆與地方曆法林立，自然京曆與其他的地方曆在計算日子會產生出入誤差，一心想一統全日本的信長，務求宣示「一統」的正當性及織田政權的政治權威，就必須找出統一又正確的曆法，換句話說，就是要著手尋找否定其他地方曆的可行性。此舉既合乎政治需要，也間接提升了與信長已是唇齒相依的天皇的權威，因此，信長要討論曆法改正問題，並不能代表信長有意否定朝廷的權威。

（三）三職推任問題

所謂的「三職推任」，即是有關信長的官位問題。信長自放逐義昭後，便在天正三年（一五七五）十一月敘任從三位權大納言兼右近衛大將，通稱「右府」，也是當年源賴朝成為征夷大將軍時的官位。天正四年十二月進為正三位內大臣兼右大將，天正五年十一月進為從二位右大臣兼右大將；翌年一月升到正二位（《公卿補任》）。

這時信長的地位已經比足利義昭高，這明顯是信長為了彌補在地位上與征夷大將軍足利義昭的差距，才要求朝廷配合的政治動作。不過，到了天正六年四月九日，信長突然又把右大臣及右近衛大將的官職退回（《公卿補任》、《兼見卿記》）。

信長這個動作，葫蘆裡究竟賣的是什麼藥？有的史學家認為信長打算遠離朝廷的控制，建立自己的獨立權力，即類似當年源賴朝那樣遠在鎌倉建設幕府；亦有史學家認為當時信長並沒有打算遠離朝廷，反而是想為日後就任太政大臣作準備；還有意見認為信長是想提升嫡男信忠的地位。

筆者比較支持「提升信忠地位」的見解，因為信長對官職的渴求，如上所說的，只為了應付足利義昭逃亡後的權力真空，當時名不正、實不明的信長為了強化織田政權的正當性，便在以往升任權大納言兼右大將的任官時，要求朝廷以正式儀禮進行宣旨儀式，這些都是為了對應義昭的將軍權威。

已經在權勢上無人出其右的信長，理應為織田政權的未來著想。故此，信長才對天皇說「四海一統之時，再應敕命致忠矣，然者，顯職可讓予嫡男信忠」（《兼見卿記》

天正六年三月九日條）。即是說，信長在平定四海之前都不會接受官位，期間的官位賜予都希望由信忠代領。也就是說，信長再任官之時，便是完成統一日本之後，這才是信長對天皇的最大忠誠。

信長在之後被稱為「前右府」，雖然信長已經表明不想再拜受官位，但在天正六年至信長橫死的天正十年的四年間，朝廷卻又向信長先後兩次提示授官的意思。第一次是天正九年（一五八一）三月，朝廷提示信長升任左大臣，但是信長沒有理會。

第二次的推任，即本節的焦點——三職推任。這是在天正十年四月中發生的事，這次的推任由於是在本能寺之變兩個月前發生的，所以引起了史學家一連串的揣測及爭論。

首先，就把唯一記載有關這次推任的史料，即勸修寺晴豐的《日日記》（又名《晴豐公記》）的相關記事予以闡釋。

根據其記載，信長在當年二月滅亡武田勝賴後凱旋回到安土城，同年四月二十五日，勸修寺晴豐到村井貞勝的屋邸，與貞勝討論有關派出傳達天皇意思的女官到安土，晴豐又告知村井說，朝廷想推舉信長為太政大臣、關白或將軍一事。

根據相談的結果，二十七日，他們決定請朝廷派遣兩名敕使到安土城，晴豐作為隨員。五月四日，一行人到達安土城後，敕使打算將天皇及誠仁親王的書信及禮物交付信長，其中親王的書信寫道：

> 朝廷對天下即將走向和平一事十分滿足，盛讚信長之舉無人能及，任何官位任憑信長喜歡選擇。

敕使二人及晴豐準備上城會見信長，並把禮物交付之後，晴豐單獨到了信長家臣松井友閑的官邸，接著就出現以下的場面（《日日記》五月四日條）：

> 有個叫御亂的小姓從信長處到來，問及「這敕使來此何事」，我（晴豐）回答道：「征伐關東，乃珍重大事，故此行應是立閣下為將軍之事。」之後御亂又帶來信長的御書信，明示道：「將以楠長諳為使，與敕使會面，但將不作任何回答，可否？」希望我能接受，但我回應道「無論如何，也請信長能接見敕使」，後信長又發書信給天皇及親王。

於是，信長便在五月六日面會敕使。事後，信長很快準備了船隻，並派人護送晴豐及敕使回京。後來經過晴豐一行人轉達，誠仁親王便請信長「待進京時再談」（《日日記》五月七日條）。故此，六月一日信長上京，或許是回應親王的請求。

以上由四月二十五日至五月四日的記事當中，共有兩個關鍵問題點。第一，是誰提議推舉信長就任太政大臣、關白或將軍？第二，信長是否明確回答了對三職推任的意向？

這兩個問題曾在日本史學界引起極大的爭議，也有不少史學家提出不同的見解，在這裡為免讀者混亂，爭論的詳細內容便省略不敘了。

就第一個問題，筆者從結論上是支持村井貞勝在顧及朝廷的疑慮下，主動提議朝廷讓信長擔任將軍，以安朝廷的憂心。事實上晴豐回到京都後的五月七日，便向在京的村井貞勝報告安土城的回應，這一點也可以肯定村井主動參與其中的可能性十分大。

至於信長與敕使會面後，有沒有表明自己想要什麼官位，晴豐在《日日記》五月四日的記事中提到「後來信長又再發書信給天皇及親王」，換言之，信長在晴豐請求他會見敕使後，便再次寫信給天皇及誠仁親王，這表示信長並不是沒有回應，只是回應的具體內容是什麼已無史料可循，但後來「三職推任」的事再沒有出現在包括勸修寺晴豐在內的朝廷公家的日記裡，從信長本人在本能寺之變前也似乎再無提及一事來看，信長的回應很可能是「不」，即是說，他對這事完全沒有興趣討論，或直接拒絕朝廷的推任。

筆者認為信長既表明平定天下前都不會接受官位，而六月一日上京的主要目的，是為了準備出兵中國，如果在這個時候突然又向朝廷就接受推任一事，做出正面的暗示，這反而是多餘且不太合邏輯的。而且，如果信長真的想接受三職中的任何一個官職，大可待討滅毛利家後再提出，或早在當日會見敕使時提出，何必如此故弄玄虛？

究竟信長的心裡在想什麼？這恐怕是解決所有疑問及論爭的關鍵，但又是不可能實現的。不過，筆者認為信長當時最終想接受的官位是太政大臣。原因有三，首先是當時的客觀情況，天正元年以後，義昭帶著「征夷大將軍」的名銜逃到鞆之浦，本書已經一再強調，信長並沒有權力收回義昭的將軍位，所以信長若想成為將軍，順理成章應該要求朝廷廢除義昭的名位，但信長卻沒有這樣做，反而把義昭之子義尋帶到身邊，再讓他成為門主。之後也曾與義昭交涉回京之事，雖然沒成功，但信長之舉也證明自己不想背負另一個類似松永久秀或三好三人眾的罪名。

此外，當時已經自稱「平氏」的信長表明與源氏的足利義昭對立，這在前文有關官位晉升上已經交代。雖說源姓將軍這個觀念是在江戶時代才正式固定化，但既然在法制上無法褫奪將軍之位，那信長自稱平氏，便已經明顯地交代自己將走一條與源氏的足利政權不同的政治道路。所以三職推任中，雖提及將軍一職，但理應理解為，朝廷願意在信長的意願下，隨時把義昭的位置取來，而不是信長欲藉朝廷之手奪回將軍之位。

再者，信長趕走義昭以後，京畿的權貴都在討論信長的身分問題。當時的公卿及大寺院都十分期待信長能真正名實相符地成為在大爭之世中保護自己權益的人物，故此，面對信長的強勢與專橫跋扈，即使心中再有不滿，但大多數人還是從現實角度出發考慮問題的。

當時，對於信長的身分變化已出現很多猜測及流言，例如天正二年，京都就有人流傳信長將成為關白二條晴良的養子，信長的次子信雄則就任為將軍，更盛傳信長已經從晴良處得到了關白之位（《尋憲記》天正二年三月二十四日條）。另外，堺港南宗寺的僧人笑嶺宗欣聽說信長正打算把相國寺改修成城塞，更言自己乃以太政大臣的身分保護皇宮（《京都聚光院所藏笑嶺宗欣文書》），最後還有公家三條西實澄贊信長「公家一統之政道，如五百年以前」，又說「鳥羽上皇以來數代之遺憾，此時一改天運了」（《柳原家記錄》所收《三條西實澄書狀》）。

從以上的史料，都不難發現京都內外一帶的人對信長充滿期望，而值得注意的是，當時京內外的人都認為信長將出任關白或太政大臣這類公家系的官職，這些傳言的出現，反映京內正在醞釀著一種輿論：怎樣在不否定將軍義昭存在的同時，又能使信長稱王呢？

一般公家或京人大抵都不會認為信長將成為將軍，而一向重視輿論的信長自然也不會選擇此途。而剛巧在天正十年五月，只做了三個月太政大臣的近衛前久突然把位置讓出來，這一點如併合以上數段的分析，以及信長把誠仁親王的第五子邦慶親王收為養子一事來思考的話，看來信長最理想的最終官位，不就應該是平氏的太政大臣，即重演平清盛、足利義滿當年的做法，也就是把自己塑造成朝廷、武士之上最頂端的人嗎？

總而言之，隨著信長在天正年間的節節勝利，天下統一的道程也將不遠。信長當時的心態是希望四海一統，而朝廷卻在討伐武田後，便稱之為「天下御靜謐（和平）」，這可見兩方天下觀的差異，也可看到朝廷視信長為結束朝廷自應仁之亂以來趨於衰落的保護者，而不是對抗者。

★★★

本節用了很大的篇幅去追溯武士與天皇的關係，以檢討天皇權力上升論，以及至本能寺之變為止信長與天皇的關係。就以上由南北朝到天正十年本能寺之變的天皇史可見，朝廷陰謀論中有關天皇的野心，以及天皇與信長的爭端，基本上都缺乏有力的證據，反而令人覺得，這些都是在先入為主的前提下推論出來的說法。天皇在整個室町．戰國時代，都沒有積極進行過政治干預。反而在經歷了南北朝及室町時代之後，朝廷與幕府的關係已經變為共存共榮、唇亡齒寒。

及至室町幕府衰敗的時候，天皇及朝廷也沒有積極爭取復權或打倒幕府，他們想到的只是靠賣官鬻爵來維持開支。戰國大名抬頭之時的天皇及朝廷也沒有利用各地爭戰的契機，去主動調解爭端。

到了信長上京後，不能否認兩者曾為某些事件而有爭論（如京都傳教問題），但整體而言，所謂信長對抗、威脅朝廷之說，只是捕風捉影。筆者認為，應視之為信長與朝廷磨合、摸索建立互信的必然過程。

如果說信長真的要表示自己高於天皇，以信長的作風，理應十分高調地做一些事。比如近年挖掘發現的安土城御幸之間，雖為迎接天皇來安土遊玩而建，但由於它的位置是在安土城天守閣之下，有些史學家就認為這充分表示信長想把自己置於天皇之上。

可是，這種說法十分牽強，城的天守閣蓋在城的頂端本來就是十分正常的事，難道要違反建築法則，把御幸之間放在至頂嗎？要是信長真的想宣示自己高於天皇，大可在京都的皇宮旁建立巨大的城池，不是更直接嗎？

至於明智光秀與朝廷的陰謀論關係，明智光秀發動事變的整個過程，根本沒有看到他有宣傳自己得到天皇的聖旨起事，要強辯天皇與事變有關，更是無理。

總而言之，朝廷陰謀論說乃基於沒有確切史料的證明，加上某些史學家曲解史料、在先入為主的前提下形成，故也不得不對其可能性提出質疑。

足利義昭陰謀論說——流亡將軍之逆襲？

朝廷陰謀論說之外，另一個在近年史學界掀起一連串討論的陰謀論觀點，便是「足利義昭陰謀論說」，即指明智光秀是在足利義昭的勸說、唆使的情況下，發動了本能寺之變，好讓一直流亡在外的義昭可以重奪天下。在檢討有關的說法前，一如上節，先追溯一下此說的由來。

這個說法早在戰後便有史學家提出。跟朝廷陰謀論一樣，這個提示為一眾歷史小說家帶來新的靈感。有些作家在著作中推想是義昭勸光秀打倒信長，也有些作家認為是義昭聯合朝廷命令光秀暗殺信長，另外，還有人提出是毛利輝元與光秀合謀，或者光秀、秀吉、輝元三人受義昭之命發起此事變。

跟朝廷陰謀論說一樣，小說家的說法只停留在想像的層面，或只從部分相關人物不可解的舉動中來個逆向思考而已。可是，跟朝廷陰謀論後來的發展一樣，也有史學家終於為這個沒有史料依據的說法提供支援。他們當中有人分析光秀的家臣多為室町幕府的舊臣，從而推斷事變很有可能與義昭有莫大關係。

這個說法雖說只是加強了這個陰謀論的可能性，卻也比上述小說家的純粹揣測來得有條理。然而，大力支持這個說法的史學家至今仍然強調這個陰謀論才是事實的真相，並且運用史料，認為該說已證明了以下兩大要點：

1 事變前，義昭與光秀早已有過聯絡，義昭對本能寺之變的發生十分瞭解。

2 事變前，光秀已經做好準備，並且計劃好要拉攏各個反信長的大名援助。

在查證以上兩點的合理性之前，首先為各位讀者說明一個先決問題：足利義昭的實力。即足利義昭被信長逐出京都後，是否有足夠的實力去鼓動包括光秀在內的大名進行反信長的大計？

一、鞆幕府．鞆公方——事變前的足利義昭

前文已經提到，天正元年（一五七三）七月，足利義昭在山城槙島城向信長投降後，逃去河內的三好義繼處暫避，但不久後三好義繼也被信長打敗，被迫臣服，這迫

使義昭再次逃亡。天正三年（一五七五）十一月移到堺，那時義昭透過毛利氏的外交代表安國寺惠瓊，與織田家的代表羽柴秀吉，就足利義昭的去留問題進行交涉。

織田方提出，只要義昭肯交出人質作為保證，信長方願意讓義昭回歸京都。當然，早已經決心反抗信長的義昭認為此舉太過卑躬屈膝，斷然拒絕，導致三方的交涉最終破裂。於是，信長便打算選擇擁戴義昭之子義尋為新將軍，但後來信長經過考慮，還是讓義尋出家，並繼承了將軍家指定子孫出家的寺院大乘院的門主之位。另一方面，義昭在交涉破裂後，便到紀伊國投靠雜賀五鄉的國人眾及盤據當地的幕府奉公眾湯河氏。後來在天正四年（一五七六）五月，義昭終於在安國寺惠瓊的協調下，轉到毛利氏領地內的備後國鞆之浦安頓下來。

前章已經提及，足利義昭離開京都後，室町幕府原則上並不能稱為已經滅亡的政權，將之視為一個流亡政權，或與織田政權對立的政權則大概無誤。得到毛利氏庇護的足利義昭，為了加強與毛利家的聯繫以及重組勢力，於是封毛利輝元為「副將軍」（《吉川經安覺書》），同時小早川隆景及吉川元春也成為鞆幕府近臣。另外，義昭移到鞆之浦之後，著手把西國的國人眾（大多為毛利家臣）封為幕府的御供眾（三澤為虎、山內隆道）或大外樣眾（兼田宗兼、村上亮康、末國元光等）。

除了毛利家的家臣團，鞆幕府的成員還有一眾跟從義昭流亡的舊幕府眾，如大館藤安、曾我晴助、真木島昭光、松田藤弘等。除此之外的其他成員，大多是從前曾經反信長失敗的舊室町幕府守護大名或守護代一族，如武田信景（若狹守護武田義統之弟）、北畠具親（伊勢國司北畠具教之弟）、內藤備前（丹波守護代）及六角義堯（南近江守護）。換句話說，足利義昭的鞆幕府政權在本質上亦是一個代表舊室町幕府以及守護大名利益的政治勢力。

鞆幕府的經營固然完全由毛利氏負責供給，但另一方面，義昭擁有室町將軍的公帖（任命大寺社主持的文書）發給權，即對京都、鎌倉五山寺院住持的任命權，任命權的背後自然便是寺院上貢的公帖錢。這個任命權是織田信長沒有，也無法從義昭身上奪去的重要權力。

義昭來到鞆之浦，原本約定一同打倒信長的朝倉義景兵敗後已在越前自殺；近江的淺井久政、長政父子也早義景一步，在小谷城兵敗自殺；甲斐的武田勝賴在長篠合戰大敗而回；三好三人眾對信長也屢戰屢敗。換言之，當時主要的反信長勢力已經逐一被信長所破。來到鞆之浦的足利義昭，自然希望當時最有能力對抗織田信長的毛利輝元、小早川隆景及吉川元春聯合東面的上杉謙信，幫助自己驅逐信長，重奪京都的控制權。

當時的毛利氏在中興之祖毛利元就及毛利隆元的領導下，迅速把影響力浸透到山陰、山陽兩道十國，同時與西四國的伊予河野氏、瀨戶內海的村上水軍保持合作關係。毛利氏大敵北九洲的大友氏及出雲尼子氏也因力量不足或有內部問題，無法對毛利氏構成核心威脅，這些都有利於毛利氏集中力量，將矛頭轉向近畿地區。問題是，毛利氏有沒有決定及意向去打擊信長？不過，毛利氏將義昭這個燙手山芋接到手裡時，與信長對立已經成為必然，加上信長天下布武的刀鋒早晚也會降及中國地區，毛利氏沒有選擇的餘地了。

毛利氏透過鞆幕府的號召力，與織田政權以外的戰國大名進行聯繫，且從天正四年（一五七六）至十年，在義昭及毛利氏的號召下，組織了兩次「信長包圍網」，證明了毛利氏接收義昭實在是等同於收下了重大的政治本錢。

從本能寺之變發生前四年，即天正六年（一五七八）開始，毛利氏便策反了織田方將領荒木村重倒戈，又聯合大坂本願寺反抗信長，同時毛利氏又在義昭的努力下，成功串聯越後的上杉謙信、甲斐的武田勝賴及關東的北條氏政，成為第二次反織田盟軍的東線核心。

但這個計畫最終還是因為荒木村重的有岡城陷落、上杉謙信突然暴斃出現破綻。到了天正八年（一五八〇），一直在近畿地區傾力反抗信長至堅至銳的本願寺，也在第二次木津口之戰後後勁不繼，在信長大軍長年包圍下，最終開城請降。兩年後的天正十年三月，武田氏滅亡；北條氏也改行親和信長的路線，這都使越後上杉氏變得孤掌難鳴，真正的盟主毛利氏也由於要對付與信長友好的長宗我部元親吞併四國，以及羽柴秀吉入侵中國地區，早已經分顧不暇。

但可幸的是，由於信長先後與長宗我部元親、北條氏政交惡，兩方立場又變得與毛利氏一致，而在九州，大友氏也因薩摩島津氏的層層壓迫，已經無法分兵從西面牽制。這些新出現的有利條件，使得徘徊在失敗邊緣的反信長包圍戰線得以苟延殘喘，而就在這個關鍵時期發生了本能寺之變。

從以上的簡單追溯中可以看到，接受毛利氏庇護的足利義昭在事變前一直沒有放棄打倒信長的念頭，當他得知信長的死訊後，便對島津義久說「本能寺之變乃天命難遁，故使信長自滅也」，從這一句中可見義昭心志堅定不移，以他為象徵的反信長同盟，亦一直為信長及其織田政權帶來不少的挑戰及困難。故此，若放開史料，單憑動機來說，足利義昭乃信長之死幕後黑手的可能性，比任何人都要來得大。雖說如此，但足利義昭又是否有能力直接驅使光秀行動？又是否真的做過此事？這是另一個層次的問題。

二、檢證「足利義昭陰謀論說」

前節提到「足利義昭陰謀論說」，支持者聲稱其兩個論點皆有史料作為佐證，而不是異想天開。因此，必須對他們所引用的史料進行分析，由於部分內容涉及字眼問題，為方便讀者理解並一同思考，以下將載示日文原文，提供中文翻譯。

（一）神機妙算的盲點

第一個立論，即「事變前，光秀與義昭早有聯絡，並對本能寺之變的發生十分瞭解」。其根據來自三份史料，即《惟任退治記》、《六月十二日明智光秀之書狀》（《森文書》所收），以及《天正十年六月十三日足利義昭御內書》（《本法寺文書》所收）。

首先在《惟任退治記》中有一句：

> 惟任（光秀）奉公儀，率眾二萬餘騎，不下備中，卻密謀作反。其謀叛之心，非一日之念，應為長期以來已經有叛意。

「公儀」一詞乃指朝廷、幕府、貴族、權力者或其意思的代名詞。從字面上，「公儀」的本體乃指「信長」或「信長的意思」；但「足利義昭陰謀論說」支持者指出，《惟任退治記》中關於信長的稱呼大都為「將軍」，從沒有稱他或他的意思為「公儀」。

因此，「足利義昭陰謀論說」支持者以這個不協調的現象，並結合在當時一般仍稱將軍義昭及其意思為「公儀」、「上意」來考慮，認為文中所指的「公儀」並非指信長，而是指義昭。換言之，光秀所奉的「公儀」，是義昭的意思：到本能寺突襲信長。

這個說法看似十分新穎，但問題及謬誤也同樣存在。首先，若文中「公儀」真的是指義昭，字面就變得十分曖昧了。其實，《惟任退治記》的撰寫目的，恰恰是在批判光秀不忠犯上之餘，歌頌秀吉的忠義睿智。站在這個立場，根本不須含糊地使用「公儀」一詞來指稱義昭。

況且，要是如支持者所說的，那便意味著秀吉的陣營一早便認為義昭投身參與本能寺之變，就應該早早找義昭算帳，而不會讓他安享晚年，這不更符合《惟任退治記》的寫作目的嗎？

再者，「公儀」在當時除了指義昭之外，在天正年間至信長死前，也指信長或信長的意志，這個在不少有關信長的文書及《信長公記》中皆有例證。因此，把以上所引部分中的「公儀」視為「信長的命令」應最為恰當。

至於《森文書》所收明智光秀之書狀，以及《本法寺文書》收入的足利義昭御內書又是如何呢？現在先把光秀的書狀原文開頭部分列出：

尚以急度(支持此說者解讀為「受眾」)御入洛義(儀),御馳走肝要候,委細為上意可被仰出候條,不能巨細候。如仰未申通候處二,上意馳走被申付而示給,快然候。然而御入洛事,即御請申上候,被得其意候,御馳走肝要候。

上引的原文大意為明智光秀歡迎足利義昭上洛一事,並指出因與土橋平尉事前未有聯絡(如仰未申通候處二),所以希望平尉請義昭做出指示,光秀本人將從速回應。這封文書原文沒有寫明年分,和歌山縣海南市史編纂委員會認為,這封書信是在明智光秀於本能寺之變後占領近江、美濃的時候,即天正十年六月十二日寫給雜賀眾的土橋平尉。

可能各位讀者對土橋平尉這個人物不太熟悉,在這裡說明一下。土橋氏乃紀伊國雜賀五鄉的土豪之一,即雜賀眾的代表成員。元龜年間,本願寺與信長對抗,土橋氏與鈴木氏協助本願寺對抗信長,同時也援助足利義昭。但在天正八年(一五八〇),信長與本願寺顯如和解後,雜賀眾便出現分裂,雜賀孫市等倒向信長,而土橋氏堅持繼續反抗信長。

天正十年(一五八二)一月二十七日,雜賀孫市派與土橋氏因為領地爭執而發生內戰，最終土橋若太夫（平尉之父）被殺，事後信長藉機介入事件，判孫市派一方得勝，並派織田信張進入雜賀控制局面（《宇野主水日記》），此舉無疑是信長為了排除反信長勢力。反信長的土橋派死守不果，被迫逃亡到土佐，土橋平尉便是其中一員。

後來，本能寺之變發生，毛利方所收到的消息來自「紀州雜賀」的人（《吉川家文書》），這恐怕便是土橋一族或其同黨。六月三日，事變的消息傳到雜賀，孫市派立即率眾逃到岸和田城。六月四日，反孫市派的雜賀眾便起兵攻擊，發起攻擊的便是與土橋氏立場一致的土豪。

土橋平尉則在知道事變後才返回雜賀，回到雜賀後至六月十二日前的數日間，平尉便為義昭向光秀提出上洛協助的請求，所以，這封光秀的書信實際上便是給予平尉的回覆信。

最後，再來看看《本法寺文書》所收的足利義昭御內書。那是一封足利義昭寫給毛利家重臣小早川隆景的家臣乃美（浦）宗勝的御內書：

> 我已將信長消滅，請火速為上京做好準備，並將這件事轉達給輝元、隆景……

內容大致是說，義昭宣稱自己已殺害了信長，並且要求輝元及隆景應照原本的計畫，早早上洛，幫他復位，事成後則可得封賞。

針對上面兩封書信，「足利義昭陰謀論說」支持者認為，從光秀寫予土橋平尉的回信來看，兩人早有書信來往，並且以土橋平尉為義昭轉述上洛要求的內容來看，背後實際是由義昭主導的交涉，從而推論出義昭透過平尉向光秀下達指令。

至於義昭所寫的書信，「足利義昭陰謀論說」支持者將此解讀為，義昭認為自己是策劃謀殺信長的主謀，並坦然對毛利家宣稱自己已經透過某些方法（控制光秀）打倒了信長，並且主使光秀行事。

換言之，「足利義昭陰謀論說」支持者的主張是，以上兩封書信已經強烈暗示著光秀與義昭事前對本能寺之變發生後的安排，並且推論出這是由義昭指示光秀進行的政變，以顛覆織田政權，甚至認為義昭預先糾合所有能幫上忙的反織田勢力，待自己進京歸位後，使幕府重新運作。

然而，其中也還是有奇怪的地方。首先，當時身處鞆之浦的義昭，要是想與光秀聯繫，大可利用毛利家代為處理。上面所引的光秀書信中提到「事前未有聯絡（如仰未申通候處二）」，這就表示了光秀在收到土橋的書信前，並沒有跟土橋及足利義昭有所聯絡，而這一點卻正好反映了兩個事實。

第一個事實是毛利家與足利義昭都沒有從光秀那裡提前得知本能寺之變的計畫。根據小早川隆景於六月十五日所寫的書信，毛利家到六月十五日為止，仍然沒有掌握事變的真實狀況，因為信中指出光秀是與筒井順慶、福富平左衛門及美濃三人眾（安藤守就、稲葉一鐵及氏家直通）聯手謀反，把信長殺害的（《三原淺野家文書》）。

而事實上，以上提及的數人中，筒井處於中立，福富在二條城戰死，只有安藤守就支持光秀，但很快便被稲葉一鐵所殺。由此可見，毛利氏掌握京都方面的情報仍是滯後及不足的。怎麼看，毛利家也沒有從義昭處得到什麼最快、確實的情報。

毛利家留下來的史料中，也沒有看到義昭在事前、事後為毛利家帶來任何有關信長死訊的消息，或者要求毛利家支援光秀。如果義昭真的與光秀及毛利家事前有聯絡，那麼毛利家理應不接受秀吉的和談提議，但最終毛利家卻選擇了停戰，這便等同於背叛了義昭，也更難使我們確定義昭主導了這次事變，或者跟光秀有聯繫。

反之，毛利家與羽柴秀吉的和解，大略已經表示了毛利家並未得知本能寺之變的真相，這個決定對足利義昭來說，當然是晴天霹靂。所以在六月十三日，義昭再三要求毛利家做出行動的書信，也如實反映了足利義昭的心情。就在這個進退兩難的局面下，義昭才決定透過土橋平尉聯絡光秀。順帶一提，毛利家在確認事變真相後，也不願意幫助義昭重返京都。

說回來，義昭對光秀的信任度有多少也是個疑問。原本協助信長牽制義昭權力的，光秀是其中一分子，其後離開幕府，參與對義昭戰事的，亦正是光秀。所以對滿腦子都是打倒信長、再興幕府之念的義昭來說，除非是到了走投無路、萬不得已之際，才會選擇光秀吧！

第二個事實是明智光秀迫不得已才選擇聯合義昭。如上面所說，在毛利家不願意支援義昭的情況下，義昭才找光秀的，那光秀方面又怎麼樣呢？自發動事變起，光秀聯繫各方的書信中，從沒有提及義昭的事情，就算是在事變後，面對細川藤孝、忠興父子和筒井順慶的意外中立，光秀極度希望再度勸誘他們時，也沒有拿義昭來增加自己的正當性。

光秀給予細川父子的書信中，只強調「信長連連令我盡失顏面，而且經常肆意妄為，如今已經誅殺父子二人，以消心中積鬱」，在當時要盡快穩住近畿控制權的光秀，理應快速把所有有利條件拿出來作為拉攏對方的籌碼，如果義昭真的與光秀聯手，他應該理直氣壯地打出義昭這張牌來樹立大義名分，但光秀沒有這樣做。

那麼，那封回應土橋平尉的書信又該如何解釋呢？由於土橋平尉寫予光秀的書信沒有留存，所以我們未能確認土橋平尉發出書信的日期，而在本能寺之變前，也沒有史料可以確定土橋平尉的所在地。

不過，光秀發出書信的時間是六月十二日，也就是山崎合戰的前一天。這時的光秀已經處於孤勢及戰局不利之中，雖然光秀在書信上強調一切事情順利，但這卻是報喜不報憂的外交辭令，那時的光秀其實很希望有援軍能夠牽制秀吉，毛利家自然是最好的援助對象，所以是光秀看準了義昭的存在，並藉這封書信，使義昭帶同毛利軍從後趕來才對。

總的來說，從以上的考證及推論，義昭也好，光秀也罷，從一開始便沒有與對方聯絡、合作的跡象及意向，反而是雙方在最後，因為利害一致才勉強聯手，試圖扭轉局面。兩方一開始的「神機妙算」，似乎只是來自後人的推測及牽強附會而已。

（二）不可能的合作

那麼，「足利義昭陰謀論說」支持者的第二個立論，即「事變前，光秀已經試圖拉攏各反織田大名援助」又是怎麼一回事呢？支持此論者引用了事變時抵抗織田家的上杉家的史料作為證據。該史料乃是一封書信，由上杉景勝的家臣河隅忠清寫給正身處信濃的同僚直江兼續。

書信的解題中就寫道「於同年（天正十年）六月，向出陣信州的直江兼續呈送的書信，內容為河隅忠清報告明智光秀遺信至越中，問兼續之意」（《覺上公御書集》）。當時兼續正跟隨景勝在信州防備森長可及瀧川一益的入侵，而河隅忠清則留在春日山守城。同信原文（《覺上公御書集》所收版本）如下：

先日者，御書所下候，奉頂戴候。

仍其表彌諸口被思食御儘之由，目出至極奉存候。

然而一昨日，御越河之由申來候。何方迄被御出馬候哉。

昨今者一向御左右無御座候間，無御心元奉存候。隨而上口樣子，委不承候。

一昨日，從須田相模守（滿親）方召仕之者罷越，才覺申分者，自明智所魚津迄使者指越，御當方無二御馳走可申上由，申來候與承候。

實儀候者，定自須田方直に使を上可被申候。

將又，推參至極申事御座候得共，其元儀，大方御仕置被仰付候ハバ，早速被納御馬，能（登）越（中）兩州御仕置被成之，御尤之由奉存候。

此旨宜預御披露候。恐惶謹言。

這封書信並沒有原版留存，只有抄寫本分別收錄在上杉家的《覺上公御書集》及

《歷代古案》中，後世所寫的《上杉景勝卿記》及《從三位權中納言上杉景勝卿記》都有引用這封書信；但由於這書信是抄寫本，沒有原物，故該書信日期及收信人在各史書中的記載都有所不同。

《覺上公御書集》記明書信日期為六月三日，收信人為直江兼續；而《歷代古案》則既沒有日期，也沒有收信人名字。至於《上杉景勝卿記》及《從三位權中納言上杉景勝卿記》，兩者都沒有收信人，但前者則把日期定為六月四日，後者則是五月四日。總而言之，這書信的問題是不少的，很難單憑某一說法就定下結論。

可是，「足利義昭陰謀論說」支持者卻選擇性地依據《覺上公御書集》的記載，認定此書乃六月三日寫成，並認為文中（標示部分）的「一昨日（前日）」便是六月一日，即本能寺之變發生前一日；從而推論明智光秀在本能寺之變前，大約五月二十七日或二十八日左右已經一早接觸過上杉氏，並混入魚津城通報自己將發動本能寺之變。他們又稱書信中提到，要求上杉家向義昭提供援助，即間接表示光秀乃以義昭之名義向上杉家發書信。有關其真偽，現在就進行檢討。

首先，這個解釋有三點值得再考慮。

第一，「一昨日」是否是六月一日，取決於書信日期（六月三日）是否可信。就算是六月一日，也存在極大的矛盾——當日，魚津城還處於被柴田勝家、佐佐成政、前田利家及不破光治等為首的織田北陸軍的包圍當中（六月三日陷落）。

須田滿親在當日應在越中的天神山城（《上杉家御年譜》），至於上杉景勝，當時則在信濃，六月八日，織田北陸軍收到本能寺之變的消息後才火速撤軍，離開魚津。須田滿親則在六月十一至十三日左右接收魚津城（《上杉家御年譜》）。因此，六月一日當日，須田滿親絕不可能在魚津城。而在當日，陌生人（光秀使者）又豈有可能進入正被織田軍攻擊的魚津城？

第二，便是光秀決定謀反的時間，最早也不會早於五月二十七日，因為信長命令光秀出兵援助秀吉一事仍未發表，即謀反的契機仍然未出現。故此，光秀在數日間又如何能早過此書信，令自己讓上杉家上下有所認識？這是不可能的。

第三，以上的考慮都是基於此書信寫於六月三日的假設而已。依據第一點的考證，此書信在六月十三日前後送達須田滿親手上才叫合理吧？換句話說，當時光秀占領近畿地區的行動並不順利，為了避免遭到同僚的反擊，故採取藉敵人之手來牽制他們的策略。

其實，一封寫於六月九日，由上杉景勝寫給會津蘆名氏的外交僧・遊足庵淳相的書信（《平木屋文書》）足以證明，上杉家跟毛利家一樣，直至事變後一周，都仍未掌握事變的真相。書信內容如下：

因秀吉於播磨、攝津一帶率兵包圍毛利方的城池，故毛利家派軍隊從後出擊，秀吉被俘虜。信長為了救援秀吉而出兵，但在此之前秀吉已經被毛利家所殺。於是信長便回師，就在途中，其姪七兵衛信澄突然叛變，信長因而被迫自殺。這個情報乃從加賀近越中方面報進的。

如依照「足利義昭陰謀論說」支持者的說法，早早收到光秀通報的上杉家理應一早行動，不可能到了九日還向遊足庵寫出這樣與事實完全相反的內容。或許有人會認為是為了情報操作，將此用在親織田的會津蘆名氏，但對上杉氏來說，這樣做好處不多，如真的要做到消息控制或封鎖，對象應為北陸的織田軍才對吧。

因此，這封文書便更清楚地證明了，上杉家不可能在六月三日收到明智光秀的書信。事實是，上杉家一直到六月十三日才大概掌握了事變的基本事實。基於以上的分析，加上河隅忠清那封書信的日子成疑，筆者認為那封書信很可能是事變發生後，光秀才寫給上杉方的，而上杉家到那時候為止都應該對明智光秀沒什麼認識。

★★★

「足利義昭陰謀論說」在史學界曾引起極大的討論，但近年在其他史學家的分析下，被證明存在不少謬誤及矛盾，以上的分析也清楚表明了這個事實，且可以說，「足利義昭陰謀論說」是極有意思、但不可能成立的一個想法而已。

就以上的詳細考證，足利義昭的確對信長恨之入骨，單憑動機來說，他是非常「樂意」殺害織田信長的人物，問題是他與明智光秀兩方的互信度也十分之低，因為光秀曾經背棄過義昭。義昭與光秀如何修復以往的隔閡，並且回到合作關係上，這一點是「義昭陰謀論」支持者從沒有解釋清楚的，也是這個說法的第一個漏洞。另外，「義昭陰謀論」支持者評價足利義昭移到鞆之浦的鞆幕府以及其號召力不低，就這個說法，筆者是認同的，只是這並不代表鞆幕府就能直接干預、操縱明智光秀的行動。更大的問題是，縱然「義昭陰謀論」支持者一再強調明智光秀與義昭事前有聯繫，但卻沒有解釋，以及證明兩人之間在事前已經有過接觸跡象。

總而言之，「足利義昭陰謀論說」與「朝廷陰謀論說」一樣，是基於史學家先入為主的想法而形成的。就此說的史料運用而言，其論據不得不說是過於輕率。因此，筆者大膽認為，除非有新的史料把以上的質疑加以否定或解答，否則此陰謀論說的可信度比朝廷陰謀論說更低。

其他陰謀論說——陰謀之交錯

上面兩節已經詳細地分析並檢討「朝廷陰謀論說」及「足利義昭陰謀論說」的問題，但其實除了以上兩說之外，還有許多各家提出的陰謀論說。一如前文曾提及般，當中的眾多說法都沒有證據，多是流於揣測。可是，其中的某些說法卻曾引起坊間極大的迴響及震撼，故在此節簡單地檢討這幾個說法。

一、耶穌會陰謀論說——上帝之神罰？

極受戰國史愛好者矚目的說法之一，當數「耶穌會陰謀論說」。這個說法乃獨自研究戰國史、對織豐時代中央權力素有研究的已故學者立花京子女士提出，此說法有以下四個主張：

1 耶穌會間接向信長導入「天下布武」的思想。
2 耶穌會向信長提供軍資金及技術支援，助其取得天下。
3 耶穌會因為信長改變原定（耶穌會打造的）路線，於是與正親町天皇協商，並透過津田宗及派明智光秀殺害信長。
4 因為光秀背上弒君的大罪，難以協助耶穌會完成大計，故改派秀吉殺害光秀，再扶助秀吉為天下人。

這四個主張提出之時便引起了廣大迴響，並讓不少愛好者開始重視耶穌會當時在日本的影響力。可是，筆者認定這四個主張有不少謬誤之處，實在難以認同。

就第一點，關於耶穌會向信長導入「天下布武」的思想經過，立花氏說是歸功於吉田兼右、清原枝賢這兩位貴族，以及細川藤孝這些「潛在的基督徒」的幫助。另外，她又指出信長的「天下布武」印章乃橢圓形，與西方國家所用的印章形狀相似，故推定信長乃受到西方文化影響，而當時能傳播西方文化的便只有耶穌會。

與其稱這是證據，倒不如說是推理更貼切。一如其他反對這說法的意見所指，當時印章的使用，很大程度上是源於中國，宋代的高僧就已廣泛使用橢圓形印章了。那麼，由中國的寺僧傳到日本的禪僧，再於日本廣泛傳播，不是更有可能嗎？之後，信長的印章改成了馬蹄形，那麼這便說明信長已經離開耶穌會了嗎？

另外，有關吉田兼右、清原枝賢及細川藤孝等人為「潛在的基督徒」一說，也是缺乏說明及證據的。三人是何時，又是怎樣成為基督徒的，立花氏不單沒有充分的史料作證，甚至忘了清原枝賢本人曾經請求幕府及天皇將傳教士趕出京都。又例如吉田兼右，以他的出身是吉田神社的社司又是神道家來考慮的話，只以他及細川都與耶穌會有一些交流或者沒有敵意，便認為他們就是「潛在的基督徒」，那實在是過分跳躍的推論了。更何況三人是怎樣向信長導入「天下布武」的過程，立花氏的解說也是乏善可陳。當時以上數位人物的相關史料（如《兼右卿記》）中，也從沒有提及他們與耶穌會、基督教有密切聯繫。因此，所謂的「潛在的基督徒」是很難說得過去的。

第二點，即立花氏所謂耶穌會向信長提供軍資金及技術支援又是什麼情況呢？首先，所謂的「技術支援」，當然是指武器（如鐵炮和大炮）。立花氏指出耶穌會在豐後國戰國大名大友宗麟的協助下，在豐後國的府內建造鐵炮製造工廠，並在後來向信長獻上大炮一事，就此便認定「信長間接接受了耶穌會的軍事援助」。

另外，立花氏又認為耶穌會在豐藝戰爭（大友氏對毛利氏）中，幫助宗麟控制了硝石（製造鐵炮的原料）的進口，是「協助宗麟軍事行動的證據」。而在《信長公記》中，信長在大坂合戰中使用的「大鐵炮」，立花氏又認為極有可能便是耶穌會提供的大炮。就算是傳說中的信長軍在瀨戶內海戰中登場的鐵甲船，立花氏也認為，那是在耶穌會西方技術支持下製成的新武器。

從這三例，立花氏便推定耶穌會向友好的戰國大名提供軍事援助，信長的「天下布武」也是其中一例。不過，提供大炮事實上並沒有任何史料證明，立花氏牽強地以「因為這是祕密中的祕密的關係」為由，故才沒有公開一說來解釋。

以上的數個要點，相信各位讀者看到後，也會覺得當中存在很多矛盾並缺乏證據。首先，豐後府內的所謂鐵炮製造工廠，其實在當地的古地圖及所有大友氏的史料中都沒有確證，同時亦沒有任何史料記載宗麟在傳教士的介入下，召集技工製造鐵炮。

還有，單憑大友宗麟僅一次的上貢，便斷定信長接受耶穌會的軍事援助，這也顯得太過武斷了。至於豐藝戰爭及對戰本願寺的「援助」更是莫名其妙。前者的硝石進出口控制，最後並未幫助宗麟打敗毛利元就，反而毛利氏最後在控制博多港及門司港後，將硝石的供應拿到手，這又如何說耶穌會協助大友家的軍事行動，更遑論這種協助是有力的幫忙了。

至於對戰本願寺方面，《信長公記》所記的「大鐵炮」並沒有說明是來自歐洲，而且當時大口徑的鐵炮，通常稱「大鐵炮」。而真正的大炮，當時多稱為「石火矢」或「大筒」，所以「大鐵炮」不太可能等於大炮。至於鐵甲船，亦存在一個很簡單的反問，在當時還沒有鐵甲船出產的歐洲，何以把這個技術先傳到日本？在史料上只在一份《多聞院日記》可見，除此之外沒有其他更清楚的記載，更遑論是與耶穌會有關的了。

事實上，在鐵炮技術方面，西歐並非唯一的技術來源，熟知戰國史的愛好者，大多知道紀伊的雜賀眾及根來眾都是熟諳鐵炮的傭兵集團，更是堅定的佛教徒。如依據立花氏所說，所有先進的技術都是來自耶穌會的導入，那麼這幫基督教視之為大敵的集團，又怎樣得到這些「專門獨有」的技術？

況且，關於火繩槍傳入日本一事，一直都稱是天文十二年（一五四三）偶然來到日本的葡萄牙商人傳來的，但是，火繩槍的傳入並非只有一個管道。考慮到當時西日本的倭寇貿易之盛，以及在《北條五代記》等二手史料中都可以看到鐵炮的記載早於天文十三年，縱使這些記事都不一定可靠，但這可假定早在天文十二年以前，極有可能已經存在鐵炮，或許來自中國，或從倭寇貿易中得來西歐的鐵炮也並不出奇。這也可說明為什麼以當時的情報流通能力，鐵炮能在天文十二年後僅五年內便在全日本不少地方流傳及製造。這恐怕只有一個解釋，便是鐵炮的傳播是有數個傳播點及時間點的。

至於第三、四點，立花氏揚言信長「不單只透過耶穌會的支援去挑戰全國統一的大業，同時也是由耶穌會扶植出來的武將」，又引用傳教士范禮安（Alessandro Valignano）的《日本巡察記》中「終於我們的主把信長扶持起來了」一說來作為根據，說明信長在耶穌會的關係下，才會敢於攻擊比叡山、本願寺這些與基督教敵對的宗教勢力。

可是，本書早在第一部分便引用考古發掘的結果，結合信長接受本願寺降服以及其他諸事件來看，信長並沒有存心消滅比叡山的跡象，也不是絕對全面地與佛教為敵，所謂的「扶持」也不過是因為信長優待傳教士，傳教士因而對信長用上了誇張的讚美而已，信長受耶穌會支持之說便更加不合理了。

至於本能寺之變是否與耶穌會有關，佛洛伊斯在《日本史》中提到本能寺之變時，寫下這樣一句「耶穌決定了信長死亡的日子」。於是，以立花氏為首的史學家、小說家便引這句來認定耶穌會是信長被殺的幕後黑手。當然，這也是十分牽強無理的。

首先，耶穌會傳教士的筆記資料向來都會根據他人對基督教的好感高低，做出不公允不客觀的評價及說法。那時的信長因為所謂的「自我神格化」事件，與教會的關係疏遠了，便有立花氏等史學家認為，因為信長背離了耶穌會的總路線、大原則，因而決定親手除去信長這個「叛徒」。但問題是耶穌會又如何跟光秀扯上關係，更能夠命令他去殺害信長呢？事實上，據前文已經知道，傳教士得知光秀叛變後，都痛罵光秀為「惡魔」，本書多次引用的《佛洛伊斯日本史》中便提到：

> 明智光秀是惡魔與他的偶像們的重要盟友，他對我們不但十分冷淡，而且抱有敵意，而我們都知道他對主耶穌是毫無愛護之心的……

這樣的光秀又怎麼會跟耶穌會扯上關係呢？立花氏便解釋，耶穌會是得到了朝廷及天皇的同意，在利害一致的情況下命令光秀殺害信長。這個說法更是無稽之談。前部已經提到，朝廷及貴族一向採取敵視耶穌會的立場，又何以會因為想殺害信長，而與這個更大的宿敵合作？這點也是說不成理的。

再者，光秀成功後，耶穌會又怎樣，以及為何選中秀吉？秀吉又何以願意任憑擺布？這幾個基本的質問都是立花氏沒有說明清楚的。立花氏只提及「傳教士最終決定由光秀負上弒君的罪名，而選出秀吉以大義名分（為主君報仇）除去光秀後，將可順利地完成統一的大業」、「光秀明顯被欺騙了」。這樣說來，感覺立花氏認為傳教士及其所屬的耶穌會，擁有為所欲為、呼風喚雨的巨大力量，即使是信長、秀吉、光秀這些出色的將領，都是他們的傀儡人偶而已。如果為真，這些力量的背後理應有龐大的收入，才能支持耶穌會進行這些活動及提供交涉的經費，而單憑宗教力量是不可能的。

但問題是當時耶穌會的財力其實非常不足。前述的傳教士范禮安在另一部訪日記錄《日本要錄》中便提及，在日本的教會「因為日本戰爭及政權更替頻繁的影響下，在日本的傳教士所得的資金非常少，不足二萬克魯扎多[3]……他們的生命及財產權都受到極大威脅……（教廷）不補貼的話，日本的耶穌會及基督教都會滅亡了」，可見當時耶穌會的經費並沒有想像中那麼高。而根據慶長四年范禮安的報告書，一個克魯扎多大約等於一石（五味井隆史，《德川初期基督教史研究》），根據基督教史學家的研究，耶穌會的經費從元龜二年（一五七一）的二千克魯扎多（大約二千石），到了天正十年本能寺之變前，增至十倍的二萬克魯扎多，這明顯是因為信長對基督教持寬容的政策，使其能在織田家控制的領土內傳教，間接使得經費增加，但事變後，耶穌會的經費下降一半至一萬克魯扎多，到了天正十五年（一五八七）才回升至一萬五千克魯扎多。

從以上的資料便可清晰得出，當時耶穌會的財力根本不足以支持信長進行「天下布武」。在信長眼裡，那區區一萬石左右的經費還不及他領國歲入的百分之一，反而因為信長的天下布武及優遇政策，耶穌會的經費及開支才得以增加。信長死於非命後，耶穌會經費便立即暴降百分之五十，這樣更可直接否定所謂耶穌會有巨大財力去主宰戰國日本的政局之說。換句話說，耶穌會其實也是事變之下的受害者。

以上簡單檢討了所謂的「耶穌會陰謀論說」，筆者認為整個理論都建立於提出者自己的想像，再找來個別史料去牽強附會。信長與耶穌會之間，事實上並不存在從屬或受

3 Cruzado，當時的葡萄牙貨幣。

命的關係，信長的「天下布武」也不可能來自西歐的思想，這些漏洞都是立花女士解釋不了的，整個論說系統都來自一層又一層的推理及想像，比起前兩節兩個陰謀論說的說服力，倍感無力。至於有關耶穌會的實力問題，以上也直接或間接地進行質疑及批判，指出耶穌會絕不可能是所有技術的提供者，而且也不可能擁有龐大的財力去左右日本的政治局勢，這些都只可能存在於立花女士不合理的推論中。

二、秀吉陰謀論說──智慧猿奪取天下之陰謀？

一般說到本能寺之變，便必然提及甚至懷疑羽柴（豐臣）秀吉才是整個事件的幕後黑手，原因是秀吉在事後乃第一個奇蹟式趕回近畿，並於山崎打敗明智光秀的英雄，是整場事件最終、最大得益者。人們的神經永遠都是敏感的，這樣的「奇蹟」、「得益」，自然也會引起後人的猜疑。

人們多數會提出這樣的質問：為什麼只有秀吉能夠及時趕回來？這個問題恐怕也是「秀吉陰謀論說」的構成基礎之一。另外也有人認為是毛利輝元、秀吉、光秀三人合謀，當然也因為秀吉順利地與毛利講和，後來又打敗明智、柴田、瀧川及織田信孝後便自立為王，冷落織田家，人們便認為這是秀吉一早的陰謀，也就是透過光秀殺害信長，以便自己稱王的極端方法。

的確，秀吉是本能寺之變的最大受益者，能夠令他得以成為為君上報仇的大英雄的，便是因為「中國大撤退」這個神速的軍事行動。這部分已經在前部中加以交代，從備中高松至攝津尼崎，大約一百八十五公里的路程，秀吉軍只用了五日餘便完成，以現代的角度來看當然不能算快，甚至可以用「龜速」來形容。可是，一般人總認為古代比現代落後，在沒有汽車、火車等代步運輸工具的戰國時代，秀吉單以人力及馬匹完成這樣不可能的行動，於是引起小說家等坊間人們的懷疑。加上秀吉與毛利家的講和工作進展得異常順利，更使人懷疑秀吉事前已經計算好事變的發生，並按時間所需去進行講和，以得到「不在場證據」。不過，「神速行軍」一事已經交代了，至於停戰議和方面，只要小心查考，便知道以上的揣測是不恰當的。

首先，有關與毛利家議和一事，經過鳥取城及高松城的慘敗後，毛利家在中國的勢力已經轉向劣勢，另外也要應付南條、宇喜多及羽柴三家的夾攻，與此同時，秀吉又在天正十年邀請織田信長親征毛利氏，以便一舉討滅或降服毛利氏。因此，對於毛利氏來說，要是等信長來到才議和，恐為時已晚。故此，便早早在高松城之戰時，向秀吉提出和解。而在這個討論條款細節的時候，不知道本能寺之變發生的毛利一族，聽到秀吉願意讓步和解，根本是求之不得的事。即使是秀吉撤兵回畿內的期間，毛利家得知本能寺之變的消息後也沒有追擊，這並不是毛利家與秀吉有默契，而是秀吉亦準備了防範計策，例如把南條、宇喜多及親織田的國人眾留下來，防範毛利家的反擊，同時也對村上水軍及乃美宗勝進行調略（《萩藩閥閱錄》）。除了這一連串的措施，毛利家也基於不知道上方的情況，故不能貿然追擊。因此，並不是兩方存在默契，而是秀吉在撤退時已經做好一切的準備防範毛利家反擊而已。

這樣看來，不管是大撤退，還是與毛利軍議和停戰，要是秀吉真的事前有準備，那應該一早考慮撤軍的問題，或許應早在事變前便有準備的跡象，例如早早接受毛利軍的要求，不須強硬要求清水宗治切腹，但以上一系列的史料已經證明了，秀吉在事前並沒有充足準備。只有秀吉等親隊趕得回去，有謀略又有何用？

三、家康陰謀論說——神君報復之詭計？

至於家康陰謀論說，一般的說法都指是家康與光秀及其家臣齋藤利三合謀殺害信長，並在事後，待家康從堺回到三河後，再舉兵呼應光秀，又或者說家康指示服部正成（半藏）暗殺信長。這個說法與秀吉陰謀論說大抵是異曲同工，但與秀吉方面不同的是，秀吉陰謀論說的動機只能歸於野心說，但家康陰謀論說除了野心之外，也有怨恨的成分。

所謂的怨恨有二，一個是家康在同年二月的武田討滅戰中，只得到駿河一國，因封賞不公而不滿，又怕信長會在武田家滅亡後，把德川家視為棄卒。另外一個則是在天正七年（一五七九），信長迫令家康殺死自己的愛子信康及正室築山殿，懷恨在心的家康，在天正十年上京時便與同樣對信長不滿的光秀商議計畫。

最近，這個說法也得到了聲稱是明智光秀子孫的明智憲三郎的支持及引申，他還補充指出，家康會與光秀聯手是因為光秀告知自己，信長有在武田家滅亡後順手剷除德川家的計畫，於是為了保身，便決定先下手為強。

然而，這些類似的怨恨說法事實上存在著一連串的漏洞。就像第一點，家康在討伐武田家一役中，的確只是從駿河口進攻有功，其他的甲斐及信濃，確實是由織田軍攻下來的，若家康要求得到甲斐才是不合理的要求。

而且德川家能夠長年抵抗武田信玄、勝賴兩代的侵攻，織田信長的助力不少，絕非家康一人之功。另一方面，對於織田家來說，東面的北條及奧羽地區仍未成為織田家的領地，在那方面，信長期待由重臣瀧川一益及家康負責，尤其北條家方面的對應更需要家康來支援。因此，信長沒有可能，也沒有必要在滅亡武田後便順便滅亡德川家，而且亦沒有任何跡象。故此，這個說法也只能說是提出陰謀說的人的想像而已。

至於傳說中的信康事件，這在江戶時代為了強調家康的無垢，一直都視之為信長的陰謀，家康只是被迫的。但問題是在德川幕府的控制下，這個說法顯然存在政治操作，不能斷然相信，而且在近年的新研究中便已經確實否定了這個說法。

根據《安土日記》這份史料中提到，「三州岡崎三郎殿（信康）意想不到的行為亂暴」，以及《松平記》中提及的「讓其（信康）自殺之事，在天正七年八月朔日向信長報告了。若信長也因此而震怒，則任由他的意思來決定了吧」，另外還有在《信光明寺文書》收錄的家康寫予信長寵臣堀秀政的書信中提及，「此次派酒井忠次向信長報告之事，已經得到信長懇切的回應，實不勝感謝，有關三郎不自重之事，已在去（八月）四日把他趕出岡崎城了」。

從這幾件德川方的史料，都可以看到處罰信康並實施執行的，是家康，信長一方充其量只是被知會並被尋求同意家康的處置而已。故此，撇開事情的因由及動機不說，信康事件引起信長及家康的不和一說，已經是不成立的，自然基於這個說法而立論的怨恨之說便也難以認同了。

再者，撇開以上的論功行賞之爭及信康事件，從客觀情況來看，也很難想像家康與本能寺之變有關聯。其中最大的關鍵證據，便是所謂的「穿越伊賀」的傳說。

眾所周知，家康在得知信長遇難後曾想過殉死，但被本多忠勝等人阻止，之後便計劃逃過光秀的視線回到三河，欲為信長報仇。明智憲三郎稱這不過是家康演的戲，目的是把同行的穴山梅雪害死，但問題是家康所到的地區及路線都不在家康的勢力範圍內，家康一行人又怎麼能肯定及事先安排沿途都能打點妥當？

先說家康一行不過二十人，這個數量要在大亂中全身而退已經很不容易，又怎麼可能在信長死去、近畿一片混亂的情況下，既要設計害死穴山梅雪，又要火速回到三河配合光秀？

根據史料的記載，當時家康在河內國遊覽，突然收到信長遇害的死訊，家康處於既驚慌又崩潰的狀態。更有甚者，家康一度想隻身找光秀報仇，之後再自殺跟隨信長。幾經本多忠勝等人的苦勸才決定先回到三河，再起哀兵報仇（《石川忠總留書》）。

家康在現代日本人心目中的形象並不好，相信各位讀者讀到以上情節，或許會半信半疑，覺得家康可能是在演戲。然而，回顧信長與家康二十年來的交情與經歷，以上史料記錄家康的反應理應有一定的可信度。事實上，家康在事後決定回到三河，經大和國進入伊賀，再經伊勢長太港乘船回到三河岡崎城時，已經是六月五日左右，亦即前後花了近兩日半時間。其間家康也是幾經辛苦才安全脫離險境，比如途經伊賀便遇到了土民的襲擊，這個情況在義昭落難逃到鞆之浦的途中也曾遭遇過，在當時實在不足為奇。根據史料，那時候多虧服部正成及茶屋四郎次郎的幫助，還有得到當地的武士多羅尾氏、和田氏出手解救相助，家康一行二十人才從土民的包圍中突破，事後家康寫信給大力救助自己的和田定政，說：

今後閣下一家的身家性命，我家康必定保護到底，而且會盡力提供協助。

如果家康真的跟光秀合謀，根本不需要寫這封感謝信，也根本不用選這條辛苦的歸途，或者光秀也應先為家康安排後路才對。況且，如果家康早知道光秀會在六月二日起兵，為什麼在離開安土後繼續往西面走，而不是設法提前趕回三河配合呢？事實上，兩者在此事件中根本沒有事前協調的跡象。更重要的是，家康是如何確信光秀必定能成功殺死信長，而光秀又怎樣確信與信長多年交好的家康不會起疑，不會將消息洩漏給信長？

再者，在家康一方的史料中也沒有看到他與光秀在以前有什麼交流的記錄。而光秀在事變後，努力招攬其他勢力倒向自己時，也沒有利用家康作為宣傳籌碼。難道說兩人是有計劃殺死信長，卻沒有配合的二線作戰或後備計畫，又或者他們只是一心殺了信長洩恨便夠了嗎？但是，家康這樣做的意義又是什麼？又有什麼利益保障？

以上這些反駁都是「家康陰謀論說」支持者沒法提供合理解釋的盲點，也是該說難以成立的死穴。

四、本願寺教如陰謀論說——佛法滅魔？

最後的「本願寺教如陰謀論說」也是近年一度引起討論的說法。本願寺在元龜爭亂對抗信長至天正八年（一五八〇）降服於信長，中間的歷程史稱「十年戰爭」。與信長有如此長時間的戰爭，說本願寺有殺信長的可能也一點都不出奇，所以產生此說是十分正常的。此說起初由淨土真宗教徒寺內大吉提出，他推測曾堅決對抗信長、被視為信長大敵的本願寺教如，很可能在天正八年大坂本願寺降服後仍然心有不甘，於是聯合光秀起事。

另外，研究本願寺的專家也發表類似的論點，認為教如以至本願寺內反信長的宗徒，乃殺害信長的幕後黑手，論說要點如下：

1 教如離開本願寺後潛伏在外，謀求再抗信長。

2 天皇為了保護教如不被織田家所殺，於是接受教如的提議，命光秀殺害信長。

3 秀次祕書駒井重勝的日記《駒井日記》中記載，顯如死後（文祿元年），秀吉改立其弟准如為本願寺門主，原因為「信長公御一族之大敵」，即是指發動本能寺之變一事。以及教如的屬下下間賴龍對善德坊御房說「（信長之死）為求之不得之事也」（《善德寺文書》）。

4 秀吉得以快速回到近畿，乃因教如事前提供情報，故秀吉到達姬路後便與教如交誼。

以上四大要點，事實上同樣含有先入為主及史料誤讀的成分。首先第一點，教如在各地密謀打倒信長一說是沒有大問題的。但這樣便強行將之與本能寺之變扯上關係，卻又過於牽強附會。即使教如一貫反信長的立場是千真萬確的，但也不一定就與事變有關，否則所有對抗信長的人也可以是真凶了。

有關第二點提及織田家攻擊教如一說，陰謀論者引用一份名為《大谷本願寺由緒通鑑》的史料作為引證，但問題是此史料一如其他反論所說，當中有關織田諸將動向的描述皆有出錯，實在難以引為有力的證據。

如果真有其事，更為可靠的本願寺方一手史料《宇野主水日記》，或者第三者的《多聞院日記》之類史料也應有提及才對。另外，同陰謀論者又引用明智光秀寫予土橋平尉的書信（請參考〈足利義昭陰謀論說〉一節），認為「上意」是指教如，而不是信長或義昭。但一如筆者分析過的，綜觀全文內容，「上意」只能視為「足利義昭」，教如一說是毫無根據的。至於教如請天皇命光秀殺害信長，同樣在本書〈朝廷陰謀論說〉一節中，已表明天皇根本不可能有殺信長的念頭，而且殺害了信長、助本願寺教如重掌權力，這對天皇及朝廷又有什麼好處？這也是無法說明的。

至於第三點也實在是難以認同的。首先，認為教如便是真凶，即所謂「信長公一族之大敵」根本不應是指本能寺之變，反而，這句話是指由石山合戰至本願寺降服後，教如依然保持反信長的姿態，這不是更正常及合理的解釋嗎？因此可見，「大敵」一詞與本能寺之變的關係，這大概又是一個牽強附會的想法罷了。

另外，下間賴龍的發言問題也是十分勉強的，包括本願寺在內的反信長人物，一聽到信長死去，自然歡天喜地，「求之不得」一詞也只不過是表達自己陣營的一貫立場及想法而已，實在難以將之扯到發動事變的問題之上。

至於有關秀吉以「不合乎常識」的速度回軍，認為必定是事前有人提供情報，這回軍問題已在前文提及，在此不贅述，而事實上事變發生之後，京都附近的奈良、紀伊、堺港都在事後一日內至一日後便知道消息，而距離京都一百九十公里外的三河國深溝也在六月三日便知道事變的發生。因此，當時情報的傳播並非不可能在數日內傳到位於高松城外的秀吉大本營。

前節已經提到，秀吉大約是六月三日夜間至六月四日淩晨時分得知事變的（《淺野家文書》、《惟任退治記》）。因此，秀吉並不似是在事前或事變後立即得知事變的消息，所以，對此產生懷疑的人只好在此做文章來強化自己的想法罷了。

★★★

大抵陰謀論說的立論基礎，都直指信長在推動「天下布武」的背後，挑起了諸多勢力的不滿，引來了諸多仇敵。當然，希望信長去死的人，不用筆者說，讀者大概都知道是多如星數。即使是與信長保持良好關係的朝廷、公家當中，亦有不少是面從腹背，敢怒而不敢言的。

可是，要是認為朝廷的貴族會為了個人仇恨而動輒殺害信長，到底也不過是過度的猜想。要是公家等集團都存在如此大的勇氣，那後來秀吉強奪關白之位，家康、秀吉強勢對付朝廷等事件發生時，大抵會被陰謀殺死的，亦應不只有信長而已。同樣，要是反信長的大名及足利義昭真的如此具有謀略，那麼，織田信長的「天下布武」應也不會如此順利地進展到事變前的樣子吧？由於這個強烈的質疑，本章數節說明及分析了六個主要的陰謀論說，大抵各說都存在數個能稱為漏洞的共通點。

第一，各個陰謀論的幕後黑手究竟如何？何時令光秀願意與其合作？以上六大陰謀論說都沒有清楚解釋，各說都只描述光秀乃基於利害一致的情況下合作，但除此之外，究竟有什麼方法能令光秀成為他們計畫下的棋子？這也是沒人能夠在陰謀論說中清楚解釋的。各個陰謀論說都只追究原因、動機，卻無法利用有力的證據去完整重現整個計畫的所有部分（從開始到發動，再到善後）。

第二，各陰謀論的幕後黑手如何令光秀不會變卦或告密？又或者光秀如何避免在實施計畫中有人突然倒戈、告密？這些問題都是陰謀論的支持者無法自圓其說，或找到史料證明的。在當時，大家都不能把「計畫」隨便說出來，但卻難保有人會中途改變主意或走漏風聲，以上所有的陰謀論說都只強調兩方（幕後黑手及光秀）一拍即合，下一步已經是完成事變的發動，這樣不能不說是十分簡略及過於簡單。或者說，陰謀論說的提出者大抵都只憧憬、幻想著光秀的行事動機，往動機的方向鑽，卻沒有考慮細節性的問題。

第三，陰謀論說從沒有交代光秀成功後與幕後黑手的工作對接。一般的陰謀論說都沒有提及事後的問題，如事成後光秀的地位有保證嗎？如何應對其他織田家的家臣？等等。但最基本的問題是，如何幫助光秀應付可能出現的困難？像是秀吉回到近畿、筒井順慶及細川父子意外中立，而光秀都是獨自作戰，所有的幕後黑手也沒有為光秀進行交涉或排難解紛。幕後黑手是否只為殺死信長便了，而把事成後的光秀視為棄卒？

第四，各陰謀論說沒有交代光秀是如何說服其家臣團的。即使光秀願意行事，也不代表他的家臣願意行事或任人擺布，所有的陰謀論說都只集中在明智光秀本人身上，卻忽視了其家臣團對於整起事件的重要性，或許只認為他們在光秀的命令下便會乖乖行事，這樣一廂情願的風險之高卻無人提及。

第五，是史料上的佐證不足。一如本書序言所說，到現在為止，都沒有與本能寺之變相關的直接史料，而以上的陰謀論說，有的是從側面推論，有的則是強調運用一手史料使已說具公信力。然而，綜觀以上各種陰謀論說，其實都無法提出具信服力的史料以作支持，反之，就以上各節的分析及批判，提出這些觀點的史學家或坊間人士，卻大多在曲解史料或先入為主的前提下開展自己的論說。故此，筆者認為以上幾個陰謀論說，都仍然停留在推測或假定的層面而已。

第八章　替天行道說——為救世之大義？

意識形態的對立？

本書已經就傳統的野心說、怨恨說及各大陰謀論說加以檢證，究竟新舊說法應如何取捨，對不少人來說是很頭痛的問題。前者的確說出事變的根柢理由，但又不充分；而後者雖有新意，但還在研究階段，未有定論，而且多有謬誤，難以全信。在新舊說法之間，就有史學家提出折衷的觀點，其中包含了靜岡大學榮譽教授小和田哲男提出的「信長非道阻止說」。

小和田氏認為，明智光秀發動本能寺之變仍為單獨行事，即不涉及他力的介入。至於論及謀反的動機，他則認為由於信長有過多次無道的行為，惹起了光秀不滿，才使光秀動了殺機。所謂的「無道」行為包含了如下五個事件：

1 迫使正親町天皇讓位，有篡奪皇位之嫌。

2 干預及試圖改定京曆。

3希望成為首個平氏將軍，身為源氏的光秀決意保護傳統。
4對太政大臣近衛前久出言辱罵。
5把正親町天皇封予「國師」名譽的名僧快川紹喜燒死。

雖然這五點看起來都與朝廷陰謀論說相似，甚至暗示朝廷的隱然影響，令光秀叛變。但小和田氏認為這五點都是「光秀眼中信長的無道行為」。換言之，光秀視信長的行為乃無法無天，失信於天下，甚至是侮蔑朝廷的大不敬行為，故此光秀的謀反其實只是在替天行道而已。現在先說明以上五點的大致內容，再進行檢討。

無道與無理

首先就第一點來說，小和田氏對於信長要求天皇讓位一說，表明是與朝廷陰謀論說的主張不同。換言之，小和田氏認同信長藉迫天皇讓位一事，以達成自己篡位成皇的野心，但否定是朝廷操縱光秀行事。只是認為當時人脈廣及公家貴族的光秀眼見信長步步壓迫，又察覺到信長有意篡權，於是決心制止。

至於第二點，一如朝廷陰謀論說有關改曆問題的說法，信長三番五次迫令朝廷更改京曆的事件，引起了勸修寺晴豐等公卿的不滿，並引用晴豐《日日記》中「提及十二月有閏之事，說本年應有閏月。此事實難以理喻，各人乃云信長無理也」一節的記事，認定當時公家的反彈十分大，因此小和田氏想定這在與公家親密、又富正義感的光秀眼中，「理應也是其中一個反映信長無道」的事件。

有關第三點，小和田氏認為「源平交替」的思想，即源氏政權與平氏政權輪流交替掌權的歷史觀，在戰國時代已經形成，從當時朝廷向信長提議「三職推任」，勸修寺晴豐也認為信長可任將軍一事來看，朝廷屬意信長任職將軍的可能性非常大。

根據這個推論，小和田氏又認為，當時已經自稱平氏的信長，在滅亡武田氏之後，保持對關東北條氏、奧羽的良好關係，這與傳統征夷大將軍保有關東、陸奧、出羽控制權的歷史傳統相呼應，所以信長在討伐毛利後，便會向朝廷要求成為平氏將軍。身為土岐源氏的光秀為了保護「源氏將軍」的正統，自然會視信長這個舉動為破壞傳統的邪惡行徑。

有關第四點，小和田氏引用了《甲陽軍鑑》的記事，內容是說信長討滅武田氏後，正準備到駿河，其間隨行的太政大臣近衛前久下馬對信長說「我也去一趟駿河吧」，在馬上的信長便回應道：「近衛，像你這樣的人就落馬走木曾路吧！」小和田氏認為這段記事中，身在馬上的信長竟直呼身為太政大臣的前久為「近衛」，又以「像你這樣的人」

來形容，故「可知信長亦非正直之人」。

至於第五點，天正十年（一五八二），信長派信忠等人討滅了武田氏，其間又進攻武田氏的宗廟惠林寺，把寺內僧人趕出來，並把全員一百五十餘人活活燒死。根據《信長公記》的相關記載，當中被燒死的一人叫「快川長老」，也就是出身自土岐源氏，並被正親町天皇封為大通智勝國師的快川紹喜。小和田氏認為光秀眼見同為一族，又身有國師之尊的快川被織田軍活活燒死，內心十分難過，又以此連同第四點的近衛前久事件，一同並為信長「無道」的事件。

以上小和田氏的「五大信長無道」指控，乃光秀決意替天行道的重要催化劑，但以上五點又是否合理？在此，便檢討一下小和田哲男教授提出的「替天行道說」。

首先，有關第一點的讓位問題，以及第二點的改曆問題，本書已經不厭其煩地多次表明，想讓位的是天皇及朝廷方面，小和田氏想定朝廷欲打倒「篡位野心至大」的信長，是觀點相違導致的結果。至於改曆問題，也明顯看不到信長有意藉此鄙蔑朝廷。況且，離開京都，各地都使用著各式各樣的地方曆，要是說鄙蔑朝廷的話，早不只信長一人了。朝廷的威權在戰國時代以前便下墜，這當然亦非由信長造成的。因此，在〈朝廷陰謀論說〉一節中，已就有關讓位、改曆問題清楚表明否定的想法，在此不再重複。

至於第三點，一言蔽之，平氏將軍的想法只為小和田氏的推想，當時的史料中，根本沒有一條提及信長希望獲任將軍職，以及朝廷方有意或暗示讓信長任將軍職一事。一如「三職推任」一節中提及，天正年間的輿論，大抵都認為信長會成為關白或太政大臣，將軍一說也只曾出現在勸修寺晴豐的個人見解上。而且在戰國時代，大名、國人亂認祖宗、更改姓氏的例子多不勝數，信長本身也從原本的藤原氏改稱平氏；後來出身不明的秀吉先自稱藤原氏，再創造出「豐臣氏」；家康也從藤原氏改稱新田源氏等例子，都反映了姓氏的枷鎖事實上並不是那麼強。再者，站在朝廷的角度，信長要是願意成為朝官，自然是再開心不過了，身為土岐源氏的光秀也不可能就因此便動殺機。否則，光秀大可早早離開信長，加入反信長勢力也是可以的。

最後的第四、五點，《甲陽軍鑑》的記事一來是武田家的軍記小說，不論在立場或者其本身的可信度都存疑。就算後退一步，假設真有此事，光秀又是否會為此而欲殺信長？近衛家的復興，以至近衛前久得到的榮寵，信長的功勞自不可少，目前無法看到近衛前久為「此事」而憤怒的跡象，同時，光秀會否為他人而背上殺主的大罪名？至於快川紹喜之死，站在當時的立場，縱使是同族，也是自己陣營的敵人，指稱燒殺國家高僧為無道一說，或許有其道理，但光秀在比叡山一戰中也主動出擊，後來為了修建城池，亦用了不少佛寺的墓石與石佛像當材料，單單攻滅惠林寺一事，光秀作為織田家武將，也沒有不服從的理由，又何以為此而萌生出殺信長的動機呢？

★★★

總結以上各點，小和田氏所稱的「無道」，本身能否算得上「無道」是個問題，而這些「無道」對光秀來說是否能接受，也是一個問題。再者，這又能否驅使光秀在天正十年（一五八二）六月二日殺害信長，疑問性更是極大。說到底，為了自己的未來而背離將軍及幕府，跟隨織田信長實現「天下布武」的明智光秀，自己又能否以「無道」為正當理由去打倒信長呢？小和田氏之說的信服力，筆者認為到底不高。

第九章　本能寺之變之我見

到此為止，本書前半部分已經詳細陳述了自明智光秀出現於戰國歷史的舞臺，到他謀反那一刻為止的大致事蹟；而後半部分則詳細地把一直以來有關事變發生的原因及諸多說法，加以分析及檢證。平心而論，就以上諸說法中，筆者最難以贊成陰謀論說，在前章也已經表明了陰謀論說的諸漏洞及盲點，相信已經是清楚自明。

想必到這裡，各位讀者都會問，「要是前文諸章節已經針對個別說法加以批判及反論，那究竟本能寺之變發生的真正原因是什麼？」筆者認為，本能寺之變是突然及偶發的事件，明智光秀發動事變，如果沒有任何利益，其目的將十分微妙及撲朔迷離。

因此，明智光秀的行動雖然突如其來，但並非是突發奇想，或者在神經失常的情況下發動的。從明智光秀發動事變後所做的政治工作、準備及遊說，都可以看到光秀本身所想的，並非單單殺害信長；他所針對的亦非信長個人而已，而是企圖摧毀整個織田政權。

所以，在思考事變時必須跳出光秀與信長個人之間的對立，並將之升級至織田政權的內部問題，才可能解釋到事件的諸問題。而有關事變發生的其中一個主要原因，筆者認為是近年在研究界受到重視的「對長宗我部氏政策問題」，即所謂的「四國政策問題」。

先旨聲明，「四國政策問題」並非筆者新鮮獨有的說法。早在數年前，日本研究界已經提出了類似的說法。支持此說法的史學家們認為，信長對長宗我部元親的外交政策，由合作轉化為征伐，致使原本促使兩家友好的光秀陷入兩難局面，在織田政權內的地位也急轉直下，再加上同僚、競敵羽柴秀吉自天正九年（一五八一）起，在中國地區（本州西部）的戰場斬獲甚多，而且跟元親，以及元親的敵人、剛投降信長的三好康長都有聯繫。此外，信長讓自己的三子信孝成為三好康長的養子，在同年十一月派兵渡海，進入阿波以支援三好康長，對抗長宗我部元親入侵阿波。

換句話說，「四國政策問題」有兩個核心，其一是信長與元親轉而成為敵對關係，使光秀左右為難；其二便是羽柴、明智兩位家臣在織田政權的四國政策上產生利益對立及競爭，也就是所謂的「派系鬥爭」。

就有關信長轉換四國政策一事，筆者基本上是認同上述第一個核心的，但有關第二個核心論點則有所不同。畢竟，光秀與秀吉的對立，在當時仍未浮上水面，某種程度上也只是受到後來的山崎合戰結果去反推的倒果為因，如果真的是因為秀吉而殺信長的話，那麼下一步光秀理應揮兵直指秀吉才對，但事實上光秀並沒有這樣做。再說，有關「四國政策問題」還應該考慮以下三個要點：

1 四國政策轉變與信孝的介入。

2 重臣齋藤利三與四國政策。

3 光秀之不安。

接下來將就以上三點加以詳細解釋及說明。

四國政策轉變與信孝的介入

前文提到，所謂的四國政策轉變，便是在天正九年（一五八一）的下半年，信長向長宗我部元親表示，把天正三年（一五七五）「四國自由切取」的承諾撤回，而改以只承認元親領有阿波半國及土佐一國（《元親記》）。「自由切取」很可能只是元親一方誇大其詞，為自己的行動辯護而已。但前面提到元親於天正九年十一月寫給秀吉的書信裡，說自己目前為止的行動都是遵照信長的指令。因此，即使元親的軍事行動在後來被信長否定，但他和信長之間有聯繫、有默契是千真萬確。那麼，這次外交衝突何以最終導致信長及光秀決裂，繼而引起本能寺之變呢？

第四章的〈四國征伐與光秀的憂鬱〉，已經初步交代了織田氏與長宗我部氏的建交過程。而令其關係破裂的原因，主要有二。其一是長宗我部氏的政治價值降低，其二則是神戶（織田）信孝的主動介入。

長宗我部元親與信長的初次接觸，最早是在永祿十一年（一五六八）以前，《元親記》就記載「信長卿上洛以前已經有交流」，而真正在史料中確認到兩家關係的，是上述天正六年（一五七八）的建交。站在織田家的角度，當然是因為信長打算利用元親四國攻略的強勢，實行遠交近攻的策略，牽制西國的毛利氏，以阻礙其支援大坂本願寺的行動。

而站在元親的角度，當然是希望在進攻四國期間，身為中央政權的織田政權不做任何干預，同時也是為了得到織田政權的保證，使四國攻略正當化。因此，天正六年的正式建交可說是以長宗我部家服屬織田家為前提，兩家互不干涉的攻守協定，但要留意的是，元親要求信長為自己兒子賜諱，這在當時顯然是一種自甘居下的姿態，換言之，元親對信長並非平等視之，而是視信長為自己上級般。因此，站在信長的角度，元親配合自己的心意是理所當然的；但對於元親來說，這種妥協不過是權宜之計。

還有，促成兩家這次的攻守協定，是有中間人協調下的結果。其中一人當然是明智光秀，而另外的主要人物，是一條內基及近衛前久。明智光秀的因素容後再談，先講一下一條內基及近衛前久這兩位攝關家的公卿。

一條內基是當時攝關家一條氏的當主，亦是土佐一條氏的近親。彼時土佐一條家的當主一條兼定能力有限，不得人心，而一條內基則在兼定與家臣團出現內訌的天正元年（一五七三）去到土佐。那時內基遠赴土佐的目的，乃是希望當時已經成為土佐實力最強的元親能協助兼定的幼子萬千代成為一條家的新當主，並加以輔佐。萬千代成年後改名為「一條內政」，從時間及名字上推斷，明顯是從一條內基到達土佐後得來的。之後，一條兼定逃亡到九州豐後的大友家，而一條內政雖然已被元親架空，並且被元親送到大津城，但仍然在元親的扶持下，成為榮譽的「大津御所」。

換言之，透過一條內基的協調，元親的地位得到了信長的承認，成為輔助大津御所的武士，也就是屬於在大津御所旗下的大名，類似德川家康的地位。《信長公記》中亦提及元親乃「受命輔助土佐國」，「土佐國」之意應該就是指「大津御所」一條內政。

如此看來，京都一條氏在介入土佐一條氏問題之中，背後理應是得到信長的理解以及同意。以信長一向重視與攝關家的關係而言，透過一條內基及一條內政，可以間接統制長宗我部元親。換句話說，信長因一條內基的關係，承認並利用元親的土佐支配，以期待元親為織田政權的戰略擔當支援性的角色，從而解決了處理元親地位及角色的問題。

至於前關白近衛前久方面，他早前因為與足利義昭不和，而在元龜年間離開京都，曾經到過丹波及大坂居住。信長放逐義昭後，一度受邀回京，之後在天正三年（一五七五）六月遠赴九州，斡旋島津氏、相良氏與伊東氏三家的戰事。當前久打算回京時，由於島津家與大友家關係惡化，故前久不便北上豐後再回京，於是便透過元親之弟吉良親貞，向元親求助。元親遂派船接送前久及隨從經土佐回京。

事後，前久向當時亦隨行，但一早回京的前幕臣伊勢貞知說，會為元親在信長方面提供協助及協調。而事隔兩年後的天正五年（一五七七），前久又寫信給伊勢貞知，表達當時元親對自己提供援助的謝意，同時又親筆寫信給元親，內容也大致是多謝元親護送自己回到京都。

就以上的簡單解釋，一條內基及近衛前久與元親在天正元年（一五七三）至天正三年的偶遇，在時間上很可能是影響信長與元親在天正六年締盟的一個契機，當然最有力的關鍵人物便是明智光秀。而促使明智光秀得以接觸長宗我部元親的，便是他的家臣齋藤利三。

還有，天正六年兩家結交的契機，與元親家臣蜷川親長上京有關。蜷川親長原本是幕府執事伊勢氏的家臣，後來伊勢氏沒落後便投靠元親，同時元親、親長亦是利三的妹夫。長宗我部氏、齋藤氏、蜷川氏以及前述的石谷氏，四家擁有著如此錯綜複雜的姻親關係，因為親長的上洛以及元親的政治考慮，自然可以推斷這次的建交是元親利用這個姻親關係而帶動的。以上四家的關係如何牽動本能寺之變將留待後節詳說，先回到本節主題。

這一次兩家建交的象徵便是同年十月，內容為元親之子千熊丸受領信長所賜的名字，改名為「信親」的一紙書信（詳見本書〈四國征伐與光秀的憂鬱〉）。根據《長宗我部家譜》的記載，這次的賜名乃「明智（光秀）多次上申之故也」。及後兩家的外交，光秀利用利三的關係，充分發揮中間人的角色，專任織田家對長宗我部家的外交窗口。到天正八年（一五八〇）為止，元親幾次向信長上貢砂糖及老鷹，都是透過光秀做中間人的。當時，光秀剛平定了丹波國，加上長宗我部氏的外交事務，可以說光秀當時對織田政權而言，已是不可或缺的重要家臣。對光秀而言，那時候正是人生絕頂好景氣的一年。

同樣，對元親來說，他利用家臣石谷氏與齋藤氏的關係，透過明智光秀與織田信長保持良好關係，在當時的四國侵攻中得到絕對的政治優勢。到了天正八年，長宗我部元親已把勢力伸展到伊予、北阿波至贊岐一帶。這時信長基本上仍然對元親的四國之戰沒有任何反對；對阿波的攻略，信長在維持元親及三好康長雙方關係和平的前提下，也表明「無異議」。換言之，信長可說是默認了元親入侵阿波的合法性，這一方面可能是遵守當初向元親提出的「四國自由切取」的承諾，另外也可視為明智光秀外交協調下的成果。

可是，踏入天正九年情況就急速逆轉。這年，正當信長命光秀準備京都軍事檢閱式的時候，三好康長則「渡海至阿波故，可除卻」，即因為康長將要到阿波，所以免除其參加儀式的義務，但是「渡海至阿波」一句頗為玩味。上節也提及三好康長在天正八年已經在信長的承認下，與元親保持和平關係，乃至甘於從屬長宗我部元親；而信長在兩家的關係上也是表示中立的。

然而，這次信長又命三好康長到阿波，目的明顯是為了解救被元親壓迫的三好存保一族。這個事件站在織田政權的角度來看，可說是四國政策轉換的第一個表徵。那麼，為何到了天正九年，信長的四國政策會突然出現變化？

就在信長轉變政策的時候，元親也藉家臣波川清宗謀反，一條內政亦有參與一事，把空有虛榮的「大津御所」一條內政放逐到伊予，自己成為真正名副其實的戰國大名（《元親記》）。這次事件標誌著元親否定了信長早年承認的「大津御所體制」，也就是說元親親手破壞了大津御所體制，為兩家的外交關係出現破裂埋下伏筆。雖然現在我們已經無法知道信長是否因此而改變對元親的關係及感覺，但就三好康長在天正九年渡海一事來說，與一條內政被放逐的時間相差不遠，因此，兩者的關係出現變化一事，與這次的放逐關係不淺。當然，從當時的政治形勢來說，也能得出另一個主要原因，便是前面提過的，那時候長宗我部元親在信長眼裡的戰略價值已經大不如前。

在此不厭其煩再一次說明，當時織田政權的勢力已經伸展至備前一帶，同時間大坂本願寺已經在天正八年降服，鄰近四國的周邊地區，已經大抵處於織田政權的勢力圈內，對信長來說，長宗我部對於織田政權侵攻西國的作用已經大大減退，甚至起不了什麼作用。或許因此緣故，信長認為已無須再履行當年的承諾，同時考慮到要把織田政權的政治力、勢力滲透至四國內，這便與希望完全「切取四國」的元親出現矛盾。

不論是什麼原因，信長決定轉換政策後，第一個感到苦惱的，當然是明智光秀。原本光秀利用齋藤利三的關係，令自己能在織田政權內的重要性得以進一步強化，但現在面對信長改變初衷，這個原本有利於自己的姻親關係，反倒變成纏腳繩，光秀自己的立場也變得微妙。

元親起初堅拒信長的新方案（只承認領有阿波半國及土佐一國）後，光秀的苦惱也一步一步加深。光秀能夠做的，要麼是說服信長重拾原本路線，要麼是說服元親屈服，而光秀明顯能選擇的只有後者，實際上也起到了一定的成果。最近發現的兩封書信便反映了這個事實。一封是在天正十年（一五八二）正月，由齋藤利三寫給元親的家臣；另一封是在本能寺之變前一個星期由元親發出的。

利三的書信這樣寫道：

信長公的朱印狀（書信）已經派人送到土佐，務必請元親接受朱印狀的內容，這一切都是為了元親。我家主公（光秀）也表明信長公不會做對土佐不利的事，懇請閣下以策萬全。

從利三所寫的書信中可以看到，光秀及利三在事變前數個月依然希望能化解信長及元親兩方的矛盾，信長也沒有放棄與元親的交涉，並未打算必須以戰爭解決問題。至於另一封書信，也看到了元親的態度在事變前一個星期終於出現變化，他在信中是這樣說的：

利三為我家的安全而奔走之恩情，我永生都不會忘記。我們回覆信長公的書信晚了，並沒有惡意，將會按照信長公的指示，將阿波國的城池如數交出，只希望能保留並於邊境地區的海部及大西兩城，這不是因為我們仍然覬覦阿波，只是為了保護土佐的邊境安全。

元親在最後終於接受了信長命其退出阿波的要求，然而不幸的是，這封可謂元親含淚寫成的書信，因為本能寺之變的發生，並沒有順利送到信長手上，信長已經在本能寺灰飛煙滅，這封信也因此原封不動地回到土佐，自然光秀大概也沒有看到這封信的內容。時間上的陰差陽錯沒能扭轉局面，卻在結果上使元親得以喘息，歷史又一次演出讓人笑哭不得的一幕。

最後，不論是讓信長收回成命，還是元親妥協，前者沒有可能，後者來得太遲，終告無功而返。光秀在織田家中的地位也越來越尷尬。當然，對光秀而言還有一步棋可以一改劣勢，那便是向信長提出自請征伐長宗我部元親一途。

事實上，在織田家內，由仲介人改為對戰負責人的家臣並非沒有先例，秀吉原本便是負責對毛利家的外交工作，但在第一次木津川之戰後便成為征伐毛利家的擔當大將；後來拜領上野的瀧川一益原本也是負責關東國眾、奧羽國眾及北條氏的外交仲介，在天正十年已經一轉成為對戰北條的總指揮。

因此，光秀在那時並不是一籌莫展的。然而，更嚴重的問題是，完成了武田征伐的信長決定出征四國時，完全把光秀排除掉了。

信長征伐元親，光秀理應是最佳人選，但他卻意外地被排除在外，而負責此次四國征伐的擔當者，便是信長的三兒子信孝。前章提及，信孝在信長決定征伐四國前後，不斷請纓要到四國去建功立業，換言之，信孝視這次四國征伐為一次立功，或者爭取提高自身地位的好機會。因為這個原因，信孝對元親絕不會留下任何餘地，而信長在天正十年五月七日寫給信孝的御朱狀中就說：

就今度派至四國之諸條
一、贊岐國之事，一應交付給你（信孝）。
二、阿波國之事，一應交付給三好山城守（康長）。
三、其外兩國（土佐、伊予）之事，待信長抵達淡路後再作交代。
……對山城守，應以視之為君父相侍，給予協助，以致忠義。

就信長所說，四國征伐完成後，信孝將得到贊岐一國，成為一國大名；而三好康長將掌握阿波國，即傳統三好氏的出身地。其餘伊予、土佐兩國則留待信長到淡路後再處理。

換句話說，在信長眼中，是否已經打算滅亡元親仍然沒有定論，意即信長當時還沒有決定要一舉否定元親靠一己之力得到的土佐國以及其他占領地。

其中最值得注目的，乃信孝是以三好康長養子的名義出兵，而不是信長之子的身分，也就是說光秀被排除的原因，一來是因為信孝主動要求，二來是因為信長已經改取支援三好、牽制長宗我部的策略。

既然已經成為三好康長的養子，那麼信孝遲早會繼承三好家，甚至連同贊岐、阿波國將來也有機會由他繼承。信孝所得到的，可能還包括伊予、土佐。那麼信孝為什麼會與三好康長拉上關係，從而成為四國征伐軍的統帥呢？

織田信孝十一歲時，信長由於政治需要，把他送到伊勢國的領主神戶具盛處做養嗣子，改名神戶三七郎信孝；而他的次兄信雄則成為伊勢國司北畠具教的養嗣子，改稱北畠信意。從這時開始，為了父親信長的政略，信孝多次成為別家的養子，包括最後成為三好康長的養子。期間，信孝作為神戶家家督多次參加信長的戰事，例如長島一揆等。可是，即使如此，信孝的地位在織田一族中卻不算突出。身為繼任家督的長兄信忠自然不在話下，就連跟自己年紀差不多的次兄信雄、堂兄七兵衛信澄、叔父信包的地位都比信孝更高或相當。天正九年（一五八一）的京都軍事檢閱式中，織田氏一門入場的次序上，長兄信忠毫無疑問是第一，次兄信雄第二，信包、信澄、信孝則在後列。官位上，信忠是從三位近衛左中將，信雄是從四位下近衛左中將，而信孝卻只是從五位下侍從。這些客觀標準明顯反映了信孝的地位低下。

信孝的地位低下，很可能是因為其生母坂氏出身遠比信忠、信雄的生母生駒氏低。可是，信孝出人頭地的轉機便來自從天正十年（一五八二）開打的四國征伐戰，當時與信孝關係良好的傳教士佛洛伊斯記載道：「由今日為止，他仍然無俸無領，但今日（其父信長）終於認同了他優秀的資質，所以開始提升他的地位。」

「無俸無領」當然是傳教士誇張的說法，但也從側面反映了信孝的地位不高。信孝能夠被提升，恐怕是信長考慮到信孝身為自己親子，但地位遠低於兩位兄長，故而給他一個立功的機會。而另外一個筆者推測的可能原因，是因為織田信雄在天正七年（一五七九）九月，無視信長的命令，私自出兵伊賀國。

當時信雄的領地只有伊勢數郡，入侵伊賀一事完全是其個人的野心，可是最終大敗，信雄僅以身免回到伊勢。信長知道後大怒，並對信雄私自出兵伊賀又敗戰一事批評為「不可理喻」。

雖然在天正九年，信長仍然支援信雄平定伊賀，但與其說是因為信雄，不如說是為了挽回織田家的面子更接近真實。或許是有鑑於此，信長深感信雄能力不足，同時又看準了四國征伐的時機到來，於是便相中了當時表現不俗、但待遇較差的信孝。

正當信雄失意於伊賀之戰，有傳言說信孝將成為筒井順慶的猶子。所謂的「猶子」

也是養子的一種，但不同的是猶子並不需要與養父同居，換言之是名義上的養父子關係。如果真有其事，那麼在四國征伐戰開打以前，信長很可能本想考慮扶植信孝成為大和國的後繼國主。

然而，這個傳聞後來卻不了了之，直到天正十年五月前後，才看到信孝成為三好康長的養子。這很可能是因為筒井方的協調不成功，或考慮到大和國有武士不入地的傳統而改變初衷。無論如何，信孝利用作為三好康長養子的身分開展四國征伐，已經是迫不及待了。

根據傳教士的記載，信長在五月末下賜信孝二千兩黃金作為軍資金。若此事屬實，那應可視為信長重視信孝這次軍事行動的證明。當然，這次出兵不可能只靠信孝在南伊勢兩郡領地的兵力，老將丹羽長秀、蜂屋賴隆及津田信澄也應信長的命令支援出兵，另外信孝也從各地大量動員，以組成大軍出兵，包括明智光秀所管轄的丹波、丹後：

從丹州來到參陣的各隊人馬，將獲分配馬糧、兵糧、鐵炮、弓矢、彈藥……

以上引文所指的「丹州」，雖沒有指明是丹波還是丹後，但一般的習慣，兩國都併合看待的話，應是指丹波、丹後兩國。曾有持怨恨說的史學家以此為證據，指出在天正十年五月時，光秀已經被信長沒收了丹波的領地，改封到石見、伯耆。可是，這個說法是不能成立的，因為既然信孝本身兵力不足，而各地戰事也正打得熾烈，自然不可能從北陸、關東、西國方面的軍中抽調軍隊來支援四國之戰，於是身在近畿，又未獲分配任務的明智軍自然是最好的對象。

以上可以看到，自從信孝得到信長的賞識後，在四國政策的改變上扮演得益者、主動者，以提高自己的地位，這可說是織田政權內部權力改造、再編的一個舉動，也可視之為信長擴大織田一門眾勢力的試金石，以鞏固織田家在政權上的勢力占有率。但是，這個舉動卻完全無視，甚至犧牲了光秀、利三的存在及利益，同時也剝奪了他們任何將計就計的可能性。因此，筆者認為這個政策導致的矛盾很可能是致使光秀方開始疑神疑鬼的引子。

究竟信長及光秀有沒有為此事爭吵，日本本土的史料上並沒有記載，但佛洛伊斯在他的《日本史》第五十六章中寫道：

正在準備宴會（接待家康）時，信長召明智於一密室議事……因明智感到不滿，提出諫言後，信長站起來怒不可遏，並兩度以腳踢擊明智……

本書第一部說及這段內容時，並未說明這個記載的含意，但近年史學家開始重視這段耐人尋味的記載。首先，這段記事的真實性已經無從稽考，但若屬實，那麼二人究竟為了什麼而爭吵？前述的明智憲三郎認為事件發生在接待家康之時，便認為信長提議殺害家康；也有其他史學家認為是與四國征伐有關。

先撇開筆者個人的立場，單就以上二說的合理性來說，後者的合理性十分之大。不僅因為事件的發生與信孝準備征伐四國的時間相近，而且前者所言殺害家康一事，既沒有必要，也很突然，同時更如上述，以當時的形勢而言，難以想像何以信長要殺害家康。論立場、利害關係，怎麼說也是四國方面的重要性較大。

另外，上面也提到有史學家認為秀吉平定淡路島後，可能出兵阿波，開啟了羽柴、明智兩家的爭權行為，但事實上最影響光秀一派利益的，從以上來看，是信孝，而不是秀吉。況且，最能說明這個可能性的是，明智光秀發動本能寺之變的六月二日，便是信孝等一萬四千人的大軍渡海四國的前一日，這恐怕並非是偶然或巧合，而是明智軍想定的日子。

而與以上的關係併合考慮的話，事變的發動，除了狙擊無防備的信長之餘，恐怕為了迫使信孝軍停止軍事行動的可能性也相當大。而且的確在本能寺之變發生後，信孝的四國征伐軍立即潰散，並減至數千人。要是明智軍的軍事目標真的包括阻止四國軍出發，那便證明其中一個目標已經達成。

重臣齋藤利三與四國政策

除了自己在織田家的地位於四國政策提出後開始動搖，家中的因素也是進一步把明智光秀推向謀反不歸路的主因，而這個主因的關鍵人物，便是光秀的重臣齋藤內藏助利三。

現在一般對齋藤利三的印象，評價都是武將型的人物，同時代的記載也大致如此。像是竹中重門所著的《豐鑑》就評利三為「明智無二之臣」；山崎之戰後，利三被捕，公家勸修寺晴豐的《晴豐記》便寫道「齋藤藏助（利三），明智之臣，武勇之者也」。另外，江戶時代成書的史料，如《柳營婦女傳第八．春日局之傳》就形容利三為「武勇絕倫」之士，《美濃國諸家系譜》也稱利三為「無雙之武勇」。

可見齋藤利三在戰國至江戶時代的風評一直甚佳，而在利三與本能寺之變的關聯性上，史料上的記載亦大致相同。六月十七日，即齋藤利三被處決當日，山科言繼就寫道「日向守（光秀）家臣齋藤（內）藏助，今度謀叛嫌疑最大」，即是說光秀的家臣齋藤利三是本能寺之變的首謀者、關係至大的人。

剛才引用到的《晴豐記》也寫道「（齋藤利三）彼等乃打倒信長之同謀者也」，《信長公記》、《川角太閤記》等相關的傳記史料，也把齋藤利三視為明智光秀謀反事件中最活躍的家臣。另外，與利三關係密切的長宗我部元親的傳記《元親記》寫道，「齋藤內藏助因擔心四國征伐之事，於是推動明智殿謀反」，而《長宗我部譜》中的解說則寫道「因四國違變（征伐），齋藤因恐殃及己身，於是打算讓明智（光秀）謀反」。

以上不論是公家記錄、長宗我部氏的記載，甚至是與信長、秀吉有關的軍記小說，都一致指控利三為整個事變的關鍵人物，乃至最大幫凶。事實上，事變發生後，利三在幫助光秀平定近畿的軍事行動，以至簽發寺院安全保證狀時也非常活躍。說利三與本能寺之變有莫大的關係，甚至是主謀者之一，恐怕沒有疑問的餘地。那究竟利三是如何成為光秀的重臣以及與本能寺之變有什麼關係？以下將加以說明及分析。

首先解說一下利三與四國政策的基本關係。有關利三的史料其實所傳不多，雖然其女阿福，即著名的春日局是德川家光的乳母，但她對其父親利三的史料保存似乎沒什麼幫助。一般對利三的事蹟記載得較為詳細的，是與齋藤利三關係不淺的蜷川氏所收錄的《蜷川家古文書》。

根據《蜷川家古文書》的記載，利三的父親為齋藤伊豆守，而根據編纂於江戶時代的《寬永諸家系》、《寬政譜》的相關記載，伊豆守的正名應為利賢。至於利三之母，則為幕府政所代蜷川親順之女；利三的妻子則為西美濃三人眾之一的稻葉一鐵之姪女。兄弟方面，其兄乃幕府奉公眾石谷光政的養子石谷賴辰。利三的親弟則成為蜷川家的養子，改名蜷川親三。至於利三的親妹（榮春尼），則是蜷川親順之嫡孫蜷川親長之正室。

從以上的關係可以看到，齋藤、蜷川、石谷三家的關係異常密切，而且都有連帶的姻親關係。更重要的是，石谷光政之女乃長宗我部元親的正室，換句話說，元親在一族關係上是齋藤利三、蜷川親三及石谷賴辰的妹夫。齋藤利三與元親的姻親關係，也就是促成織田、長宗我部兩家結盟的主要因素。

稍微解釋一下以上石谷、蜷川兩家主

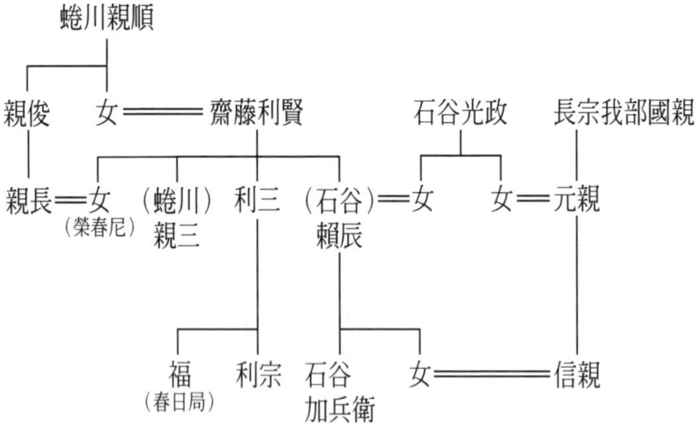

══婚姻關係

蜷川、齋藤、石谷、長宗我部關係圖

要人物的動向。石谷光政在足利義輝被殺後出家，改名攝津入道空然，之後去向不明，只可以確定他在天正五年前後在紀伊根來的智積院隱居。其養子賴辰（利三之兄）則在足利義輝死後不久，轉為明智光秀的家臣。

至於蜷川親長，他在足利義輝死後出家，法名道標，之後投靠了元親，更成為元親對京外交的政治顧問。石谷光政、蜷川親長二人，一個乃長宗我部元親的岳父，一個則是元親的家臣，兩者在元親與信長結交的行動上，乃是核心分子。

前者在近衛前久下九州時負責聯絡元親，而後者則以元親家臣的身分護送前久回到兵庫。此二人都算是齋藤利三的一族親人，如此複雜、多重、緊扣的親屬關係，乃使後來成為利三主君的光秀更方便促成織田與長宗我部的聯盟，可是一旦兩者關係破裂，這個多層重疊的關係反而成為極大的障礙，甚至是麻煩。

對當時以明智家臣身分仕於織田政權的齋藤利三及石谷賴辰兄弟來說，要是四國征伐開打，那就意味著同族將變成敵人，若果自己親身上陣對戰，心中的矛盾及苦惱之大亦可想而知。因此，天正十年（一五八二）五月，光秀派去盡力說服元親的使者便是石谷賴辰。由此可見，信長征伐四國的決定，直接打擊了光秀家臣團中的親長宗我部派的利益，而這幫人為了解救元親方的族人，鼓動光秀叛變或做出一些行動，以停止四國征伐，那也是不足為奇的。

當然，若是光秀單單只為了家臣團的利益便殺害自己的主君，那麼光秀便與傀儡無異，光秀又是否只為了親長宗我部家臣的情感而叛反呢？難道沒有其他的選擇（例如趕走甚至殺害利三）？筆者認為證據還不夠。更重要的是利三的個人問題。以下便說明一下利三在事變前的事蹟如何促成他在四國問題以外，同樣有可能迫使光秀謀反。

事實上，光秀並非利三的第一個主君，有說他的第一個主君是三好長慶（《寬政譜》），還有說是齋藤道三么子齋藤利治（《春日局之傳》），也有說利三原本是信長的直臣，後來隸屬於光秀之下（《翁草》）。以上三說的真假已經無法確認，而根據目前的一手史料，能夠確認曾是利三主君的，就只有稻葉一鐵及明智光秀。根據上述的姻親關係，利三是稻葉一鐵的姪女婿，嚴格來說都是稻葉氏的一門眾，而在史料上有關利三與稻葉一鐵關係的記載只有以下兩處：

一、有關滿長就任宮司一事，稻葉伊予守（一鐵）殿望讓其（滿長）繼任。京都方面，則派齋藤藏介（利三）到菊亭（晴季）殿處請示。（《伊勢神宮宮司引付》）

二、這時，稻葉伊予守父子三人、齋藤內藏人佐（利三）作為江州（近江）街道的保衛役，並置於守山町。（《信長公記》）

史料一，說的是一鐵希望一個名為滿長之人成為伊勢神宮宮司，而派利三到京都，請求公家菊亭晴季代為向朝廷頒下委任狀。經史學家推定，這是永祿十二年（一五六九）前後發生的事。至於史料二，則是《信長公記》元龜元年（一五七〇）五月六日的記事，當日信長正從金崎撤退回京，其間路經近江守山，派任稻葉父子及利三作守備，後來便發生了守山一揆，但被稻葉軍成功擊退。

太田牛一把稻葉父子及利三併合記載，當時利三絕不可能是織田家內獨當一面的獨立大將，故此，很可能是以與稻葉父子有關人物而被太田牛一記載下來。再加上利三與稻葉的親戚關係，兩方是同一部隊，乃至是寄騎關係的可能性十分大。

那麼，仕於一鐵的利三後來又何以成為光秀的家臣？江戶末年編輯而成的《稻葉家譜》記載，元龜元年發生的近江守山一揆被一鐵軍大敗，「此時，良通（一鐵）之臣齋藤內藏助利三因故離開稻葉家，而仕於明智日向守光秀，明智待之甚厚」。究竟「因故」是指什麼，《稻葉家譜》並沒有說明，而《春日局之傳》記載「利三雖然武功絕倫，卻因一鐵不加以提拔而深恨不已，於是三度離家，但因一鐵施以補償之故，利三再次仕之。其後則成為明智光秀之家臣」。

另外，《美濃明細記》也有類似的記載：「數有軍功而無恩賞，故轉仕光秀」。綜合以上三件史料，利三離開稻葉家的「原因」，應有可能是一鐵無視利三的軍功，又不予提拔，於是導致利三多次離家。事實上，在戰國時代，君主與家臣團之間，因為恩賞而產生摩擦、對立是非常普遍的，利三因此而出走也十分合理。不過，與明智家關係密切的細川家史料《永源師檀紀年錄》則有不同的記載：

同年（天正十年），名和和泉（那波直治）與齋藤內藏介（利三）本為稻葉一鐵的重臣，但兩人因進諫而觸怒一鐵，並被其放逐出家。因此兩人赴東坂本，寄身於明智光秀。細川藤孝公與明智多次勸說一鐵饒恕二人，但一鐵拒絕。於是兩人決定婉拒藤孝公及明智的勸說，回到濃州，更已經有不能歸來的心理準備。但在藤孝公的巧妙遊說下，名和最終回到稻葉家。

換言之，利三因為與那波直治勸諫一事而得罪一鐵，經過藤孝的斡旋，那波直治最終回到稻葉家。至於利三，雖在上述史料沒有提及，但恐怕是在事後，因為斡旋不成功，或利三堅決離開，於是轉仕光秀。

不論是因為不滿恩賞，還是進諫而決裂，利三與一鐵的君臣關係亦在途中停止，而成為明智光秀的家臣。至於轉仕時間，《永源師檀紀年錄》則記載為天正十年（一五八二），但明顯太晚也不可能，那麼利三成為明智家臣又是從何時開始的？

最早記載齋藤利三以明智家臣的身分出現的史料，大多是茶人的記錄，比如《天王寺屋津田宗及他會計》，就在天正八年（一五八〇）首次記載，利三以明智家臣的身分參加茶會。《連歌合集四十二》則更早，在天正六年（一五七八）已經見到他活躍的身影。至於本書多次引用的《元親記》也是記在天正六年，即信長賜名字給長宗我部千熊丸（信親）一事中寫道，「明智殿家臣齋藤內藏助乃元親卿之小舅也」。如果《元親記》的記事可信，利三很可能就是在那一年之前便成為光秀家臣。那併合當時織田、長宗我部兩家結盟一事來分析，利三成為光秀家臣的同一年，便利用自己的親戚關係，令光秀促成兩家通交的可能性似乎非常高。

作為明智家臣的利三，主要的工作當然是追隨光秀進行丹波攻略戰，同時也是為光秀及織田政權，與元親方保持聯絡。天正八年六月，秀吉寫給元親的一封信中，報告自己在中國地區的戰況，而同信的最末段就提及「詳細將由齋內藏（利三）解釋」。

秀吉寫信給元親，並不代表秀吉已經代替光秀負責對元親的外交工作，同樣也不代表光秀完全壟斷了對長宗我部的外交交涉，當時織田家的外交工作，雖然會有一個家臣成為交涉核心，但同時間有數位家臣一同參與交涉也並不出奇。

關東方面的主要負責人是瀧川一益，但松井友閑及佐久間信盛也同樣有份參與；而四國方面，秀吉在戰略上與長宗我部元親進行交涉及情報交流也是正常至極。然而，從以上的書信中可以看到，即使是如此正常的情報交換，最終的交涉負責人是明智家臣齋藤利三。換句話說，明智家對元親的外交交涉仍然有最高的負責權，而利三則是明智家的首席代表。可是，翌年的天正九年，利三這個首席代表的位置，因為織田政權轉變四國政策而面臨終結，轉換而來的，是以織田家陪臣的身分，與長宗我部氏對抗。

俗語說「屋漏偏逢連夜雨」，天正九年至十年的利三，除了為四國政策的抉擇而苦惱外，還要面對「那波直治事件」。那波直治是稻葉一鐵的家臣一事，已經在前面提及。這次他又成為事件的主角，天正十年五月，亦即上述的事件（利三與直治離開稻葉家一事）後數年，也就是

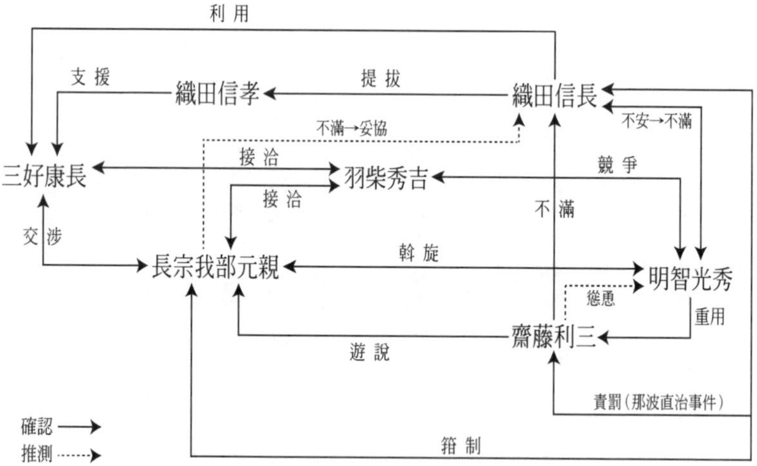

本能寺之變前「四國政策問題」互動關係圖

本能寺之變發生前一個星期左右，此一重大事件的大致經過被記載在《稻葉家譜》裡，內文說：

此年（天正十年），那波和泉守直治離開一鐵，出仕明智日向守光秀。光秀厚遇之，並收為家臣。一鐵大怒道：「不但從前招攬利三[1]，今次又說要招攬和泉！」之後便與光秀一同到信長公處投訴。信長公即命光秀把和泉送返給一鐵，至於內藏助，則命其自殺。時得豬子兵助為光秀代為斡旋，故內藏助得以免死，續仕光秀。然而信長公以光秀違法，召見他，並以手責打光秀頭部兩三次。由於光秀頭髮很少，故常戴假髮，這次被信長公責打，連假髮都被打落下來，光秀深恨此事，於是萌生叛意。之後和泉一如以往出仕一鐵，此時，堀久太郎秀政寫信給貞通（一鐵長男）。

上文有關信長責打光秀的部分，與《明智軍記》大致相同，以成書年分來說，恐怕《稻葉家譜》也是把坊間的俗說併合使用。當然，這並不代表上引部分完全不可信，

1 原文註：在此以前，齋藤內藏助利三已經從屬明智光秀。

因為有關那波直治的去留問題也有史料可循。同家譜內便收錄了兩封由堀秀治寫給稻葉直通的書信，其中一封寫於天正十年（一五八二）五月二十七日，提到「今次那波與三（直治）之事，依上意（信長）返還了」。另外一封則提及「應彥六殿（貞通）對內請示之事，依法度的規定，再次確認貴家（對那波直治）的主從權」。前一封表示了稻葉家得到信長的首肯，從明智處奪回那波直治，而後一封則表示了這次的事件，信長根據法規裁定稻葉家勝訴。

以上的記載及兩封書信是否屬實，學界到現在都沒有全面的檢討，但視之為具影響力的史料。筆者認為，單就那波直治事件來說，細川家的《永源師檀紀年錄》也有類似的記載，而且利三這個行為也不是第一次。《蜷川家古文書》就記載天正七年（一五七九）末，利三遊說自己的女婿柴田勝定轉仕明智家。勝定是柴田勝家的家臣，也是北之庄城的城代，故算是柴田家中的重要家臣。這次事件最終在光秀及勝家的商量下解決，當然信長也應知道其事。

而與柴田勝定一事不同的是，那波直治轉仕明智家一事，一來那波直治的主君稻葉一鐵應是沒有承認，事前也沒有被知會，同時信長事前也應沒有得到光秀方面的請示，因此才被信長反對。從以上的分析，筆者認為這則事件應該真有其事。再者，當時稻葉家乃信長直臣，由信長的直臣堀秀政出面代為處理，也沒有奇怪的地方。

至於利三得到赦免一事，有史學家認為，以信長的脾性，是不可能把說過的話收回的，同時信長理應十分清楚利三與元親方的關係，要是藉機殺了利三的話，那麼明智家內親元親勢力也會大大削弱。這的確是一石二鳥之計。

可是筆者認為即使錯在明智方也罷，信長脾性剛烈也好，當問題涉及重臣的家臣團安穩，那信長也不會以「生性如此」便完全不加考慮而強制執行。恐怕信長為了利三違法一事，的確極感憤怒，但因為已經決定親自出兵中國，如果這時整頓了明智家，又叫明智光秀出兵中國，那麼根本與苦逼光秀無疑。

筆者推測，信長很可能讓利三跟隨出兵中國，以戴罪立功；或者，待毛利之事處理好之後，再行處理利三一事。無論如何，那波直治事件對齋藤利三來說，是千鈞一髮、危及存亡的大事件，最終沒有被殺也罷，這次事件已經令利三完全處於死亡邊緣。同樣地，因為這次事件，光秀在某種程度上亦受到牽連，明智家頓時變得氣氛緊張。何況信長決定判決的五月二十七日與後來發生的本能寺之變僅隔四日，雖然沒有直接史料證明他們的謀反與那波直治事件有關，但就以上的分析，筆者認為本能寺之變與這事件有些關聯，是絕不出奇的。

明智光秀之不安

前述兩點已經說明了信孝介入四國征伐、光秀重臣齋藤利三的問題，都使光秀進退失據，身陷險境。然而，前面也曾經說到，若只是這樣，光秀也不至於非謀反不可。他只要把利三放逐，並在此之後向信長要求作為遊擊軍支援信孝的話，也是有方法避免與信長進一步對立的。所以，光秀必定有其個人的理由，才使他決定與齋藤利三立場一致，一同進行謀反，否則單就以上兩個對立點，是不可能導致本能寺之變的。以下就來探究光秀的個人理由。

光秀面對四國政策轉變，固然有失去政治利益的危機，以及迫使家臣團內部面臨生死抉擇，但是筆者認為，另一個使光秀走向謀反之道的，便是他對未來的不安。所謂的不安來自四個層面：前途不明、妹妹之死、自己的年老，以及家族的將來不明。

一、前途不明

首先，所謂的前途不明，是指當時除了九州及奧羽以外，日本各地都已經有織田家的將領進行征伐。原本應屬於光秀的四國，也因內外諸因素而被信孝搶去。信孝身為織田氏的一門眾，又是信長的親子，征伐四國是出於信長的命令，光秀在地位、權力上根本不可能與之對抗。除非信孝作戰失利，否則光秀沒有可能再擔起四國攻略的重任。這樣的情況下，不僅家臣團面臨重大難題，光秀的前途也將走到死巷。

那麼信長命光秀到山陰又怎樣呢？的確，光秀在五月二十八日寫信給伯耆國人福屋隆兼，表示自己將會到山陰作戰，預先通報，但是光秀當時的心情恐怕已經是忐忑不安。要是進入山陰，既沒有相熟的國人，周圍也是秀吉的軍隊根據地（山陰的負責人本為南條元續及羽柴秀長），光秀終究不會得到什麼利益。而且，丹波、丹後平定後的兩年間（天正八年至十年），光秀先被排除出原本負責的四國地區，現在又一改成為支援秀吉的助將。而同時間的秀吉藉信長之命進出阿波，以支持三好康長（《黑田家文書》、《南海通紀》），這樣下去，光秀的地位將進一步下降，並逐漸遠離戰場的第一線。將來光秀能負責的地方，除了九州便沒有其他可能了。

然而，假設完成了中國及四國的攻略，光秀很有可能會跟秀吉、信孝、長秀共同進攻九州，那麼明智家擴大自己勢力的幅度及可能性也大大地減少。這對光秀來說，又是否願意接受呢？

二、妹妹之死

這裡還有一個破壞力不小的打擊，那便是光秀的妹妹之死。妹妹死去固然令人難過，但這又跟光秀的叛亂有什麼關係？為什麼會跟光秀的起跌扯上關係呢？

光秀的胞妹雖然在歷史上只留下兩、三處痕跡，但都對我們瞭解光秀在織田家的地位有幫助。根據紀錄，光秀之妹叫做ツマキ（Tsumaki），這裡姑且稱她為「妻木姫」。妻木姫早年便在織田家中效力，雖然現在很難搞清楚她與信長的關係，但她在天正九年（一五八一）八月死去時，史料上稱她為「信長極為器重之女性」，又稱光秀對妻木姫之死感到「無助失落」。

其實，妻木姫不僅在織田家與信長有良好的關係，而且是前關白近衛前久兒子的乳母，甚至更幫助信長處理一些關於寺院訴訟的政務，用現在的話來說，可算是信長的得力助理或祕書。這樣具有才幹、影響力的女性，自然是撮合信長及光秀之間的橋樑，如今妻木姫死去，光秀與信長之間便少了這個維持、協調雙方關係的人。更巧的是，妻木姫的死是在光秀發動叛變的十個月前，同時上述的四國政策問題也恰恰在妻木姫死後不斷往光秀不利的方向發酵，這一切能否只用一句巧合、偶然便可蓋過呢？

三、自己的年老

當然，如果光秀還年輕，那麼以上的負面因素倒是沒有什麼大問題。不幸的是，當時光秀已經是年過半百的老年人了。

有關光秀的享年一直有不同的說法，目前大抵都說光秀死時五十五歲，這源於《明智軍記》裡光秀死時的辭世句「順逆無二門，大道徹心源。五十五年夢，覺來歸一元」。在其他明智氏系圖上，大抵都說他是享祿元年（一五二八）出生，也就是跟從《明智軍記》的說法，而細川家的《綿考輯錄》則記載光秀享年五十七歲。可是，根據傳為德川家康外孫松平忠明所寫的《當代記》中，「六月十三日身亡，無後繼人，明智歲六十七」、「（五月）十八日岡崎，惟任（光秀）乃老人也，（信長）遂讓其宿於本陣附近」的說法，光秀很有可能死時年齡更大。

《當代記》雖然不是一手史料，但對不少事件的記述倒是很正確的，在史學家眼中屬於可信程度較高的記錄，但嚴格來說也不過是一種說法，沒有實證。不管如何，筆者認為不論光秀死去時是五十五、五十七，還是六十七歲，以戰國時代的平均壽命來說，怎麼樣都已經是老年期了。年老的光秀欲得到天下的野心，筆者認為只是表見於人前的理由，以真正的目的來說，實在是難以成立的。

除了年老之外，另外一個重要的因素是健康問題。天正四年五月，正在包圍本願寺的光秀因患重病，被迫回到坂本城療養。同月二十四日，光秀的正室便找到吉田兼見，希望他為光秀祈禱、祓除病患。但到了六月十四日，京都一度傳出光秀病死的消息，「明智十兵衛尉，號惟任日向守，因患風痢（痢疾的一種），黎明時死去」。

當然，最後光秀並沒有真的病死，這不過是誤傳，但筆者認為，這次重病與年老有莫大的關係。還有，各位讀者也不要忘記佐久間信盛、林通勝、安藤守就等在天正八年（一五八〇）被放逐的事件，事隔事變不過短短兩年，相信這在織田家臣間的震盪仍然存在。在年老、重病的雙重打擊下，光秀很可能會害怕自己隨時因為大病或老邁，以後將沒有能力、機會再舉軍功，而步上佐久間信盛、林通勝、安藤守就等人的後塵。以光秀長年侍奉信長，對信長的作風瞭若指掌，大概也曾想過這一點吧！

四、家族的將來不明

最後，還有一個加重光秀不安的因素，便是明智家的未來。明智光秀的子女中年長的都是女兒，並先後嫁給荒木村次、細川忠興、津田信澄與伊勢貞興。至於兒子，除了長男十五郎光慶及另外一個兒子自然丸之外，其他在系圖上的兒女都沒有詳細的記載。根據在日傳教士在天正十年（一五八二）的信件上，記載過光秀長子只有十三歲，看來光慶是光秀生下諸女兒後所得的小兒子。老年的光秀膝下的長男十分年輕，而且當時在織田家並未有任何公職，作為父親，以及明智一族之長的光秀，自然會想到兒子及家族的將來。

再者，一如上述所言，光秀與織田一族（核心人物）的關係不足，要是光秀死後，明智家會否被改易、降格也是未知之數。隨著信長在晚年開始有計畫地強化自己兒子、兄弟的影響力及勢力，家臣所得的封賞也會相應減少。

不過，與此同時，信長作為人君，對家臣也做了一些巧妙的安排來穩住人心，例如織田家的重臣，很多都與織田信長或具權勢的一門子弟拉上關係，就像羽柴秀吉的養子秀勝是信長的第四個兒子；同為老臣的瀧川一益、河尻秀隆是輔助信忠的太傅，只要信忠成功接班，兩人的地位將得到保障。還有丹羽長秀之子丹羽長重、前田利家之子前田利長都成為信長的女婿，柴田勝家也是多年老臣，在家中有極大的地位，又與信長寵愛的三兒子信孝關係良好。

綜觀以上各個重臣多多少少都與信長及信長的兒子們有親密關係，但反觀明智光秀，不過是信長姪兒津田信澄的岳父，雖然說信澄也得到信長的器重賞識，但他在地位、親疏上，與信長的親兒子有著明顯的差異，雖然不能說是主要原因，但這也可以反映明智家將來存在不安穩的因素。

事變後，光秀寫給細川父子的書信中就提及，「我等做出這般突如其來之事，只為扶植忠興等，別無其他……以後的事將交由忠興及十五郎（光慶）負責，（我光秀）將不再過問任何事了」（《綿考輯錄》），說要扶植忠興一事，很可能是為了討好、拉攏細川父子的說辭，但後面有關自己兒子的將來部分，說不定是光秀的真心之言，說到底，光秀最終在忠義之間做出了艱難的決定。

★★★

筆者認為以上信長對四國的政策轉換，以及信孝積極介入這兩個事件，乃織田政權以開闢新戰線為契機，強化織田一族的控制力及影響力，並且重新劃定家內權力分配的政治工作。結果，這些舉動所產生的副作用，便是一步一步使光秀從四國政策的決策當局中被剔除出去。這起事件不單動搖了光秀個人的地位，同時也刺激到光秀的重臣齋藤利三，以及石谷光政等與長宗我部關係密切的家臣的整體利益。或許正是因為明智家內部與長宗我部有著如此密切的關係，信長才不放心讓明智家參與四國征伐。

放眼明智家內部，齋藤利三因為那波直治事件被信長勒令自殺的事件，加上織田信孝即將進攻四國，利三個人的整體利益及身家性命，完全與織田家以及織田信長處於對立的局面，所以事變後，諸人都力指利三乃事變的第一首謀，也並不是純粹的揣測。恐怕在現實層面及利益角度來看，利三積極慫恿光秀謀反的可能性，遠遠高於其他任何家臣。

可是，一如以上所強調的，明智光秀斷然不會單單因為齋藤利三一人的利益，或者數個與長宗我部元親有利益關係的家臣便輕率地發動事變，光秀本身也有自己的利害關係，與信長、織田政權產生矛盾。就像上面提及羽柴秀吉藉信長的命令，保持對三好康長的支援，繼而出兵阿波，表明對抗長宗我部的立場。

這對於一個相關方面的軍事外交擔當者而言，即使被排除出決策以外，卻被另一個有著利益矛盾的同僚介入自己的領域，而這個人又正好是功績競爭上的對手（秀吉），光秀的心情恐怕亦難以好過。何況自己將遠赴西國，與介入自己管轄範圍的競爭者合作對敵，這對於戰國武士的面子來說，實在是難以說得過去的。

回望光秀本身，當時已經步入老年階段，又曾經得過大病，雖然撿回一命，但眼見能幫助自己保持地位安穩的妹妹早自己一步死去，而年幼的兒子還未獲得織田政權擢用的機會，身為人父、一族之長的光秀，自然十分焦慮明智家族的將來，在這種情況下，任何一個老年家臣都會是同樣心情的。但是，佐久間信盛父子、林通勝、安藤守就被信長藉故放逐的事件放在眼前，雖然光秀在本能寺之變前努力奉公，沒有任何謀反、懈怠的紀錄，但難保信長不會找藉口，把明智家當作冗員、棄卒般捨棄，這都使光秀的焦慮越來越深。

這次大規模的放逐事件引起的不安，亦絕對不是光秀個人的神經過敏，相信事件的餘波也深深震動了其他家臣的心。光秀選擇了謀反自保，並非十分出奇。

總結以上的種種打擊、不安、失意，筆者認為光秀的謀反，很大程度上是跟家族安泰及對自己前途的憂慮有著重大的關係，當然一連串負面意識都由信長轉變四國政策而引發及加深，併合了自己在織田政權的所有負面因素，光秀與齋藤利三君臣兩人的利害關係已經一步步變得完全一致。

這樣的情況下，即使殺了信長也無濟於事，但要是摧毀整個織田政權，把所有的負面因素化整為零，或許是君臣二人認為比坐以待斃好一些的唯一重生方法。而就在這時，信長、信忠父子以無防備的姿態滯留在京都，這個消息對光秀及利三來說，恐怕是絕地求生、千載難逢的大好機會。

正因為這個機會對明智光秀及利三來說是可遇而不可求，來不及做長遠細緻的規劃，因此，事變成功後一連串的政治誤判、軍事失策也隨之而來。最終明智光秀的政治求生是成功了，但因為自身的政治資本、準備及本錢嚴重不足，加上諸方面的失利、欠運氣，使得自己、家臣團以及一族上下，因承受不了謀叛所衍生的一連串困難、失利，最終淪為自己謀叛行動的陪葬品。

專論：日本武士社會「忠」與「叛」背後的權力遊戲

本能寺之變是日本史上非常著名的謀叛事件，瞭解日本史的讀者可謂耳熟能詳。有趣的是，多年來在日本輸出的遊戲、動漫、影視作品，以及相關書籍與網路資源的說明下，即使不熟悉日本史的讀者，也可能聽說過「本能寺之變」、織田信長與明智光秀。

在遊戲、影視作品的渲染下，「本能寺之變」這個事件的描述方式越來越單調，人們將目光與焦點過度集中在織田信長和明智光秀兩個主角的關係上，把他們的矛盾衝突生硬地套在「忠」、「叛」、「恩」、「仇」的道德框架裡，並且將「本能寺之變」定性為「下剋上」的代表例子。其實，放眼日本歷史長河，臣子因故反叛主君，甚至發動兵變殺害主君的事件並不是很多，像「本能寺之變」這種非常極端的政變也屬於較個別的案例。筆者在此想引申談一談與之相關的深層社會結構與思想觀念問題。

一、武士社會的「下剋上」

「下剋上」（以下犯上），是目前絕大多數日本戰國時代相關書籍，無論是中文、英文還是日文的，必然會提到的詞語。大多強調那是武士社會裡，臣下為了權慾而推翻、取代主君的頻發現象，是日本歷史比較黑暗的時代云云。可是，這種說法有點過於絕對，而且不太妥當。

首先，「下剋上」的意思的確是「下位者驅逐、排除上位者，施展威勢」，但是這裡有兩點需要留意。第一，從學術角度來說，「下剋上」不單指武士上下階級間的矛盾

（以下犯上、犯上作亂），其實還包括當時日本社會人數更多的階級——農民百姓的「以下犯上」。甚至可以說「下剋上」真正的主角與指稱的對象本非武士領主，而是農民百姓。

這是什麼意思呢？簡單說明一下歷史背景。室町時代，隨著農業技術的進步與貿易物流的發展，日本社會的部分地區從自給自足過渡到農業產品化、商品化的階段，從中國明朝進的貨幣進一步促進了貨幣經濟的發展，促使原本比較封閉、分散的莊園制度走向新的形式。

在富庶地區，有實力的豪農、地方豪強，甚至村落獲得剩餘資本，紛紛追求自治與更多權益，意圖減少莊園領主的束縛與剝削。遠在京畿、奈良的莊園領主與貴族，既要努力維持莊園經營與收入的穩定，又要面對莊民、村落及各方勢力削弱莊園支配的壓力。結果，莊園領主普遍做出一定程度的妥協，在確保收入得到基本的保障下，默許地方自治的發展。

另一方面，室町時代後期，在頻發的內亂與天災打擊下，莊園領主控制莊園的力度減少，要麼各地莊園被地方勢力侵吞奪取，要麼失去莊園的實質管治權，問題越來越嚴重。即使勉強保住控制權，京畿的莊園領主們，還要面對同樣受兵亂和天災打擊，生活無以為繼的莊民、莊官等，拒絕繳納田稅、勾結地方上那些不聽朝廷或幕府指令的地方豪強的問題。

這些一直被莊園領主視作螻蟻的民眾反抗統治，不再認命，甚至利用個別時機，跟武士、商人等結成地方武裝，撕毀債務契約、拒絕償還欠債。眾怒難犯之下，領主們統治失效，連帶釀成自身的收入、財政漸漸出現困難，瀕臨破產的邊緣。上至天皇，下至普通貴族無不為之苦惱。即使他們要求幕府出手解決，但是應仁文明之亂的幕府陷入危機，自身難保。

幕府「事不關己」的態度使莊園領主焦慮萬分。奈良興福寺（攝關家藤原氏的氏寺）大乘院的僧侶，在戰國時代來臨前夕的文明九年（一四七七）十二月十日就發出這樣的感慨：

天下已無可喜可賀之事了，近國（京畿地區附近的律令國）、近江、美濃、尾張……皆不聽幕府、朝廷號令，紛紛不上繳年貢（田稅等）。其外諸國……國內生亂，年貢之事無可奈何。公方（室町幕府將軍）管治的諸國……也不應其命令，守護們雖然說謹遵鈞命，立刻下令實行，但是守護代（僅次於守護的領主、守護的副官）和其國的國內領主們均不聽命。至此，日本國內皆不聽幕府、朝廷號令了。（《大乘院寺社雜事記》）

表面上，大乘院的僧侶是在感慨國家內亂（當時正值「應仁文明之亂」），政令不行。但其實他們最關心的不是武士引起的兵亂，畢竟武士內鬥已經好幾百年了，早已司空見慣。作為剝削階級，他們憂慮的是賴以維生的年貢沒有像從前那樣順利到達手上，導致他們生活困頓，面臨巨大的打擊。

除了在經濟、生活與政治因素的影響下，出現這種下位者反抗上位者主導的支配體制外，文化上的「下剋上」也是這個時代的寫照。雖然平安時代以來發展極致的京都文化仍然是日本的核心代表文化，但隨著各個地區發展加速，武士、庶民階層的生活進一步得到改善，由他們推動的地方文化也在這個時代迅速崛起，相對降低了「京都文化」的影響力，形成了上述文化上的「下剋上」。

總之，無論從哪個角度來看，「下剋上」並非單指武士內訌，而是擁有更多內涵、更加複雜多元的社會現象。所以，將武士視作「下剋上」的唯一主角，跟我們先入為主、認為當時的武士掌握了日本權柄，以及從前的研究過度重視政治史有關。

另外值得一提的是，「下剋上」一詞，或者說類似的用語，早在戰國時代以前就出現了。換句話說，「下剋上」並非戰國時代的獨有產物，不過是相對其他時代來說，出現頻率比較高而已。按照前述的邏輯，「下剋上」是既得利益階層批評受他們剝削的階層做出反抗，以及對他們的利益構成威脅。

這種情況在平安時代與室町時代已經出現過了。前者是武士領主崛起的時代，改變了從前貴族政治主導國家的格局，他們干預並主導了原本由貴族、寺社壟斷的國家政治，改變了貴族那套以追求利益、收割國家財富為目的的社會經濟體系。即使如此，本來也是從這套體系發展出來的武士只想擠進這個權力核心，並不打算也從沒企圖從根本上否定貴族的權勢與地位。但從貴族的角度來看，他們的利益和「與生俱來」的優勢被下級的武士們奪取、削弱了，只能在武士領主的保護下唯唯諾諾、苟延殘喘。到了室町時代，就是前面提到的農民百姓等階層抬頭，一定程度上抵抗了本就被武士壓制的貴族、寺院的剝削，爭取村落自治，獲得相對較高的自主權。

上述的武士、百姓，對貴族、寺社統治的反抗，跟我們一直說的那種僅限於主從關係顛倒的「下剋上」似乎大不相同。其實這不過是從前過度把「下剋上」限定在武士內部，而忽略了整個社會變化所產生的盲點與偏見而已。

二、「上剋下」與武士人事關聯式結構

前面再三強調，「下剋上」被塑造成日本戰國時代的代名詞，但從整體的歷史發展來看其實不然。而且，即使是多發現象，「下剋上」也不是反映戰國時代主從關係緊張的唯一寫照。在最近的研究裡，「上剋下」現象也獲得了關注。

表面上看，所謂的「上剋下」就是主君箝制臣下，防止他們奪權、尾大不掉的反制現象，恰似「下剋上」的反義詞。如果這樣理解，就會陷入一葉障目的誤區。

無論是「上剋下」還是「下剋上」，它們背後反映的是中世紀日本武士社會運作方式的兩種推力。武士集團在運行上借用儒家思想與佛教思想，追求「孝」、「忠」、「悌」和「慈悲」，尤其是強調尊重父權，突顯「孝」的重要性。武士階級發展以來，武士是由大家族與家族的分支（一門），以及依附在這個家族的臣下領主（當時稱為「郎從」、「家風」等）組成。

武士集團從來都不是單靠主君個人的能力來帶領團隊超越難關，而是團隊內的各個成員透過互相扶持、商議與磨合，共同面對問題，從而獲得發展壯大的機會，互惠互利。團隊成員間不是封閉的關係，團隊裡的各個家族透過地緣政治，利用通婚、結交、結盟等方式擴大團隊的同時，也帶來破壞團隊團結，分化、製造矛盾的危險因子。這些複雜、多元的人際關係、利益關係，在團隊裡衍生出各種利益衝突與派系糾紛。在這種環境下，團隊的領袖——主君被要求平衡這些利益，為大家謀取利益最大化與穩定，還得帶領團隊對應外來的威脅與內部的隱患。

因此，基於這種半開放的結構，武士的首領（包括後來的戰國大名）難以隻手遮天，成為獨裁君主，唯我獨尊，他們需要臣下的支援，也需要對臣下展示自己擁有帶領團隊前進的能耐。當時，人們稱這種能力為「器量」，具備這種能力的，則被稱為「器量之人」。

「下剋上」的根本原因，不是說某個懷有野心的臣子希望有一天推倒主君，取而代之，君臨天下；更多的是個別主君的能力與行徑，不符合團隊整體或部分成員的期許，繼而產生矛盾。在無法調和的情況下，臣子集合利益一致的同志，以暴力行動強行改變現狀。值得留意的是，這個「改變現狀」指的不是根本性的「革命」，絕大部分都只是換人與局部洗牌而已。

但凡在戰國時代推倒主君（不管是殺害，還是廢位、架空）的臣下，既不是單人犯案，絕大多數的替代方案也不是自己上位，而是從主君家族裡另找人選，然後自己與同謀者排除反對分子，在背後隱隱操控一切，盡量維持原有的框架。

例如戰國時代另一場著名的叛亂「大寧寺之變」（一五五一），發動叛亂的陶晴賢與同夥逼死主君大內義隆後，找來了跟義隆有血緣關係的親戚大內義長接任當家。這種舉措在我們看來，似乎是陶晴賢的權宜之計，其實不然。一個戰國大名主君之下，由同族各家與各臣從的家族臣子支撐，作為臣子的一員扭轉格局，從臣子變成主君的話，原有的各種利益關係將遭到大洗牌，有人得益，有人吃虧，團隊內部的矛盾激化，極有可能釀成更亂的局面。

何況，日本的歷史上，主君家族被團滅抹殺的例子非常少，畢竟臣子們多少都受過一、兩代主君的恩惠，在道德與情理，以及危機管理的角度上說，都不會輕易否定這種羈絆。用現在的話來說，就是「出現問題，就解決使問題出現的人」。

再者，古代日本是身分制度構成的封建社會，主從關係紐帶是構建社會體系的基本——人與人關係的核心部分。武士的發展史裡，面對內外的威脅與保持戰力，維持君臣關係、加強團結自然是十分重要的課題。由這種關係衍生出來的道德標準——「忠」、「不忠（叛）」自然也成了武士極為關心的事。只不過，這並非絕對的法則。

戰國時代以前，日本社會多少受到儒家思想影響，為君臣關係提供了理論依據與思想鋪墊。例如鎌倉時代，日蓮宗開創者日蓮觀察鎌倉武士的倫理觀念與主從關係時說：

> 世間之法，重恩捨命以報，而為主君捨命者似乎較少，然其數亦甚多矣。
>
> （《佐渡御書》）

活在鎌倉時代的日蓮非常清楚，鎌倉時代的武士對主君與家臣的倫理關係看得很重，同時代的一名武士富谷左衛門在緬懷英年早逝的主君金澤貞顯時，說出了自己的君臣關係觀念：

大體「臣以君為心，君以臣為體」，則為臣使君，為君惠臣之理，君臣合體之所以也。（《金澤文庫文書》）

雖然如此，君臣一心終究是種理想，家族骨肉隨著血緣淡薄而疏遠，君臣之誼也因時間而磨滅殆盡。為了生存，自然要考慮現實層面的因素。前面提到，負責帶領團隊的主君一旦無法平衡與保障團隊成員的安全與發展前景，或者無法擺平內部矛盾，主君被判定為「無器量」，將面臨被質疑、被推倒的噩夢。

最常見的威脅是團隊內部出現了足以撼動主君地位的新星，靠實力與拉幫結派，贏得團隊內的聲勢與主導權的競爭者。害怕大權旁落的主君選擇先發制人就也在情理之中了。

這樣的例子在戰國時代為數不少，比如說知名的「越後之龍」上杉謙信的父親長尾為景，就是依靠家族及自己的實力，漸漸贏得團隊內外的支持與人望，主君上杉房能為免留下後患，打算先下手為強，不料兵敗而死。還有，前面提到大內家的大寧寺之變，最終被逼死的主君大內義隆也不是毫無察覺陶晴賢的異樣，只是行動不夠快，被對方先發制人，結果殞命。

當然，「上剋下」的成功例子也不少，最有名的就是「西國之雄」毛利家了。天文十九年（一五五〇），毛利元就與他的團隊成功討滅一直在家中跋扈不法的重臣井上元兼及其黨羽，而且利用這次掃蕩潛在威脅的勝利，迫使家臣宣誓效忠，聽憑差遣。這次重大勝利也為毛利家在後來稱霸西日本打下極為關鍵的基礎。

雖然如此，成功「上剋下」的毛利元就後來回想這次重大勝利時，感嘆到：

> 一家的主人殺害家臣，猶如切斷自己的手足，是最壞的情況。（《毛利家文書》）

元就非常明白消除威脅、贏得勝利、穩住權柄與地位的重要性。但是，透過這種殘酷、暴力的方式來達到目的，無疑是把雙刃劍，團隊（毛利家）裡的其他成員雖然被震懾了，但不代表他們就此心悅誠服。坐在主君的位子上，永遠都得戰戰兢兢。

因此，元就告誡兒女時道出了人君的無奈，他說：

> 如今家臣沒有一個是因為覺得毛利家很好而效忠的……一旦我們變弱了，他們就不一定再跟著了。（同上）

由此可見，「下剋上」既不是純粹因為野心，「上剋下」也不是只因為君主意圖大權獨攬，雙方都在追求利益最大化，甚至可以說這是兩種「正義」的交鋒。

不過，即使是這樣，「下剋上」與「上剋下」最大的分別是：前者不一定要置對方於死地，可以架空、弱化對方，讓對方成為神台上的花瓶，又或者在主君家族內找人替換。這是因為主君的權威伴隨而來的號召力，積累下來的關係與能量都是一種無形的約束，加上道德思想上的束縛，弒主、背叛的罵名落在頭上，影響內部穩定團結，成本實在太高。

與之相反，後者往往是以流血收場，主君必須把威脅連根拔起，或者起碼把威脅趕出團隊，確保威脅不再出現。像毛利元就說的，主君一方面明白誅殺臣下有極大風險，不可不慎重為之，另一方面對待這種看在眼裡的威脅，也不得不雷厲風行，斬草除根。

不過，由於歷來的道德價值稍稍有利於主君一方，主君手握大義名分，占領道德高地，與臣子犯上作亂相比，掃除企圖威脅自己的臣下，好像稍微更有理。

可是，從真實情況看，日本戰國時代的「下剋上」與「上剋下」的成功例子相比，前者還是多一些，這是因為團隊畢竟是眾人協作的組織，即使主君剷除犯上作亂的臣子有理，寒蟬效應之下，臣子就算不一定願意加入叛亂，也不希望剷除異己的主君成為獨裁君主，危害組織。於是，臣子聯合一起，既牽制想要強出頭的同僚，也要壓制企圖唯我獨尊的主君。這種理想狀態要到戰亂結束的江戶時代才能夠實現。

像戰國大名這樣由家族結合而成的團體，重視協調與互惠互利，武士團隊內部的關係自然會因為力量、利益與人際關係的變化，需要定期調整。正所謂「一朝天子一朝臣」，這一世代的君臣和睦，不代表下一個世代的君臣也必定和顏悅色、同心協力。一旦出現或者預見到矛盾的苗頭，以家族為本位的君與臣必然想要做好危機管理預案。

因此，很多情況下，「下剋上」與「上剋下」常發生在換班交替的時候。例如本能寺之變一個獲得公認的說法，就是明智光秀即使獲盡信長的恩寵，但是擔憂年幼的兒子無法順利接班，或者在織田家失去生存空間的憂慮，連同其他因素，迫使他做出反制措施。

總而言之，日本中世紀武士社會，包括相對穩定的江戶時代，君與臣的關係存在兩層思想規範。第一層是私人的羈絆紐帶，以「忠」、「叛」來衡量；第二層是作為團隊成員、契約合作夥伴的關係，確保團隊內部的利益能夠穩定維持下去。第一層的思想規範在戰亂時代是理想性的、理論性的；而第二層的思想規範則是功利的、現實的。

因此，可以說無論「下剋上」還是「上剋下」，表面看到的是恩怨情仇，但背後包含的，是一個團隊裡的平衡遊戲與力量的較量。總之，日本武士社會結構裡，不存在也不容許君主獨裁霸道、臣子仍然無條件跟隨的戲碼，重視的是協調和互惠互利，良臣擇主而事，明主擇賢而用，爭取雙贏。

綜上所述，日本戰國時代為止的叛亂雖然多少帶有情感因素，但是基於上述社會結構與思想的影響，純粹出於私利、私怨與野心而發動的叛亂少之又少，背後牽動的是千絲萬縷的羈絆紐帶與錯綜複雜的利益關係，牽一髮而動全身，本能寺之變就是其中一例。倘若看不清這些藏在背後的深層因子，就只能把問題的癥結歸結到易懂好理解的個人因素（欲望與情感）上，而無法具體說明問題的本質。

終章

本書第一部〈明智光秀傳——忠與叛之間〉，旨在運用可信度較高的系圖、史料，結合筆者的推論，詳細剖析與敘述「本能寺之變」主謀明智光秀的身世和生平事蹟，以及表明他對織田政權的貢獻。

第一章主要介紹了從「本能寺之變」發生到二戰前，明智光秀形象的變遷。在江戶時代愚忠思想的影響下，明智光秀被嚴重貶抑至無可翻身的地步；及後至明治時代，從江戶時代解脫出來的史學家開始反思對明智光秀的評價，但由於信長的勤王形象深入民心，一直到了二戰以後，明智光秀才得到擺脫信長神話、以務實為主的史學家的重新評價。筆者承接這個風氣，引用同時代與光秀有交情或聯繫的人物史料，以證明明智光秀在戰國時代（本能寺之變以前）的名聲，與事變後直至數百年後的今日都大相逕庭。這個差異性說明了光秀的真實一面及生平極度需要重新定位及評價，否則將難以客觀分析本能寺之變。

於是在第二章，面對明智光秀的前半生充滿了太多的撲朔迷離，就連出生地點、年齡、父母都是一個個的謎團，我們根據諸系圖及其他史料，推論出明智光秀應該是土岐氏的庶族長山明智氏的子弟，但其在氏族中的真正位置，則仍然無法完全確定。另外，光秀因故流浪到了越前長崎，但他並沒有侍奉朝倉義景，而是在這前後偶遇細川藤孝及足利義昭，並因為二人的關係，有機會接觸到織田信長。最初以幕府奉公眾身分登場的光秀，在本圀寺一戰中表現出武略方面的才能；而在擔任信長陪臣的時候，光秀便在京都行政方面，發揮了自身的文治能力。或許是文武兼備的原因，光秀逐漸得到信長的注意，最終光秀亦偏向織田家，進而成為正式的織田家臣。

到了第三章，講到了明智光秀藉由出色的才華，受到信長及義昭的賞識，後來面對義昭與信長的對立，光秀毫不猶豫地選擇了信長，這可說是光秀一生中最重要的人生決定，否則本能寺之變會否發生還是未知之數。義昭敗北，成為織田家臣的光秀歷經元龜爭亂及丹波平定戰，一躍而成織田家中不可或缺的五大重臣之一，更是擔當織田政權外交事務的重要一員。

最後在第四章與第五章，回顧了光秀與信長在最後兩年的所有事件，並把一些坊間流傳已久的說法，如怨恨說、對立說一一剖析，證明二人在天正八年至十年之間，關係大致良好，從一手史料上並未找到二人明顯的對立痕跡。在這個情況下，就突然發生了本能寺之變，當中的謎團亦是不少。筆者嘗試推論信長在事變時的一舉一動，並以信長一貫的做事風格，重新考量當時信長的心境，認為應與坊間的想法有所不同才是。

有關信長之死，筆者引用各方有關的史料，如《信長公記》、《佛洛伊斯日本史》、《本城總右衛門覺書》等，重新評估信長當時死於本能寺的真相。還有，在第一部的最後，也透過較為可信的史料，回顧了光秀在成功殺死信長後，至山崎之戰為止的十三日內，如何面對四面楚歌的絕境，走向人生的終局。

到了第二部〈本能寺之變考疑〉，嘗試在所有由江戶時代到現在有關本能寺之變的諸說法裡，選出四個最知名及具可能性的說法——野心說、怨恨說、陰謀論說及非道阻止說，並對各說的形成及論點加以檢討，從而得出各說的漏洞、謬誤以及可取之處，最後則提出筆者個人的觀點與看法。

首先在第六章，分析了兩位日本戰國史研究領域的泰山北斗——高柳光壽與桑田忠親的見解，認為野心說在政治角度來看，的確具有一定的信憑性；而怨恨說則因為立論基礎不夠穩固，故不能予以認同。然而，以上兩說都因為其理論過於空泛，難以直擊發生事變的真正原因，故筆者只視之（野心說）為「基礎動機」。

第七章，利用了相關的史料及其他資料，嘗試逐一檢證以朝廷陰謀論說、足利義昭陰謀論說為首的主要陰謀論說。大抵各個陰謀論說在立論上犯了脈絡不清、前後矛盾的謬誤，陰謀論說的提出者亦因為有譁眾取寵之嫌，以及先入為主、曲解史料的錯誤，使其說法無法得到大部分史學家的同意。筆者借用、參考諸學者的見解，並結合自己的想法，得出否定所有陰謀論說的結論，並認為明智光秀從來都是個人連同家臣團所行的叛變之舉而已。

第八章，全面檢討了所謂的「非道阻止說」。首先，筆者不否認信長確實存在某些「無道」行為，但若因此就認為光秀與信長之間存在意識形態的對立，實在難以認同。其次，筆者不太同意所謂明智光秀是因為信長「無道」，於是發動了本能寺之變的說法。光秀本身憑什麼條件可自稱為「打倒無道」的急先鋒？這亦是對「非道阻止說」的一個大質問。

最後到了第九章，筆者認為明智光秀與織田信長，以至與織田政權的對立，乃自天正九年信長與長宗我部元親交惡開始，這個政治矛盾的發展亦應視為本能寺之變的遠因，但並不是構成事變的唯一原因，後來加上齋藤利三這個特殊因素，以及明智光秀的政治生涯越見不明朗等，以上諸多因素在同時間受到信孝遠征四國一事的影響而急劇惡化，最終迫使明智光秀、齋藤利三利害一致，並導致了本能寺之變。

本能寺之變可說是日本中近世史上影響深遠的政治事件。有人說，即使研究出本能寺之變的真相，也不會對日本中近世史的研究有太大影響。可是，本能寺之變發生的原因如不解釋清楚，將對瞭解豐臣政權的成立基礎及過程，造成嚴重的漏洞及不明點。

本能寺之變後，織田政權面臨瓦解的危機，雖然羽柴秀吉在山崎合戰遏止了明智光秀摧毀織田政權的行動，但問題是突然失去了信長及信忠的織田政權應如何重組、分配各重臣的權力，以及對付各地的反信長大名，都是本能寺之變後，各家臣急需迫切解決的問題。而這些問題便透過清洲會議、賤岳之戰以及小牧長久手之戰，由秀吉成立羽柴（豐臣）政權來吸收、改造織田政權遺下的權力架構。換言之，造成織田政權的驟然終止與豐臣政權創立的關鍵，便是本能寺之變。

★★★

經過以上二部九章的討論，已經盡可能解明了明智光秀的整個生涯（包括謎團）以及本能寺之變的諸問題。綜觀而言，整個本能寺之變的發生雖然來得突然，但絕對不是偶然的錯亂。織田政權作為第一個由中世日本走向近世日本的政權，當中自然會產生各種磨合及對立。遺憾的是，織田信長執行「天下布武」的過程中，究竟如何克服這些伴隨著時代轉變而來的諸多問題，卻鮮有史料可加以研究。同時，織田政權的定位及政治目標究竟是什麼，到現在亦沒有史料可以清楚地幫助我們瞭解，否則，對瞭解本能寺之變的構成背景，或許會很有幫助。

現時本能寺之變的研究已經到了百家爭鳴的局面，這可說是受惠於日本戰國研究熱潮的結果。二〇二一年的ＮＨＫ大河劇《麒麟來了》（麒麟が来る）更以明智光秀為主角。播出的一年之間，在日本各界，甚至華文社群媒體上都引起了很多討論。本能寺之變的話題再次成為熱門話題，不過，也因此出現了很多投機取巧、譁眾取寵的說法。筆者認同史學家所說的「應以研究歷史般研究歷史」，而不應誇張化，但在查考各方史料時，亦深深體會到研究本能寺之變的困難。零碎又不知真假程度的史料群，很容易令研究者及愛好者望而卻步。幸而，現在有關戰國史的史料、考古發掘的成果十分可觀，期待日後能有更多相關史料被發現，讓包含筆者在內的戰國史愛好者，進一步探索本能寺之變的經過與真相。

特別專集　典籍裡的本能寺之變

明智光秀發動本能寺之變，無疑改變了日本歷史發展的走向。然而，關於這場重要的歷史事件，雖然已經有不少原始（日語）史料與相關軍記物語記載其事，但到目前為止，這些資料還沒有被翻譯成中文，以饗愛好這段歷史的讀者。因此，本書在最後附上了相關資料的翻譯，希望能夠讓讀者更具體地知曉當事人與後人是如何描述這個事件的。

本能寺之變的相關資料繁多，筆者以「明智光秀」與「本能寺之變」兩個關鍵字，選出了九份對本能寺之變既重要也十分有名的資料，提供給讀者參考，無論是希望瞭解更多相關的資訊，還是想透過歷史資料，更深入感受當事者們與後來人描寫這場事變的方式，閱讀這些資料都是十分必要的。

各份資料的詳細介紹留待後面的題解部分來說明。這裡要先說明的是，這九份資料的長短、體裁、性質均不一樣，而且並不是以本能寺之變為主題而編寫的。雖然如此，由於著作的需要，它們必然提及了本能寺之變，並且占據了整體內容的一大區塊。

另外，考慮到要緊扣本書的主題，經過權衡取捨後，決定僅選取這九份資料裡提及本能寺之變的相關部分，從明智光秀密謀發動政變，到織田信長、信忠父子雙雙死亡為止，方便讀者聚焦。

最後要說明的是，為了讓讀者能夠感受各文本的原本風格，翻譯時只更換了生僻、與中文意思不同的日本漢字、詞彙；對專有歷史名詞也做了適當的翻譯，除此以外，盡量還原原文的風格與文意，望祈瞭解。

本次選取的九份資料如下：

一、《惟任退治記》〔節錄〕
二、《信長公記》（卷十五下）〔節錄〕
三、《川角太閤記》（卷一）〔節錄〕
四、《耶穌會一五八二年日本年報追加》〔節錄〕
五、《本城總右衛門覺書》〔節錄〕
六、《乙夜之書物》〔節錄〕
七、《甫庵信長記》（卷十五下）〔節錄〕
八、《明智物語》（卷二下）〔節錄〕

九、《明智軍記》(卷九、卷十)〔節錄〕

《惟任退治記》

〔題解〕

《惟任退治記》的作者是羽柴秀吉的祐筆[1]大村由己(?~一五九六)所著,「退治」在古日語裡是「征伐」、「打倒」的意思。內容上從秀吉得知本能寺之變後與毛利家議和,然後火速撤退回師,在山崎之戰成功擊敗明智光秀,再到同年十月主持故主織田信長的喪禮為止。本次節錄的內容則從秀吉請求信長到前線出兵助戰,到明智光秀的軍隊逼死信長、信忠父子為止。

自天正十三年(一五八五)起,大村開始為主君秀吉做政治宣傳,以秀吉的連場軍事勝利為主題寫下一系列文章,除了《惟任退治記》,還有《西國征伐記》、《柴田合戰記》等。這些文本最後合輯為著名的《天正記》,講述了忠於主君的秀吉轉戰各地,肝腦塗地,在本能寺之變後率先替信長報仇,繼而一步一步篡奪織田家,力壓群雄,

1 祕書兼文書官。

一統天下，成就大業的傳奇。「天正」就是當時日本的年號，而信長於天正十年（一五八二）死後的天正時代後期（一五八三～一五九二）起，日本踏入了「秀吉的時代」。大村由己最重要的寫作目的就是要以文章見證、記錄這個歷史時刻。

雖說《天正記》的各個篇章是從秀吉作為信長的主力幹將，代表織田政權征伐本州西部的別所、赤松、毛利各家的經過起筆，但作為改變秀吉一生的轉捩點，本能寺之變到山崎之戰的經過無疑是繞不開的。

基於政治需要，《惟任退治記》等文本在寫成後立即被有意地流傳開來。從京都的貴族社會為起點，慢慢擴散到武士、百姓圈子裡去。隨著豐臣政權建立，《惟任退治記》寫成後幾年內，已經在貴族社會內部廣泛傳閱。到了江戶時代初期，在城下町的書齋都可看到其手抄本。可見在政治操作下，配合其內容的巨大話題性，《惟任退治記》從「政治宣傳讀物」，變成廣為流傳的「大眾歷史讀物」。

更為重要的是，比起後來的軍記物語（如《明智軍記》）與一些相關人士的回憶錄、隨筆（如《明智物語》），《惟任退治記》是站在豐臣政權起家角度，出於政治需要寫成的。儘管本能寺之變發生時，大村本人不在現場附近，所寫所說都是根據後來的道聽塗說，內容不一定可信。但是，由於他附屬當事人的身分，內容是在事變後不久記錄而成，代表秀吉陣營的角度去總括了本能寺之變到山崎之戰的經過與結果。從這個角度來看，《惟任退治記》填補了文書類史料的空白與不足，其史料價值與參考性不言而喻。

體裁方面，大村由己作為儒僧，書寫漢文頗為熟練，《天正記》中（包括《惟任退治記》在內）的大多數文本，均以仿漢文體書寫，同時混雜了當時日語書面語的用詞與行文風格。這種獨特的文體是當時諳熟漢文的禪僧慣常使用的。不過，考慮到這種和漢混雜的文體不利讀者輕易理解，同時又為了盡可能讓讀者感受到原文的氛圍，所以文本的翻譯以盡量忠於原文原意為大前提，另外為個別人名、地名添加註釋，以便讀者理解。

〔文本〕

（前略）[2]

（信長）命令堀久太郎秀政，加上池田勝九郎之助、中川瀨兵衛清秀、高山右近重友等人出戰協助秀吉。將軍（信長）與（織田）信忠從京都出發，同時，信長公命令惟

2　前面部分描述了秀吉攻打毛利家的大概經過。至天正十年三月，秀吉圍攻備中高松城時，遇到毛利家發重兵從後方趕來支援，秀吉急求信長派兵助戰。

任日向守光秀作為軍使早早出發，並與秀吉商談。依照戰事發展，信長父子將隨時出發。光秀奉命率領兩萬餘人，卻不前往備中，而密謀造反。我（大村由己）認為這不是（光秀）臨時決定的，而是他蓄叛逆之意多年所致。於是在五月廿八日，光秀登上愛宕山（今京都市右京區）舉行一場連歌會。光秀詠句云：

時為今下雨之五月哉。[3]

現在我想來，這實在是謀反的先兆啊！但誰何曾察覺到呢？然後，天正十年六月一日，光秀半夜率領兩萬餘人，從丹波國龜山（今京都府龜岡市）出發，進逼位於京都四條西洞院的本能寺，那是相府（信長）下榻之地。信長公做夢也沒有想到此事。臨近深夜，信長公召信忠來私談，信長公說：「我正值壯年，很開心今日得盡收穫，而且身兼萬代的榮耀。」又慰問村井入道（貞勝）以及近侍、隨從等人。到夜深時分，信忠向信長公告退，回到妙覺寺陣所。信長公則回到深閨，召集佳妃、好嬪，行鴛鴦之衾、連理之枕，夜半私語，這豈不是世間最美之夢嗎？

光秀進軍途中，命令明智彌平次光遠、勝兵衛、次右衛門、孫十郎、齋藤內藏助利三，還有其他家臣率領士兵分四路包圍本能寺。到了凌晨，明智軍士兵拉倒寺邊的土牆，砍破木戶後一起闖入。

信長公的好運到頭了，如今天下靜謐，信長公放鬆警戒之心，而且分布在領國內的諸家臣或到西日本出戰，或被配置去守護東日本的邊境。至於織田三七郎信孝（信長三兒子）準備渡海前往四國，與惟任（丹羽）五郎左衛門尉長秀、蜂屋伯耆守賴隆一起駐紮在和泉國的堺港（今大阪府堺市）。其他家臣因為信長公出戰西日本，他們正為侍奉其左右、回到各自的領地做準備，所以當時沒有重臣在京。而已經入京侍奉在信長公左右的家臣則分散在京洛各地悉心遊興，本能寺衛所內的隨從不過一百人。信長公得知有人發動夜襲後，召喚森蘭丸前去探勘。蘭丸回報說是光秀謀反，這就是所謂的「以怨報恩」啊！這不是信長公暴露醜態，所謂「有生者必滅」，這也是定理啊！事到如此，又有什麼好驚訝的呢？信長公手執弓箭，步出室外緣邊，射殺五、六名明智士兵後，再用十文字槍擊倒數名敵人，將他們驅逐出門外。可是，信長公本人也數處受傷，於是退回室內。森蘭丸、高橋虎松、大塚又一郎、菅屋角藏、薄田金五郎、落合小八郎等人不離信長公身旁。這次突發事件，眾人一同出擊，不離半步，結果紛紛戰死。繼而出擊的人們如中尾源太郎、狩野又九郎、湯淺甚助、馬乘勝介與針阿彌等

3 原句：ときハ今雨がしたしる五月かな。

七、八十人傾力作戰，雖然一度阻擋敵人的攻擊，但遭到多人圍攻之下，先後被殺。此時，信長公了結了身邊在春花秋月之時賞玩的高貴優雅的美人們的性命後，看到隨從全數戰死，親手放火焚燒本能寺內的主殿，當場切腹自盡了。

村井貞勝的宅邸在本能寺門外不遠處，聽見本能寺的騷動，起初以為是什麼人在爭執打架，便沒有帶兵器到本能寺附近查看，以便平息吵鬧。但他看到的是光秀的兩萬餘人軍隊包圍本能寺，雖然眼見這種情況，貞勝卻無計可施，於是趕到信忠駐紮的妙覺寺，報告兵變之事。

信忠想無論如何都要衝入本能寺，誓與所有人一起切腹共存亡。然而，經過緊急商議，如今本能寺已經被重兵包圍，除非身插翅膀，否則難以進入。這實在是咫尺千里之嘆啊！而且妙覺寺不是耐於堅守的陣所，於是信忠問道：「這附近有沒有可供我切腹以謝天下的地方？」貞勝回答說：「可以去（誠仁）親王所在的二條御所。」於是貞勝帶信忠等人到二條御所，奉請親王坐輦移駕入宮，信忠身邊僅有五百人，全數進入二條御所。而信長公親衛隊中殘存下來的人受阻於光秀軍，順利抵達二條御所的只有一千餘人，包括信忠的弟弟又十郎信次、村井貞勝三父子、團平八景春、菅屋九右衛門父子、福住平左衛門、豬子兵介、下石彥右衛門、野野村三十郎幸久、赤澤一郎右衛門、齋藤新五、津田九郎次郎信治、佐佐川兵庫、毛利新助、傳三郎、桑名吉藏、水野九藏、櫻木傳七、伊丹新三、小山田彌太郎、小胯與吉、春日源八等骨幹之臣。他們心有覺悟，等待光秀揮軍撲來。

光秀知道信長公切腹自盡、火燒本能寺的主殿後，感到十分安心，後來知道信忠率家臣死守二條御所，馬不停蹄地指示士兵攻向二條御所。御所內的人當然做好了準備，他們打開御所大門，架好弓箭和火繩槍在前，御所內的士兵人人手持武器，嚴陣以待，威風淩人之兵爭相布陣。前面弓箭、槍彈輪番射擊，士兵接踵殺出，追逼驅趕敵人。經過數個時辰的防守，敵人（光秀軍）重整旗鼓，派出新部隊來攻，而守方裝備單薄，心雖剛勇，手持長刀、短刀殺出，這五十人要面對上百的敵人，而剩下來的人手已經所餘無幾了。敵軍已經逼近御所內的主殿了，信忠、信次兄弟穿上甲冑，兩人身旁的一百餘人也身穿甲冑。信忠率先殺出，斬殺十七人，身邊的家臣也爭先恐後拚死一戰，一度逼退周圍的敵兵。就在這時候，明智孫十郎、松生三右衛門、加成清次等人率領強勁之兵數百人進行反擊。信忠看到這情況後，殺入敵陣之中，使出從小學習而得的渾身解數，展現手執長刀奮戰的英姿，斬砍劈捅，清次、三右衛門成為信忠的刀下亡魂。信忠的隨從盡全力迎戰，但仍然被攻進來的敵人全數殺死。

最後一戰裡，眾人無不希望永久伴隨信長公左右，於是他們在御殿放火，然後集結在一起，信忠切腹自盡，其他人也跟隨其後，喪身火海之中。信長公享年四十九歲，信忠享年二十六歲。可悼可惜，京中萬民上下哀慟灑淚。

《信長公記》

〔題解〕

《信長公記》是記載織田信長生涯的傳記，全書由十五卷組成，此外還有後來補充的首卷，總共十六卷。

作者太田牛一（一五二七～一六一三）是織田信長的家臣，與後述的小瀨甫庵是同鄉。牛一曾在一五六五年的堂洞之戰中以弓兵的身分立功。後來，太田牛一成為了信長重臣之一丹羽長秀的祐筆，長秀死後，牛一轉為豐臣秀吉的家臣，曾擔任檢地奉行[4]。

從以上的經歷來說，牛一是個文武兼備的武士；不過，他的文字能力更勝一籌，其影響深遠的作品除了《信長公記》，還有豐臣秀吉的傳記《太閤殿下軍記之次第》等。史學家透過研究文本，發現牛一在傳主在世時便開始書寫這些作品。按牛一自己的說法，這是他在執行文書工作時順手做的記錄。後來在他主觀意志下，將這些手記集腋成裘，形成人物傳記。

不過，從各個抄寫本裡可以看到牛一修改文本的痕跡，顯示他經常檢查文本，以及隨時按需要更新與訂正。換句話說，牛一並不是一氣呵成地編撰《信長公記》的。他一方面依靠即時記下的筆錄，另一方面是在後來透過回憶、調查所得的資料，然後將兩者拼合重組，形成了《信長公記》的基本結構。

隨著年紀老邁，牛一開始以寫書為主要事業，主動，或者接受「訂單」抄寫自己撰寫的《信長公記》，並且按照客戶的需要，在各個抄寫版本的內容上做出一些調整。需要牛一提供《信長公記》抄本的人，大多是信長舊臣的子孫，他們為了收集父祖輩的事蹟以便編撰家史時，得知牛一撰有《信長公記》，於是請他提供抄本。

即使如此，也無法動搖《信長公記》的可靠性與重要性。作為織田信長最可靠的傳記作品，《信長公記》為史學家研究織田信長與其他跟信長有關係的人、事，提供了寶貴又相對可靠的資訊，說明信長攪動戰國時局的經過，當中也包括了明智光秀與本能寺之變。

明智光秀作為信長的重臣之一，以及殺害信長的凶手，在《信長公記》裡自然屢屢登場。有關本能寺之變的部分，由於牛一不在現場，所以牛一只能在事後透過調查所得的資料，包括從本能寺逃出來的侍女的口供，重新整理還原事變的經過。雖然這

4　負責丈量土地的官僚。

部分的準確性值得商榷，也揭露出太田牛一編寫《信長公記》的一些侷限性，但到現在為止，這部分內容依然是研究本能寺之變的重要資料。

與《信長公記》的其他部分一樣，牛一在描寫戰鬥場面上花了不少筆墨，強調織田武士們奮勇戰鬥的樣子。作為《信長公記》記載的最後兩場戰鬥——本能寺與二條新御所之戰，當然也不例外。牛一寫到這部分時是什麼心情呢？各位讀者閱讀譯文時，不妨也來想像一下。

〔文本〕

五月十六日……於中國[5]的備中國（今岡山縣西部）……秀吉包圍了高松城，下令在可以俯瞰該城的墨雲津（足守）川、長良川兩條河之間築堤堵截河水，以水攻城。毛利（輝元）、吉川（元春）、小早川（隆景）率領大軍從（安）藝州趕來與秀吉對峙。信長公聽聞此事，認為這次能夠在這麼短的時間內直接與毛利家決戰，實在是天賜良機。於是信長公下令出兵西向，征服中國諸家，然後一舉平定九州。信長公指派堀久太郎（秀政）為軍使，前往秀吉那裡交代各種布署。另外，信長公又指令光秀、長岡與一郎（忠興）、池田勝三郎（恒興）等人擔任先鋒，允許眾人暫停目前的公務，以便準備出發。

五月十七日，光秀從安土回到坂本城，其他奉命西征的家臣也同樣各自回到自己的居城，準備出征。

……

五月二十六日，惟任日向守光秀即將前往中國，離開坂本（今滋賀縣大津市）抵達自己的居城丹波國龜山。在第二天的五月二十七日，光秀從龜山到愛宕山參佛，在寺裡閉門祈願一晚。可能是因為心有所思，聽說光秀當晚來到愛宕山太郎坊[6]的神壇前，在那裡接二連三地取鬮占卜。五月二十八日，光秀在愛宕山的西坊舉行連歌會。

發句[7] 惟任日向守（光秀）
時為今下雨之五月哉[8]
更勝水上之庭中松山 西坊
止住這落花流水之末 紹巴

5 本州西部山陰道與山陽地區。
6 祭祀天狗之地。
7 連歌的第一句。
8 原句：ときハ今あめか下知る五月哉。

就這樣寫作百句，奉納在神前。

五月二十八日同日，光秀從愛宕山回到丹波國龜山。

五月二十九日，信長公從安土城（今滋賀縣近江八幡市）上京。津田源十郎（以下家臣人名省略）等人受命留守安土城。信長公帶著二、三十名近侍隨從上京。由於進京後立即要出兵中國地區（毛利家），所以信長公命令眾人準備出兵的相關事宜，待他一聲令下，立即出動。這次信長公上京沒有召喚重臣伴隨，不久後便發生了讓人始料未及的事態。

六月一日入夜後，在丹波國龜山，光秀密謀造反，跟明智左馬助、明智次右衛門、藤田傳五與齋藤內藏助等家臣商議，決定討滅信長公後，使光秀成為天下之主。他們向諸將士下達命令，所有人從龜山出發，前往通向中國地區的三草山谷後，在那裡折返向東，跨越老山（老坂山道）到達山崎，再從山崎抵達攝津國境內；參加祕密會議的幾個家臣負責擔任先鋒。

六月一日入夜後，翻過老山向右的路通向山崎、天神、馬場、攝津國；向左直走則是進入京都的幹道。光秀軍從這裡再向左面走，渡過桂川。這時候天色漸亮，軍隊已經包圍了信長公駐留的本能寺，並且從五個方向攻入寺內。

信長公與他的隨從都以為是下人在吵架之際，聽到跟往常不同的嘈雜聲，而且發現有人用火繩槍射擊信長公的主殿。

「這是有人謀反嗎？是什麼人的陰謀？」聽到信長公的詢問，森亂回答說：「看來是明智家的人。」信長公聽後說：「那別無他法了。」然後立即撤退到寺內主殿，其他在前堂的「御番眾（護衛）」也一起集結在主殿裡。從馬廄衝出來抵抗的矢代勝介等人戰死，此外「御中間眾（下級護衛）」藤九郎等二十四人也在馬廄裡戰死。

主殿內戰死者（人名略）。隨從傾力奮戰也一一戰死。其中，湯淺甚助與小倉松壽二人原本是被安排寄宿在本能寺外的客棧，聽到明智軍突襲本能寺之後便衝入寺內而戰死。在御台所（廚房），高橋虎松力戰敵人，其功無人可比。信長公一開始用弓箭射倒兩、三個敵人，但是沒過多久弓弦被拉斷，信長公改用長槍作戰。然而，手臂被敵人用長槍刺中受傷後，信長公退出戰鬥。

一直伺候信長公的侍女希望陪伴信長公左右，但信長公說：「女人無須受累，趕緊逃吧。」把她們趕出寺外。這時候寺內主殿已經起火了，可能是信長公不想被人看到自己的身影，於是進入寺內深處，然後在「御南戶之口」這個地方從容地切腹了。

信忠卿聽說本能寺出事後，希望與信長公會合，於是打算離開所在的妙覺寺。這時候，村井貞勝父子三人走到信忠卿面前說：「本能寺那邊的情況已經塵埃落定了，主殿也已被燒毀，想必敵人很快便會攻來這裡。二條御所的防禦性更好，可以供我們據守。」於是信忠卿等人來到二條御所，信忠卿奏請說：「這裡（二條御所）很快就會成為戰場，（誠仁）親王殿下與王子殿下請前往宮內。」雖然心有不甘，但信忠卿向親王行道別之禮，然後送兩人到宮內。這時眾人各有看法，有人提議說：「這裡不宜久留，大人您還是快逃亡吧。」信忠卿回答說：「面對這樣的謀反，即使我逃跑了，一旦死在雜兵手上，我將遺憾萬分。不如就在這裡切腹好了。」這實在是了不起的悲壯之舉啊！不久後，光秀的軍隊便攻來二條御所，豬子兵介等人衝出去與敵人廝殺，結果被殺，其他人也爭先恐後出戰，忘我拚鬥，他們刀鋒相交火花四濺，人人奮戰都不下於張良之奇謀，樊噲之氣勢。

他們之中有一名叫做小澤六郎三郎的家臣，寄宿在烏帽子屋町的一個民宅裡。當他聽聞信長公已經自盡後便跟屋主說：「我想趕到信忠卿所在之地，跟隨其左右。」屋主與鄰里也跟小澤一起前往，但看到二條御所的外郭已經被明智軍重重包圍。屋主等人便紛紛勸阻小澤說：「既然已經無法跟信忠卿會合了，乾脆我們把你藏起來，你還是快走吧。」但小澤不同意他們的建議，決意要跟自己人共存亡。於是小澤扛著槍，沿町道往二條方向走去。屋主與鄰里不忍與小澤就此永別，只好跟在他身後，目送他遠去。

小澤衝入二條御所的外郭內，拜見了信忠卿，然後走到正門護防，跟其他人一起奮戰到底，實在是無與倫比。但是在這個時候，敵人（明智軍）登上御所旁邊的近衛公宅邸，居高臨下，以弓箭與火繩槍向御殿展開攻擊，導致信忠卿的家臣死傷無數，倖存下來的人所餘無幾；而明智軍的士兵也在這個時候衝入御所的外郭內放火。至此，信忠卿下令，自己要切腹自盡，然後取出走廊的一塊木地板，走進御殿裡面，讓家臣在自己死後藏好自己的遺骨。介錯[9]由鎌田新介負責。這時候信忠卿眼見御所內織田家的家臣、下人全數戰死，屍橫遍地，感到十分悲慟。不久後，御殿也燒了起來，信忠卿就在這個時候切腹自盡，鎌田新介毫不猶豫砍下信忠卿的首級，按他生前的指示藏好屍首，在火海中化作無常之煙。這樣令人哀痛的光景，實在是慘不忍睹。

《川角太閤記》

〔題解〕

《川角太閤記》成書時間稍微晚於《惟任退治記》。顧名思義，是一部記載從「太閤」豐臣秀吉在本能寺之變前後發跡，然後統一日本，到他死後不久由權力鬥爭引發的關原之戰為止的書籍。這次的翻譯抽取該書關於本能寺之變的部分，也就是第一卷的開

9 切腹者自盡時負責從旁把首級斬下之人。

頭部分，換言之，作者認為秀吉飛黃騰達的起點就是本能寺之變。

《川角太閣記》的作者未詳，不過在很久以前，史學家一般認為這部作品是由豐臣秀吉的老臣、後來江戶時代的九州柳川城主田中吉政的家臣川角三郎右衛門撰寫的。至於寫成時間，一般認為是在一六二一年至一六二三年之間，也就是田中家因為絕嗣，被德川政權沒收領地之後。

因為資料不足，目前對於作者的底細所知仍然不多。同時，這部作品的名氣完全被後來出版的小瀨甫庵《甫庵太閣記》，以及其他版本的《太閣記》蓋過，一直沒有得到重視。而且由於《川角太閣記》沒有對外大量發行，原版也失傳了，只有幾部抄寫本傳世，到了江戶時代可以說是幾乎無人問津。

隨著近代日本史學的發展，《川角太閣記》才得以重見天日。由於是同時代的人撰寫的，而且作者將相關的所見所聞、當時的各種傳言，還有一些回憶統統記錄在書中，所以從學術角度來說，《川角太閣記》的史料價值遠勝於後來各版本的《太閣記》。

當然，由於沒有辦法找到其他證據一一證實這些消息與記事的真偽，加上作者記述各個事件時並非都在現場，所以不能斷言《川角太閣記》的內容確切無誤。即使如此，作為同時代人對從戰國末期至織豐時代所觀所聞的記錄，《川角太閣記》的價值仍然是非常高的。

另外，可以發現作者在撰寫《川角太閤記》時，大量提到自己的消息來源，例如在本能寺之變的部分便提到了成書時間稍早的太田牛一《信長（公）記》，還有其他跟信長、秀吉有關係的人們。因此，《川角太閤記》其實是作者經過大量調研，彙聚各種情報寫成的見聞錄。而且，作者始終以呈現自己看到聽到的消息為宗旨，沒有做出主觀的評論，這跟後述的小瀨甫庵力圖從自身儒家立場的角度來敘事、評論是非對錯，有著很大的差異。

總之，本次翻譯節選的有關本能寺之變部分，也是作者在事後的一段時間，聽取「消息人士」的口供，與收集其他如《信長公記》等資料的記載，而後編輯而成的。無論其可靠程度有多少，這部分內容反映出事變發生後不久，人們交換、尋找有關本能寺之變資訊的實際情況。

〔文本〕

天正十年壬午，信長公征討甲斐國的武田四郎勝賴，為此，信長公從（近）江州安土城出兵，但任命信忠公為先鋒。信忠大人從岐阜城出發，（德川）家康卿從駿河邊境攻入（武田家領地），此外還有其他勢力從各路湧入。因此，勝賴離開甲府的居城，到同國的田野山林內自裁。此後，信長公指示了戰後的處置工作，將駿河國賞賜給家康卿。同年四月初左右，信長公收兵回到安土城，聽聞家康卿為了回謝受賜駿河國，與穴山（梅雪）大人一同上京。

於是，信長公安排家康一行人留宿在明智日向守光秀的邸宅，光秀傾力接待一行人，還準備了菜餚，待準備就緒後請信長公前來查看。可是，信長公前來巡視時，正值夏日，光秀準備好的鮮魚腐壞了，信長公來到宅門外時，強烈的臭味隨風飄散。信長公聞到這陣陣惡臭後勃然大怒，直奔廚房而來，憤然說道：「弄成這樣子的話，不可能招待家康了！」因此，信長公下令讓家康卿等人改在堀久太郎的邸宅留宿。以上的內容是我（川角三郎右衛門）聽當時身為信長家臣的老人們口述而來的，《信長（公）記》說信長公安排家康卿留宿在大寶坊，有關留宿地的說法大致就是以上兩種了。

聽說光秀覺得顏面掃地，於是把用來盛魚的木制台盤，還有其他菜餚全部倒進（安土）城下的水溝裡，結果臭味傳遍整個安土城內外。

家康卿在五月十五日抵達安土。

另一邊，光秀接到信長公的命令稱，早前收到軍報，羽柴筑前守秀吉在當年三月下旬起，向毛利輝元發動攻勢，而且攻陷了輝元位於備中國的要塞塚城。然後，攻下塚城的威風讓諸勢力舉旗乞降，秀吉接受請降，接收了塚城後，聯合新降的領主們一起攻向高松城。城主志水長左衛門（即清水宗治）據城死守，秀吉軍雖然舉兵實施多重包圍，但高松城防衛堅固，一時難以拿下。於是，秀吉軍決定用水攻破城。

秀吉派人向信長公上報說，事到如今，毛利家一定會派援軍從後方包圍。因此，秀吉軍決定修築堤堰，然後分派兵卒在各處臨時建成的小屋駐守。在堤堰之外，牽繫圍欄，又放置好削尖的刺木、木柵，河水也已經漲至堤堰高度的一半以上，秀吉將這些情況一一向信長公報告。

為了增援秀吉，信長公下令中川清秀、高山重友及長岡忠興，也就是現在的三齋，還有攝津國的鹽川黨動員組織兵力，然後前往備中出戰。因此，信長公下令他們回到領國。至於光秀，信長公下令說：「你當從但馬國攻入因幡國，再從因幡國入侵毛利輝元的領國伯耆國與出雲國，不可有任何疏忽。你必須盡快回到丹波國，做好出戰準備，然後出發。」光秀覆命說：「謹遵命令，立即整裝出發。待命令到來，我便入侵輝元領地，並回報前線的情況。」安排好領地內的事宜後，光秀便離開安土，回到丹波國龜山城。

……

信長公認為輝元既然來到備中，必須把握這次機會一舉殲滅。於是，信長公帶著近衛隊一百六十七人，還有信忠卿一起入京，信長公留宿在本能寺，信忠卿則進入二條御所留宿。

……

聽說當年光秀一回到丹波龜山城，便日以繼夜地準備出戰。五月二十八日前往愛宕山祈願，留宿在山上的西坊。據說，光秀當日在那裡舉行了連歌會。這事在《信長（公）記》已有記載，這裡便不多記述，但是為免前後內容有失，姑且抄寫此書以下的內容：

時為今下雨之五月哉　光秀
更勝水上之庭中松山　西坊
止住這落花流水之末　紹巴

此後與眾人聯作百句後，光秀便下山，回到龜山。

太閤（秀吉）殿下取得天下後，知道了光秀寫作上述歌句的事，於是叱責紹巴說：「事已至此，你這是等同默許了光秀的惡行，實在太不妥當了。」太閤殿下責令紹巴在近江國三井寺的山林裡隱居，後來他獲得了赦免，被太閤殿下召回京中。

光秀謀反的詳情，以及他的五名家臣參與其中的事在《信長（公）記》裡已有記載。這五名家臣就是明智左馬助，也就是彌平次，還有明智次郎左衛門、藤田傳五、齋藤內藏助與溝尾勝兵衛。《信長（公）記》記載說，光秀跟他們討論自己心裡所想，然後命令各人當場提交印有牛王寶印的誓書，又要求他們交出人質，然後結束這場會議。

光秀的家臣裡，有個名叫「山崎長門守」、後來改稱為「閑齋」的人，他之後被加賀國的前田利長大人招攬為「武者奉行」[10]，而且在兩次大坂之戰[11]以前田軍「武者奉行」的身分參戰。

山崎長門守的口述是跟一個名叫「林龜之助」的人對談時說出的……他們兩人的對談我時有耳聞，但他們沒有提到所謂光秀與五名家臣商議謀反的情況。在對談裡，他們提到光秀當時的命令稱，全軍即將向備中進發，翌日（二十八日）起各家臣要徵集役夫等人員；五月二十九日下令將火繩槍的火藥，還有長槍等武器集齊在龜山，再於當日從龜山運送上百箱物資到西國。這是事變三天前的事。

六月一日申時（下午三點至五點），光秀向家中的重臣下令說：「森亂從京都派使者來傳令，主公（信長）下令我們準備好出兵後，要讓他檢閱我們的軍容和馬匹。因此，主公命我們立即集齊人馬上京。」光秀跟家臣說：「既然收到主公的命令，我們必須照

10 作戰時統率、管理士兵的職位。
11 大坂冬、夏之陣。

辦。作為武人，這是理所當然的。」於是，明智軍離開龜山，向東面的柴野前進。到了當天的酉時（傍晚五點至七點），光秀下令軍隊分成三隊，詢問齋藤內藏助這次召集的軍隊有多少人。內藏助回報說，軍隊總人數應該在一萬三千人左右。

光秀從這裡（柴野）向南推進，三隊之間相隔一町半（一百六十五米）。光秀後來召見女婿明智彌平次，稱有要事商討，讓彌平次派使者通知其餘五名重臣立即到他面前。收到彌平次的使者通知後，五名重臣來到光秀面前，摒去閒雜人等。這時，光秀從板凳站起來，然後重新展開板凳，再度坐上，跟眼前的重臣說出自己心底的真正打算。他說：「你們都知道主公（信長）是如何提拔我家的。我從區區三千石的家臣，瞬間成為從主公那裡拜賜二十五萬石的重臣。那時我在（織田）家沒有搞好人脈關係，結果主公在三月三日召集重臣、諸侯到岐阜參加節會時，我在眾人面前丟了臉。後來在信濃國上諏訪（今長野縣諏訪市）被主公責備。還有，這次家康卿上京，到安土時，我受主公之命安排、打點家康卿的住宿，但由於我的大意，在款待家康卿時犯錯，遭到主公責罵。主公突然命我率軍前往西國。這些事端接二連三地發生，我想這終將危及我家的未來。可是，我反覆思量，現在覺得這三件悔恨之事對我來說，其實是值得慶幸的。方今世道浮沉不定，繁榮與衰敗只在瞬間之中。作為我老後的回憶，哪怕只有一夜也好，我決定要奪取天下。我已經想得很清楚了，如果你們都不跟我一條心的話，我乾脆隻身一人殺入本能寺，然後在那裡切腹自盡好了。你們意下如何。」

彌平次上前說：「主公的決心可以說是天知，地知，我知，眾人皆知了，何況現在把這決定告訴我們五個人，就更加沒有必要勸諫您了。」說罷，溝尾、（齋藤）內藏助等人異口同聲地說：「恭賀主公終於下定決心，從明天起，我們終於可以如願地尊稱您為『殿下』了。既然這樣，就沒必要再討論什麼了。適逢六月的夜晚意外的短暫，而且從這裡到京都還有五里[12]的路程，我們必須在黎明時分抵達本能寺，再實施包圍。我們最好能在辰時前拿下本能寺，然後再攻陷二條御所，快出動吧。」

此後，光秀與家臣沒有再做談論，快馬加鞭地越過老坂，再穿過谷堂、峰堂，在遝掛附近下令軍隊用餐並讓馬匹休息。這時，光秀召喚天野源右衛門到跟前，說：「從這裡開始我軍要加快速度前進。那是因為很可能有人會將我軍撲向本能寺的消息傳出去。所以，如若發現可疑人等，必須將他當場擊殺」。源右衛門領命後，立即策馬來到軍隊前面監視。時值夏天，東寺附近的田野裡有很多在種黃瓜的農民，他們看到一大群武士來到，紛紛逃散。天野源右衛門為免他們可能向本能寺通風報信，於是派出二、三十名士兵截殺這些逃跑的農民。雖然他們都是無辜的，但天野源右衛門為了萬無一

12 約二十公里。

失，只好這樣做了。

光秀到達桂川後，傳令軍中：「切斷馬遝[13]，步兵換上新的草鞋，火繩槍兵將火繩剪到約一尺五寸[14]長，點燃繩子，已點燃的繩子每五條為一束，火口朝下。」於是，軍隊渡過了桂川。

渡河後，軍中又傳令：「從今天起，主公將成為天下霸主，軍中上下至雜役人等，你們都給我亢奮起來。」後來又說：「武士們儘管在那兩個地方[15]奮勇戰鬥。有兄、弟、子嗣的，一旦戰死，軍功由其兄弟子嗣繼承。沒有兄弟子嗣也不用擔心，自會從你們的家族中找出人選來繼承，不會有所差錯。現在就是看你們忠心高低的時候了。」

到達京都附近時，齋藤內藏助大聲地向軍隊下令：「京都門戶的門關一定跟往常一樣沒有上鎖，你們去衝開門關。到達門關前，大可不必展開軍旗。你們衝進去市中後，集體行動會妨礙進擊，你們先衝開各個町區的門關，然後分成各個小組，小心翼翼前往本能寺。你們藉助夜色微光的幫助，找尋寺外的草木作標記，朝本能寺前進。在夜間，你們按照我說的做法行動，是不會走錯路的，都給我好好記住了。」

從這裡之後的情況已經在《信長（公）記》裡詳細記述了，《信長（公）記》與目前外間所說的內容有出入的部分大概就是這些了，請您比對這兩個說法以作參考。如我前面說的，以上的內容是我根據現在侍奉前田肥前守[16]大人的山崎長門守，以及曾擔任關白秀次公近衛隊的林龜之助他們二人談及當年侍奉明智家，並且參與事變的回憶而得來的。

《耶穌會一五八二年日本年報追加》

〔題解〕

《耶穌會日本年報》是耶穌會日本教區提交給羅馬耶穌會總部的年度報告，彙報每一年日本的各種情況與耶穌會在日本的傳教活動進展，也是耶穌會為了提高日本教區內外的聯繫制度與消息傳達效率，於一五八二年開始編撰的。

簡單來說，日本各個分教區（主要在京都以西）將所在地的資訊傳送到九州後，由當時在九州口之津（今長崎縣南島原市）的傳教士路易士·佛洛伊斯（一五三二～一

13 包裹馬蹄的草鞋。
14 約四十五公分。
15 本能寺、二條御所。
16 前田利長。

五九七）整理，而後將年報寄送給印度果亞（Goa）教區，經翻譯處理後轉送羅馬總部。佛洛伊斯死後，上級指派其他傳教士接任其工作，直到德川政權在十七世紀初禁止傳播基督教、耶穌會被迫完全撤出日本為止。

本次的翻譯文本是一五八二年追加年報的部分章節。當然，佛洛伊斯之所以發出這份追加年報，其中一個原因是他接到了駐京都的傳教士傳來本能寺之變與織田信長父子死亡的情報。由於織田信長生前一直容許耶穌會的傳教活動，又積極保護傳教士的安全（不過，傳教士對信長的某些作為頗為不滿），而且織田信長在當時推進日本的統一，左右著日本與耶穌會日本教區的命運，因此對耶穌會來說，信長遭遇叛變罹難的消息絕對是十分重大且緊急的情報。

一五六三年，三十一歲的佛洛伊斯依耶穌會命令首次來到日本九州，藉助更早到達日本的其他傳教士的教導，努力學習日本的語言與風俗文化。兩年後的一五六五年，佛洛伊斯來到京都，獲得當時的室町幕府將軍足利義輝的保護，開始在京都傳教。義輝被殺害後，佛洛伊斯逃到京外。

一五六八年，織田信長保護義輝之弟足利義昭上京，成功擁立他就任將軍。佛洛伊斯不久後在京都二條與信長初次見面，開啟了兩人的交往，以及信長與耶穌會的交流。由於獲得信長的保護，佛洛伊斯被委任為日本中部教區的負責人；後來於一五八一年受命回到九州，開始編輯並整理耶穌會在日本的傳教活動資料與記錄，即《耶穌會日本年報》。

年報以葡萄牙文寫成，為了方便保管，並避免運送到印度果亞途中遭遇自然災難或事故而丟失，一般都會在發送年報前抄寫幾份文本，還會預先翻譯成其他主要語文。到達果亞後，當地的教區人員將年報的原本發送給羅馬耶穌會總部，然後收藏於耶穌會的文書館。同時，在果亞進行抄寫年報後，譯本將分發到歐洲等地的教區傳閱，以便交換消息。本次翻譯的追加年報就是佛洛伊斯收到由京都分區的傳教士發來的緊急報告，經編輯後再發送到果亞的。

《耶穌會日本年報》以及其他由當時駐日傳教士寫成的各種報告與書信，有助於我們在日本本土史料以外，瞭解從戰國時代到德川時代初期為止的風土人情，還有個別地區（九州、京畿）的各種事件，包括本能寺之變。尤其是傳教士以外國人的身分，用截然不同的角度詳細記載了那些不見於日本史料的見聞，有利於史學家多角度地復原當時的社會情況。因此，自明治維新以來，耶穌會的資料一直廣受日本史學界的重視。

然而，透過史學家對各個文本的分析，發現傳教士的記錄不一定都是他們親身見聞的。另外，由於傳教士以傳教為最終目的，即使他們努力瞭解日本文化，始終都是為了方便傳教而已。他們既無法認可當時日本人的某些風俗習慣，也難以放棄以歐洲文明的標準，以及描寫對象對基督教的好惡程度，來衡量、描述各個人物的性格與事件的性質。

本能寺之變主角之一的明智光秀就是明顯的例子。在其他傳教士與佛洛伊斯的各種著作（如著名的《佛洛伊斯日本史》）裡，幾乎都沒提及明智光秀。

可是，這份追加年報記述本能寺之變的原因經過時，卻突然介紹光秀出場，而且斷定明智光秀是個「喜好叛逆」、「富有謀略」的「殘忍」之人，很可能是基於他們知道光秀發動叛變乃至弒君的行為後做出的評價，而不是基於從前他們跟光秀的交往後得出的印象。

即使如此，拋開光秀的評價問題，傳教士在京都發生本能寺之變的時候近在咫尺，所看到的一切事變經過都極具價值，填補了相關的日本史料盲點，重要性不言而喻。因此，在閱讀這則傳教士的見聞時，小心留意內容的邏輯並比對其他史料，或許會得到不一樣的觀感。

〔文本〕

信長的宮廷裡有個名叫明智（光秀）、出生卑賤的人。在信長統治之初，他是某個貴族的家臣，但是他大大利用了自身的努力與智慧，攀升到現在的地位。他不被其他人喜歡，喜好叛逆，行使殘酷的刑罰，善戰且富有謀略，內心勇猛，而且擅長建築城池。透過這些才能，即使是出身卑賤的士卒，信長後來讓他領有丹波與丹後兩國，又賞給他比叡山大學[17]的所有收入，這個收入超過其他（律令）國的一半。

但是，明智是個讓人害怕的人，他還試圖成為日本王國之主。這時候，信長命令他率領三萬人去支援羽柴（秀吉）大人消滅毛利家。他看見信長與世子（信忠）均在京都，而且所率士兵人數不多，認為這是殺害他們父子的最佳機會，於是決定要實行這個計畫。明智命令手下士兵齊集在距離京都二十公里，位於丹波國的一個城堡裡。士兵發現前往戰場的路線不對勁，無不吃驚。這是因為明智十分聰明，他沒有向其他人透露自己的計畫，所以沒有任何人能夠想像到這個十分大膽的計畫。

六月十九日[18]，明智的軍隊齊集城內，他召見了四名部將，告訴他們自己決定暗殺信長父子，然後成為天下之主的計畫。部將們十分震驚，但是看到明智主意已決，答應幫助他達成目的。於是，明智告訴他們實行計畫，下達指令。為了不讓他們出賣自己，明智要求他們當著自己的面整裝出發。

就這樣，明智軍在半夜出發，抵達京都已是黎明時分。明智對外聲稱要確保自己

17 這裡指的是延曆寺。

18 和曆五月二十九日。

不在時，領內沒有事故發生，要加強諸城池的防衛，要求部將時刻保持警覺。為了讓身在京中的信長知道明智軍在人數上占有優勢，明智命令將士在進京前，必須處於全副武裝的狀態。

那是發生在一五八二年六月二十日[19]星期三的事。士兵受命點燃火繩，拉好火繩槍的板機，架好槍支。部下均疑惑這些準備是為了什麼，有人認為這是明智受信長之命，準備殺害信長的義弟三河國王[20]的行動。信長素來有留宿京都的習慣，他趕走了天王寺[21]的僧侶，悉心改建了這個寺院。明智軍三萬人在天亮前抵達了那裡，而且包圍了這個寺院。京都市內的人們都對這突如奇來的行動相當吃驚，感覺將有亂事發生，這個消息傳到了我們在京都的教堂裡。我們在那裡的教堂位於信長下榻的寺院一條街之外。因此，教徒立即來到教堂。我[22]當時為了準備主持早上的彌撒，正在更換衣服。教徒對我說，宮殿（本能寺）前吵了起來，看起來就要發生大事件，所以來勸我留在教堂，等待消息。後來，我們聽到槍聲，看到火燒了起來。然後消息傳來說那不是吵架，是明智背叛信長，派軍隊包圍宮殿。

明智的士兵來到宮殿的門戶，立即衝了進去。在那裡，沒有人能想像出這次背叛的發生，也沒有人做出抵抗。因此，士兵順利地闖進宮殿內部。當時，士兵看到信長剛用水洗手、洗臉，正在擦拭手和臉上的水滴。於是，士兵向信長背後射箭，信長（中箭後）拔出箭支，手執薙刀，即長柄，刀鋒好像鐮刀一樣的武器迎戰。可是因為手臂中槍，信長不久後退回房間內，關閉門戶。有人說他後來切腹了，也有人說是其他人放火燒毀宮殿，信長葬身火海。但是，據我們所知，那個讓所有人尚未親聞其音、只聞其名便膽戰心驚的人，一根毛髮也沒有剩下來，完全灰飛煙滅了。

迅速地殺害信長，又殺害了幾個守衛宮殿的少年貴族後，明智軍便燒毀了宮殿。京中的人們都知道發生事變了。有幾名諸侯想趕去現場，但由於宮殿附近的街道被明智軍占領，所以他們沒有辦法靠近宮殿，轉為前往世子（信忠）的宅邸[23]。世子聽聞事變後坐了下來，不久後又站了起來。他認為自己身處的寺院不安全，於是跟剛剛趕來的人們一起前往位於妙覺寺附近，國王兒子[24]住居的宅邸（二條御所）裡。這是僅次於安土城宮殿的建築，是三、四年前信長重新興建的，後來它成為了國王兒子的居所。

19 和曆六月一日。
20 即德川家康。
21 本能寺之誤。
22 傳教士卡里安。
23 妙覺寺。
24 誠仁親王。

世子雖然順利來到這裡，但是由於太過匆忙，他只攜帶了佩刀，沒有帶上其他裝備。由於這裡是王子的居所，裡面只有婦人，沒有任何武器。王子看到世子等人突然到訪，十分困惑。京都總督村井大人（貞勝）跟隨世子前來，王子聽從他的建議，派使者來到已經策馬進入京都市內的明智面前，使者代王子問明智說：「我（誠仁）應該做什麼？需要跟他們一起切腹自盡嗎？」明智對王子沒有任何要求，只希望他立即離開宅邸，為了不讓信長的世子趁機逃走，王子離開時不能騎馬，也不能坐轎。

這位天皇的兒子收到明智的回答後，跟宅邸裡的婦人一起離開，前往位於上京的王宮。宅邸裡的人都是具有身分名望的，而且善戰，他們奮力戰鬥了一個小時以上，只是（宅邸）外面有許多全副武裝的敵兵，而且攜帶的武器也十分多。他們很難繼續抵抗。然而，世子依然奮勇戰鬥，身體多處受了槍傷與箭傷，最終明智的士兵獲取勝利，他們衝進宅邸後放火，裡面的人大多被燒死，世子也在其中。

《本城總右衛門覺書》

〔題解〕

《本城總右衛門覺書》又名《寬永十七年本城總右衛門自筆覺書》，「覺書」就是回憶錄的意思，也就是說這份史料是一位名為本城總右衛門（一五五一／一五六一～？）的人的回憶錄。此回憶錄寫在一卷由十六張紙拼貼而成的長紙上，原本藏在奈良縣天理市的天理大學圖書館，二十世紀初才被史學家發現並研究。

《本城總右衛門覺書》原本是沒有題名的。但是，史學家為了方便記錄與說明，於是利用作者寫在文末的落款，正式命名了這份原本無題的回憶錄。

根據作者本城總右衛門的自述，這回憶錄是他在一六四〇年，大約是他八、九十歲時，行將就木之前寫成的，要讓子孫知道自己一生的事蹟，特別是立下的大小軍功，當中就包括了本能寺之變。

按照他的說法，本城總右衛門生於一五五〇或六〇年代，正值戰國時代戰亂最激烈的一段時期。他來自丹波國（今京都府西北部、兵庫縣中部），又名「本城有介」，原本是當地籾井城主荒井氏綱的家臣。後來，明智光秀奉織田信長之命，率軍平定丹波，打敗荒井氏綱後，他就轉投光秀的麾下，也因此參與了本能寺之變。

不過，《本城總右衛門覺書》並非只記載作者以明智軍的士卒身分參與了事變的經過。從他在丹波的生活，到遇上明智光秀，然後經歷光秀身敗名裂，又先後成為豐臣家與藤堂家的家臣，各種軍功總共十餘個，包括同樣影響日本史發展至深的關原之戰、大坂夏之陣等，都予以記錄。

客觀來說，本能寺之變在《本城總右衛門覺書》裡只占了不到十分之一的篇幅，而對於作者本身來說，除了一絲絲驚訝（詳見文本部分），沒有太大的重要性。就像他在回憶錄裡提到自己一生殺人無數，包括婦女、孺子，「（死後）必定下地獄的，我並不畏懼」，本能寺之變裡的殺戮也不過是無數使他下地獄的罪孽之一罷了。

與其說這是他對歷史的發展莫不關心、道德缺失，倒不如說是如實地反映了在戰國時代，一般的下級武士重視打仗立功，多於反思戰事背後的意義與罪孽。對於他們來說，能不能和怎麼樣立功、獲得獎勵，乃至藉助自己的軍功，幫助子孫獲得旁人的肯定與工作機會，才是他們認為至關緊要的大事。

即使如此，由於一直以來記載本能寺之變經過的史料都是由織田信長或豐臣秀吉的家臣寫就，又或者是住在京都與附近的貴族、僧侶，還有耶穌會傳教士的日記與報告，但這些大多不是身歷其境的史料，而是作為旁觀者去記載的當時及事後的見聞。發動這場驚天叛變的明智光秀的陣營，除了不太可靠、故事性質濃厚的《明智軍記》，幾乎就沒有其他能夠代表光秀陣營的史料。

因此，本城總右衛門以明智軍的一員參加了本能寺之變，到老後將腦海裡的記憶呈現在紙上，而且幸運地留存至今，這一連串的巧合與偶然對研究本能寺之變帶來的幫助及影響之大，可想而知。

不過，要留意的是即使是事變當時的目擊者、當事者之一，《本城總右衛門覺書》畢竟是作者老後的回憶，與本能寺之變時隔超過半個世紀，當中存在記憶錯誤、事後想像的風險。因此，閱讀這種「口述歷史」，理論上必須要配合其他史料來比對，謹慎判讀回憶錄的內容。

雖然如此，《本城總右衛門覺書》裡提到作者身為明智軍一員身臨其境，然後回憶出他目擊的本能寺之變，顯然他的「口供」十分重要，而且具有莫大的分量。事實上，《本城總右衛門覺書》記載的本能寺之變，的確與傳統說法有很多不同之處，也提供了很多新線索，包括他是怎樣被蒙在鼓裡，跟其他明智軍的士兵一起糊裡糊塗地進攻本能寺。這種看起來十分純粹、直白的記憶，對我們就本能寺之變的諸多想像與浪漫化處理做出警示，時刻要以還原歷史為首要的任務。所以，無論《本城總右衛門覺書》提到的本能寺之變真假成分如何，都不能否定它的重要性與珍貴性，值得翻譯給各位讀者一閱。

〔文本〕

明智（光秀）謀反，迫令信長公自盡的時候，如果有人說比我更早衝進本能寺，我想那人肯定是在說假話。這是為什麼呢？我是做夢都沒有想過要迫令信長公切腹自盡的。當時，我們收到太閤殿下[25]在備中國跟毛利輝元對峙，需要明智大人前去支援的指令。我們朝山崎的方向前進，沒想到突然轉進了京都。那時候我想家康公正在京中，（這個轉向）可能與家康公有關，我也未曾聽過本能寺這個地方。

行軍時，有兩個騎馬的士兵朝我們走來，我在想那兩人是誰，原來是齋藤內藏助（利三）的兒子與隨從。他們說要前往本能寺的方向，我便跟在他們後面，然後進入京都市內。他們二人轉向（本能寺的）北面去了，我和其他人去（本能寺）南面的護城河邊，然後朝東面走。我來到寺的主道，走到路的盡頭時，旁邊出現了一個敵人，我斬取了他的首級。隨後我走進寺裡，門戶是開著的，連一隻老鼠都沒有。

我拿著那個首級走進寺舍內。這個時候，兩名（明智）彌平次大人的母衣眾[26]從北面進入寺內，跟我說「把首級扔了」。於是，我便把那個頭顱扔進本堂的下面。接著，我來到本堂正面的主廳。沒有發現任何人，裡面只掛著蚊帳，一個人都沒有。

這個時候，我抓到一名從庫房[27]走過來查看情況，垂直髮型、身穿白衣的女子，但還是沒看到任何武士。那女子跟我說「主公穿著白色衣服」，但是那時候的我不知道她說的是信長公。後來我將那女子交給了齋藤內藏助大人。

兩、三名侍奉信長公，隻身穿袴衣、衣衫不整的人闖進本堂來，我斬下其中一人的首級。那個人是從後面的房間來到本堂的，他連衣帶都沒有繫好，佩刀也沒帶，穿著淺色的帷子[28]來到本堂。那時候我軍紛紛殺進寺內，那個人很慌張，我潛伏在蚊帳的背後，當他走近我這邊，我便從他背後揮刀，將其斬殺，砍掉他的首級。

那次行動（攻擊本能寺），我總共斬獲上述兩個首級。事後我獲得了一支長槍，作為軍功的獎賞。

《乙夜之書物》

〔題解〕

《乙夜之書物》是日本江戶時代加賀金澤（今石川縣金澤市）城主前田利常的家臣兼軍學者關屋政春（一六一五～一六八五）編輯的散文集。根據書裡的記載，《乙夜之書物》三卷於一六六九年至一六七一年相繼完成。不過在上卷的文末，作者特意提到

25 即秀吉。
26 近衛騎兵。
27 寺院的後廚。
28 一種武士的常用服裝。

這套書「千萬不能讓他人閱讀」，可以看出作者無意向他人展示。也正因如此，至今史學家還沒有發現《乙夜之書物》的抄寫本流傳於世。

《乙夜之書物》收錄了作者的各種見聞，內容繁多，早就被史學家留意並利用。但是，史學家一直沒有對其進行全面調查，只是選取其中有利於自身研究的部分（毫不諱言地說，筆者也是其中一人）。

可是，在二〇二〇年底，《乙夜之書物》突然成為日本的新聞焦點，備受日本戰國史研究者與愛好者的關注。這是因為當地的歷史學家萩原大輔，在書中發現了有關明智光秀發動本能寺之變以及後來山崎之戰的記載，這是從前沒有被留意到的新發現。

據書裡記載，關於本能寺之變的消息來自於光秀重臣齋藤利三的三兒子齋藤利宗（一五六七～一六四七）。據文中所說，利宗本人也跟隨父親參與了本能寺之變，當時他年僅十六歲。

不過，這個消息不是作者關屋政春直接從利宗口中得知的。利宗將參與本能寺之變的經過告訴了自己的親戚，也就是前田家的家臣井上重盛，關屋政春是從井上重盛那兒得知並作了筆錄。

跟前面的《本城總右衛門覺書》一樣，這份口供的提供者齋藤利宗是直接參與事變的當事人，而且身分算是決策層的邊緣人士。因此，這份輾轉記錄下來的口供被發現後，獲得研究人員的高度關注也是在情理之中。

加上口供裡講述本能寺之變的部分內容與傳統說法有些不同，例如利宗說事變發生時，光秀不在本能寺現場，而是在京外的鳥羽，帶領士兵攻打本能寺的是明智秀滿與齋藤利三，這都是不見於《信長公記》等知名史料的新資訊（不過，除了《明智軍記》外，其他史料大多沒有直指光秀在現場）。

另外，又如利宗描述光秀在事變的前一天告訴家臣謀反的決定，光秀與家臣的對話內容也因為利宗的立場關係，頗有臨場感，讓人難以簡單地質疑。遺憾的是，關於信長的結局與寺內的戰鬥場面，利宗提及的並不多，也不具體，無法藉由他的回憶得知更多當時的情況。

不過需要留意的是，考慮到這份口供的記錄過程十分曲折，而且跟《本城總右衛門覺書》一樣，是時隔事變八十年之後的記錄，故不能排除齋藤利宗與井上重盛之間，以及井上重盛與關屋政春之間，在口述、聽取及記錄時，存在誤解、記錯的可能性。

還有，所謂「孤證不立」，即使利宗曾在現場，以及積極參與了事變，但是他回顧這段歷史為止的八十年內，各種提及本能寺之變的書籍開始出版與流傳，利宗的回憶有沒有受到這些書的影響，或者參考了這些資料，然後干擾了他對那段記憶的理解等等，都是需要史學家後續再詳細考證的。

無論如何，目前除了前面的《本城總右衛門覺書》，就只有這份明智光秀家臣齋藤利宗的口供是站在明智家立場述說事變經過的，它的珍貴與重要程度不言而喻。比對這些不同立場、角度的史料，或許能進一步立體地重新梳理事變的原因、經過與結果。

〔文本〕

天正十年春以來，為了征服中國的毛利家，羽柴筑前守秀吉進入備中國，包圍了該國的高松城。毛利輝元率領五萬餘人從後方趕來馳援，與秀吉對峙。因此，惟任（明智）日向守光秀奉信長公之命，作為援軍前往備中國。信長公也將親自出兵。另外，為了征服四國，（織田）三七郎信孝（信長三子）以統帥的身分，率領織田七兵衛信澄、長岡越中守（忠興）、筒井順慶、丹羽五郎左衛門（長秀）、堀久太郎（秀政）、池田勝入（恒興）等將領，在這之前已經抵達大坂，準備出發。

這時候，光秀決定反叛信長公。六月一日，為了準備出征，他召集家臣與士兵來到他的居城丹波國龜山城。齋藤內藏助（利三）當時在丹波國的笹山城[29]，他在當天正午時分抵達龜山。那時光秀下令讓利三盡快趕到，說「現在！現在來」。利三在正午時分抵達後，光秀親自來到城門出迎，還執起利三的手，帶他進入城內，其他重臣也一同進入城內的數寄屋。光秀在上座，對各人緊閉雙眼，深吐一口氣，然後說「我現在思緒混亂……」。各人聽罷，屋內突然沉寂下來。這時候，光秀接著說要反叛信長公。利三說：「這事您一直拖到現在，接下來的事由我們來做」。其他人異口同聲地附和，光秀十分滿意。光秀召喚在屋外等候的明智左馬助，讓他進來。左馬助看到大家都同意反叛，說「祝賀主公」。然後說天氣熱，要找點什麼吃的。於是他拿來預先冷藏好的道明寺[30]。

光秀命令左馬助說，「把那個拿出來吧」。左馬助拿來了硯臺、紙張與熊野寶印[31]。屋內各人押上自己的血印後，於六月一日黃昏前率軍從龜山出發，翻過大井山（老山）後，在深夜抵達京都的桂川。光秀讓各軍士兵在河邊的平地停留並吃飯。所有人還不知道將要發生什麼，從龜山出發，來到三里（約十二公里）外的地方，正當大家疑惑之時，領軍的將領們策馬而至，對士兵說：「我們去包圍本能寺，你們都給我記好了。」全軍聽罷後立即振奮起來。

明智彌平次（秀滿）、齋藤內藏助率領兩千餘人前往本能寺，光秀則在鳥羽（今京都市伏見區）待機。

29 福知山城。
30 用水浸泡後晒乾的糯米餅。
31 紀伊國熊野三社發明的印文，一般印在誓詞用紙上。

明智彌平次、齋藤內藏助率領兩千餘人進攻本能寺，夜幕漸漸明亮起來。一個從本能寺裡擔著水桶、出來取水的人看到大軍殺來，立即逃回寺內，打算關閉門戶。「不能讓那門關上。」（秀滿與利三）下令士兵衝向本能寺的門戶，將它衝破後，全軍闖進寺內。本能寺的守衛聽到嘈雜聲，想走出來一探究竟。這時大軍已經攻進本能寺的大門內，於是雙方在寺舍外緣的走廊附近，以長槍展開戰鬥。信長公身穿白色的帷子，滿頭亂髮，走了出來。信長公手執大弓射擊庭院的敵人，在弓弦折斷後，信長公把弓扔掉，改拿十文字槍戰鬥。但是，當時我看到信長公的手已經負傷，白色帷子也被鮮血沾染了。後來，信長公扔掉十文字槍，走到寺內後方。不久後，就看到後方冒火了。

雖然信長公的守衛們奮戰不懈，但是由於這次行動太過突然，他們勢單力薄，只能赤手空拳，而敵人則全副武裝，帶著弓箭、長槍與火繩槍大舉來襲。終於，（明智軍）攻上廊道，斬殺所有守兵，拿下了他們的首級。

《甫庵信長記》

〔題解〕

小瀨甫庵（一五六四～一六四〇）是日本歷史上知名的軍記小說作家，除了本項的《信長記》，還有《太閤記》等作品。為了區別他的作品和前項的太田牛一《信長記》（一般稱為《信長公記》）與川角三郎右衛門《（川角）太閤記》，他的《信長記》、《太閤記》，一般被稱為《甫庵信長記》、《甫庵太閤記》。因此，這裡也沿襲史學界的一貫做法，統一稱為《甫庵信長記》。

甫庵出生於戰國時代最盛期的一五六〇年代，本能寺之變發生時他才十九歲，比《信長（公）記》的作者太田牛一及《（川角）太閤記》的作者川角三郎右衛門年輕。所以，甫庵寫作《甫庵信長記》與《甫庵太閤記》前，有充分的時間與機會參考這兩本書，再以這兩本書為基礎進行改寫。

根據小瀨甫庵的自述，他出生於尾張國春日井郡（今愛知縣春日井市），年少時成為織田信長的家臣坂井下總守的養子，後來成為信長的重臣池田恒興的侍醫，恒興在一五八四年的長久手之戰中戰死後，甫庵改投成為豐臣秀吉的外甥豐臣秀次的家臣。然而，秀次在一五九五年自殺後，甫庵在一段時間內利用活字印刷術出版醫書，顯示了他對印刷出版的關心與敏銳觸覺，為他後來出版更為有名的《甫庵信長記》與《甫庵太閤記》打好基礎。

一六〇〇年關原之戰後，甫庵成為了出雲國松江（今島根縣松江市）城主堀尾可晴的家臣。可晴於一六一一年去世後，甫庵暫時將精力放在寫作上，在一六二二年左右出版了片假名漢字混合的活字本《甫庵信長記》，後來又轉投加賀金澤城主前田利常麾下。雖然有跡象顯示在這之前已有更早的《甫庵信長記》草稿版本，但一六二二年的版本被認為是《甫庵信長記》的正式初版。

從以上的概略來看，甫庵和太田牛一一樣，與織田信長及織田家有一定的淵源，多少刺激到他在中年以後決定寫作本書。甫庵後來成為江戶時代「最暢銷的作家」之一，為後人所認識。他寫作時參考、改寫了《信長公記》，又大量加入儒學的道德概念，利用儒家思想的標準評判主角信長與其他角色。眾所周知，在江戶時代以後，儒家思想成為了社會的主流思想之一，故而我們可以說，《甫庵信長記》本身符合當時的社會價值觀，助它成為長期的暢銷作品。

值得留意的是，出身於戰國時代的甫庵，嚴格來說是兼帶武士身分的醫師。戰國時代，學習醫術的大多是非武士出身的人，但一些出身不高的武士為了謀生與求職順利，也會學習醫術（其他懂得醫學知識的有名人物如明智光秀、德川家康及伊達政宗）。

由於當時日本在醫學方面主要是學習與引進古代中國的醫學典籍，然後加以改良和調整。因此，學醫者首先需要具備讀解漢學與漢文的能力，然後才是醫學知識。所以，甫庵能夠大量利用儒學經典與思想去評述信長和秀吉的事蹟，很大程度上有賴於他的漢學功底。而他大量利用儒家思想來述說信長的故事，對於江戶時代的人來說，自然是「正確地」瞭解戰國時代歷史的最佳參考書。

除了醫術外，寫作史書也是一種謀生技能。特別是在江戶時代初期，戰亂剛剛成為過去式，各個武士家族乃至貴族開始思考領地的長治久安，以及整理家史、樹立統治正統與權威。於是，能幫助統治者強化威信、證明統治者的家族「功勳卓著」的史書十分重要。甫庵提供史書之餘，利用自身的經歷與技能，強化《甫庵信長記》等著作的可靠性，協助他在各家之間找到穩定的工作。

還有一點值得一提。《甫庵信長記》的自序中，甫庵明確說道：「吾以此（《信長公記》）為本，且嘆（信長）公之善盡有不備之事，且思當中雖有功勳，卻漏記於其中之人，其遺憾之大，可想而知。且拾求之，重撰此書。」也就是說，甫庵參考《信長公記》之餘，也以補充書中不足為根本目的。為此，甫庵也做了很多工夫，包括廣泛收集其他的見聞與資料作為根據。

不過，甫庵承認「戰場之事，人人言說不一，難以定奪」，各場跟信長有關的戰事（包括本能寺之變）經過，每個說法真假難辨。甫庵面對這個難題時，在記述上以《信長公記》為基礎，佐以其他資料，然後經由自己的分析判斷，敲定書中信長各個事蹟的最終版本。這個手法造成《甫庵信長記》裡，除了有意圖地加插跟戰國時代實情不太相符的儒家道德標準，還混雜了一些真假難斷的內容，使得這部著作的可信度及史料價值大打折扣。

儘管《甫庵信長記》在史學上的利用價值不高，但考慮到它的確是江戶時代的日本人瞭解本能寺之變的人氣作品之一，因此，仍然值得節錄裡頭關於本能寺之變的部分供讀者閱覽。

〔文本〕

〈惟任日向守謀叛〉

天正十年五月六日，惟任（明智）日向守出征中國，從坂本回到丹波龜山城，翌日登上愛宕山，在神社殿前祈願一夜，聽說還占鬮兩、三次。同月二十八日，光秀在愛宕山西坊舉行連歌會，光秀發句：

時為今下雨之五月哉　光秀
更勝水上之庭中松山　西坊
止住這落花流水之末　紹巴

連詠百句結束後，光秀便回到龜山城。光秀之所以占鬮，是因為他心有所思。從光秀的發句內容來看，可以想像這句連歌正是他給自己的陰謀所做的祈禱。

信長公委任津田源十郎等人擔當安土城本丸[32]的守衛，二之丸[33]的守衛則由蒲生右兵衛大夫等人負責。這次由於信長公即將出兵中國，命令其他的家臣士兵整裝待發，等待那裡的消息傳來後，隨時出發。同月二十九日，信長公僅帶著隨從一百五六十人上京。六月一日，光秀在龜山城召集明智左馬助、明智次右衛門尉、藤田傳五、齋藤內藏助與溝尾勝兵衛尉等家臣，然後悄悄對眾人說：「我有一事要跟你們討論，這事需要你們捨命相助，希望你們都支援我，不然的話現在就斬下我的首級吧。」

由於光秀直截了當地說出了這番話，五名家臣聽罷後不知如何是好，沉默了下來，面面相覷。這時候明智左馬助上前說：「到今天為止，我們都奉您為主君，如今大事當前，誰都不應該左顧右盼。不論是怎樣的事，我左馬助一定聽您差遣。」左馬助的回應讓光秀感到滿足，其餘四人都表示一樣的決心。光秀聽到家臣的回應後，心裡十分高興。他說：「無他，是關於我的身家性命的。以前發生過幾件事，使信長公想誅殺我，情況已經十分緊急，既然已經被逼到避無可避的絕境，我想乾脆反叛好了。你們同意的話，就在這牛王印紙後面寫下誓詞，奉納於神社殿前。」

32 主郭。
33 副郭。

於是，光秀立即讓家臣當場簽下誓詞，然後扣留他們交出的人質，在第二天對外宣稱要讓信長公檢閱出征的軍隊。在當日戌時初從龜山出發，光秀任命五名家臣為先鋒大將，率兵翻過大江山（老山），直指京都。由於軍情緊急，前鋒部隊在六月二日黎明時分已陸續抵達京都周邊。於是，他們直撲信長公留宿的本能寺，將那裡團團包圍，士兵發出呼嘯聲，又用弓箭與火繩槍射擊寺內。

這時，信長公問：「這是有人謀反嗎？是誰的陰謀？」森三左衛門尉（可成）的二兒子亂丸[34]到門外察看究竟。亂丸回來跟信長公說：「看來是惟任大人謀反了。」「那就別無他法了。」信長公說罷，親自拿起大弓，用盡各種箭矢射擊敵人。在本堂的侍衛都趕到信長公所在的御殿支援，矢田勝助、伴太郎左衛門尉、伴正林和村田吉五從馬廄殺出來禦敵，但他們都戰死了。

……

高橋虎松在御台所（廚房）門口一時抵擋住眾多敵人，但最終還是力盡而亡。信長公仍然利用弓箭射倒敵人。然而，他的運氣似乎到頭了，弓弦在此時折斷了，於是信長公爽快地扔掉大弓，拿起長槍繼續擊刺敵兵。經過激烈的戰鬥，信長公右臂被敵兵的長槍刺傷，身體無法自由行動。因此，「就現在吧！」信長公說罷後走進殿內，對陪伴自己至今的妻妾、侍女說了三次：「女人無須受累，趕快逃出去吧！」

接著，信長公來到殿內深處，不久後火焰從他的臥室冒起，整個御殿瞬間化為灰燼。後來，雖然光秀想取得信長公的首級，但還是沒法找到。光秀覺得十分奇怪，又非常恐懼，於是命令士兵用盡任何方法去尋找。不過，結果連信長公的遺骸也沒能看到。

〈羽林信忠卿之死〉

三位左近衛中將信忠卿當時身在妙覺寺，聽聞本能寺出事後，打算趕去跟信長公會合。於是準備離開妙覺寺，連忙前往下京。但是在這個時候，村井春長軒（貞勝）父子三人趕到信忠面前，說：「現在本能寺御殿已經被燒毀了，看來萬事休矣。您還是去二條新御所據城固守吧。」於是，信忠卿進入二條後，對貞勝說：「如今這裡即將成為戰場，你恭送親王和王子到禁宮去吧。」這是信忠卿死前的道別，當時他的心中必定是十分哀苦吧！

這時候信忠卿與家臣做了很多討論，有家臣認為：「應該趁敵人還沒進攻前，盡一切可能逃到安土，然後在那裡舉旗反擊，到時候主公手上就有數萬士兵，討伐叛逆也是易如反掌的。」可是，也有不少家臣諫阻說：「能有比孝養亡父尊君更加重要的事

34 俗稱「森蘭丸」。

嗎？」

信忠卿說：「敵人策劃這樣的叛亂，一定在宇治勢田以及其他要地分駐人手布防。既然是這樣，就算現在逃出京外，結果還是難逃一死。與其自己的屍體被敵人棄於路邊，不如就現在切腹，讓骸骨化作輕煙更好。」

毛利新左衛門等人說：「主公所言極是」、「那就這樣定了」。這時候在信忠卿身旁的，有野野村三十郎、赤座七郎右衛門尉等人。另外，小澤六郎三郎、豬子兵助等人寄宿在町內的民宅，他們聽聞事變後，立即衝了出去。屋主拉著他們的衣袖說：「我不認為你們能輕易闖入二條新御所啊！你們還是先逃亡吧。」可是他們說：「這樣的話，君臣之義蕩然無存。」他們誓死闖入二條的意志，就連京內的年輕人們都佩服不已。

時間到了午時，明智軍一萬餘人攻向二條新御所，對它重重包圍；守衛御所的不過二、三百人。即使是這樣，他們都是視忠義重於金石、性命輕於塵芥，一騎擋千的勇士。他們爭相上前迎敵，敵進我逐，敵退我追，死守四面八方。有些人或戰死，有些人殺退五或十個敵人，將他們一一斬殺。寺內庭院裡血流成河，死者彷彿浮在血河之上。然而，終究敵眾我寡，守方人數越來越少，而攻方人數眾多，即使不少人戰死，但沒有太大的影響。不過，守兵為了留名後世，面上不露倦色，深呼吸後繼續殺進敵人之中。他們的防禦戰恍如藉助項羽的氣勢，宛如樊噲的武勇。

……

雖然是死不足惜的殘兵，但人人視死如歸，拚死抵抗，即使是光秀也看到士兵們疲憊不堪，焦急地站了起來，但是他認為守兵奮勇死戰，的確更勝弓箭、火炮。於是他命令士兵登上近衛公[35]的宅邸屋簷上，從那裡俯視御所，逐一射殺拚死防守的士兵。到這個時候，守方已經無法防守下去，氣勢盡失。御所內的御殿被火焚燒，有些人當場自盡而亡，也有些人衝進敵人中，被他們千刀萬剮而死。

信忠卿看到這樣的慘狀，召喚鎌田五郎左衛門來到跟前。他說：「我看到此為止了，現在就切腹自盡吧！你來介錯，然後把我的屍首扔到那火焰之中，再把我的骸骨給藏起來。」說罷，信忠卿脫下上衣，露出清如白雪的肌膚，拿出脅差[36]捅進自己的左腹，然後切向右邊，再向上切至自己的心臟，最後切向下腹，完成十文字切腹[37]。就在這時候，信忠卿連叫兩聲：「鎌田！鎌田！」五郎左衛門立即揮刀斬下信忠卿的頭顱，再按照他的遺言，將頭顱扔進火焰之中。

這個時候，鎌田五郎左衛門想即使只剩下他孤身一人，也要斬下敵人首級，報答

35 前關白近衛前久。
36 護身的小刀，也用來切腹。
37 在腹部劃出「十」字，被後世視為最悲壯的切腹方式。

信忠卿的恩情。於是他走出門外，跑到遠處，發現敵人已經撤走，沒有任何人在。就在這個時候，日前鐮田五郎左衛門寄宿的民宅屋主父子二人找到了鐮田，他們說：「這實在可喜可賀啊！」兩人立即抱住鐮田，拉著他的手，將他帶回自宅。鐮田跟他們說，打算明天到阿彌陀寺[38]切腹自盡。可是，屋主聽罷後奪走了鐮田的佩刀，對他諄諄規勸。過了十天，鐮田已經放棄自盡的想法了。

《明智物語》

〔題解〕

《明智物語》是鮮為人知的史料，其知名程度遠遠不能跟後面要講的《明智軍記》相比。但有趣的是，相對有名的《明智軍記》的作者、成書時間都存在很多疑問；反觀《明智物語》的作者與成書時間均有跡可尋。

《明智物語》是一個名叫森四郎左衛門秀利（一五三三～？）的武士口述的。按照書中的說法，他聲稱自己年輕時曾侍奉美濃國長山（今岐阜縣可兒市）明智城主明智定明（書中稱他是光秀的長兄兼養父）旗下。不久後，明智定明被二弟遠山定衡殺害，定衡又被定明的家臣報復殺害，明智家從此四分五裂，最終沒落。

秀利經歷了這場巨變後離開美濃國，到了南方的遠江國（今靜岡縣西部）定居。自此以後，他基本上跟明智光秀再沒有任何瓜葛。然而，時隔數十年後的一六一五年，有人（書中沒有透露詳情）讓當時八十二歲高齡的森秀利口述所見所聞，然後幫他筆記下來。這個不明來歷的人在一六四七年將這份筆錄傳給了子孫，然後輾轉被收藏在江戶的淺草文庫裡，即後來的內閣文庫，直到現在。

《明智物語》有關明智定明與其子明智（土岐）定政（德川家康家臣，江戶時代的沼田土岐家之祖）的動態，均屬森秀利的親見親聞，而關於明智光秀的動態則是秀利在遠江國的時候，經由一些管道聽聞而來的，也有可能是那位幫他整理的人後來補充的。

遺憾的是，無論是口述者森秀利，還是編撰者，書中均沒有交代為何要加插明智光秀的事蹟。不過，按照森秀利聲稱明智光秀是明智定明的兄弟，可以推斷秀利或許考慮到光秀的事蹟屬於主君家歷史故事的分支，所以一直留意他的動向，並記錄了下來。

作者在文中描寫光秀的動向時，沒有對光秀流露出特別的情感。描寫到光秀在本

38 信長的菩提寺。

能寺之變後瞬間身敗名裂、家破人亡時，作者只是冷淡地點評：光秀的失敗是因為「忘記當年家臣的教導」。而且，作者在第二卷記述光秀的動向，包括本能寺之變的經過、結果時，除了明確批評織田信長的滅亡跟他的殘忍無情有關外，內容大體跟其他相關書籍裡的記載類似。

由此可見，作者將光秀的事蹟收錄進《明智物語》，很可能只是因為光秀與定明的血緣關係，還有光秀跟隨信長展開統一天下的戰爭，繼而殺主謀反的故事均具有值得一寫的價值而已。

不過，書中唯獨有一處描寫跟其他書籍的說法迥然不同。作者說明智光秀發動事變前，打算在事成後藉助姪子定政的關係，尋求德川家康的庇護。目前，我們無法確認森秀利或協助他編撰《明智物語》的人是基於什麼來描述這部分內容的。關於這部分的疑問，還有整個《明智物語》的來歷等，都需要今後繼續深入研究。

《明智物語》長期沒有被史學家重視，在討論明智光秀與本能寺之變時，往往不會把它列入參考資料。但是，《明智物語》提供了明智光秀早年的經歷，包括其父親、兄弟、家族來歷等資訊，使得史學家也不能貿然無視它的存在與價值。

除了上述部分，《明智物語》關於本能寺之變的描述沒有其他特別的驚喜，但是，透過閱讀一名聲稱跟明智光秀有著些許關係的人所寫的事變經過，以及他對光秀的態度，還有探討文章背後一個武士對「忠」與「叛」的思考，均值得我們細細品味。

〔文本〕

〈明智日向守的功勞〉

（前略）[39]

然而，日向守（光秀）靜觀當今的世情，信長公生性凶惡，以至剛之武行事，毫無仁義之理，表裡不一，居心叵測。討滅朝倉義景與武田勝賴後，便流放安藤伊賀守等老臣，這讓人聯想起漢高祖消滅項羽後，誅殺忠戰到底的韓信、損毀彭越屍體的往事。光秀發現當信長實現四海一統後，即使再有多大的忠功，自己與其他人終究難以安穩。再者，至今還沒實現養父（兄長）明智定明的遺願，而光秀也一直沒能找到殺害信長公的時機。

就在這時候，羽柴筑前守（秀吉）奉命成為討伐毛利輝元的統帥，獲信長公賜予網代之轎與日傘[40]。後來有一次，秀吉坐上這個網代之轎，帶著日傘離開安土城，光秀

39 這章前面的部分描述光秀身為信長的家臣轉戰各地，如征伐朝倉家、松永久秀和丹波國領主等，結果獲信長賜予丹波國，作為獎賞。

40 這裡的兩樣對象具體不明，但指的是代表殊榮的貴重賞賜。

剛好要登城謁見信長公，看到轎子與日傘，以為是信長公到來，趕緊下馬行禮。不過，他發現原來坐在裡面的不是信長公，而是秀吉。光秀心中抱怨道：「要是柴田（勝家）那樣的老臣也就罷了，沒想到竟然是秀吉那樣的人獲得這種殊榮，實在讓人意難平。」

〈信長公兩父子自盡之事〉

到了天正十年春天，信長公消滅了（武田）勝賴，做好了戰後處置後回到安土城（今滋賀縣近江八幡市）。家康公為了表達謝意[41]，跟穴山梅雪一起來到安土。信長公指令光秀設宴接待家康公，光秀還贈送禮物給家康公。由於家康公打算從安土起程上京，沒有逗留便轉往堺（今大阪府堺市）了。信長公則要出兵討伐毛利輝元，下令各軍率先趕赴前線，自己僅率近衛隊進入洛陽（京都）的本能寺。

明智認為這次家康公上京是大好機會，殺害信長公後，可以去懇求家康公庇護。家康公是（松平）廣忠之子，而且這樣做（殺害信長）也能完成養父明智定明的遺願。因此，光秀在愛宕山上舉行以祈求計畫成功為目的的連歌會。幸好柴田（勝家）去了越中國（今富山縣），羽柴（秀吉）前往備中國，光秀決定於這天晚上一舉殺害信長與信忠兩父子。於是，光秀召集手下將士來到丹波，在同年六月二日破曉時分攻擊京都二條（新御所）與本能寺。

這時明智軍的將士呼嘯聲遍天，信長公召森亂丸問道：「是信忠謀反嗎？」森亂丸走出去窺探後回稟信長公說：「似乎是明智日向守大人叛逆了。」信長公聽到後說：「那就沒什麼好說的。」信長公拿起長槍，走出房間時，被埋伏在外面的永沼喜兵衛以長槍刺中右臂，信長公扔掉手上的長槍，走進殿內深處，投身火海之中，被火燒死了。

此後，光秀進攻信忠卿所在的地方。由於信長公已經遇害，在京都內來不及前去救援的家臣都改赴信忠卿所在之處，跟他一起據城死守，寸步不讓。這場攻防戰非常激烈，火花四濺，守軍奮力抵抗。但由於寡不敵眾，信忠卿一方終究戰敗。信忠卿切腹自盡，於是光秀如願以償，可以安下心來，處理戰後京都的事宜。

《明智軍記》

〔題解〕

《明智軍記》是描寫明智光秀一生事蹟的軍記物語，初版時間大約是在一六九〇年代，現存最早版本是一六九三年版。另外，《明智軍記》的作者不詳，有學者按照書中

41 信長在消滅武田家後，將原屬武田家的駿河國賞給了家康。

內容，推斷作者可能是越前國（今福井縣北部）的時宗僧侶。隨著時代的發展，出現了幾個抄寫本。

比起前項的《明智物語》重點提到明智光秀的來歷，《明智軍記》則著重描寫光秀成年後的經歷，而且填補了光秀與信長見面前的空白部分。包括光秀離開出生地美濃國，來到鄰近的越前國生活、求職的經過。雖然這些描述大多沒有足夠的根據，但是按照地理條件與大體的歷史發展來說，邏輯上沒有太大問題。

至於本能寺之變的部分，可以推斷作者在寫書時也只能參考既有的說法，然後加上生動的對話，使故事更具可讀性。不過，《明智軍記》描述光秀是出於對信長的怨恨和為了自己的野心而發動事變的，這在日後很長一段時間內，成為日本人家喻戶曉的定論。

由此可見，《明智軍記》的出版使明智光秀在江戶時代中期（十八世紀）以後一直保持著人氣，這是毋庸置疑的事實。只是，由於作者不詳，成書時期距離光秀死去超過一百年，而且書裡加插了很多來源不明的故事傳聞，使該書的可信度打了很大的折扣。

不過在江戶時代，《明智軍記》作為少有的光秀專題作品，仍然有不少人，甚至當時的武士領主（即所謂的「藩」）編撰「藩史」、家史時，視之為不可或缺的參考資料，主要的抄寫本也被收藏在德川政權的書庫裡。由此可見，江戶時代的日本人對待《明智軍記》的態度與現在的態度迥然不同。

雖然，站在歷史學的角度，《明智軍記》不適用於研究明智光秀與本能寺之變。可是，考慮到《明智軍記》的作者本來就沒有還原歷史真相的企圖，而是希望透過描寫明智光秀的一生，彰顯光秀的優秀，從而引起世人的關注。當然，光秀發動了驚天動地的叛變，改變了日本歷史的走向，他波瀾起伏的一生怎麼說都是極具書寫價值的。

眾所周知，相比戰國．織豐時代，江戶幕府更著重培育人們，特別是武士的忠誠觀念。明智光秀發動本能寺之變、殺害主君的行為，自然成為江戶時代主流價值觀重點責難的對象與反面教材（不過，信長在江戶時代的評價也不好）。然而，《明智軍記》在十七世紀末得以順利出版面世，反映出光秀死去百年之後，那個時代的日本人已經稍微放鬆對光秀弒主的批評，反而催生出人們想去瞭解光秀的好奇心與需求。

在這樣的背景下，《明智軍記》幫助光秀再次成為江戶時代的人們，特別是歷史故事作家的關心對象。關於本能寺之變的各種說法也大約出現在《明智軍記》出版前後，由此可以推斷出兩者之間存在一定的因果關係。

隨著《明智軍記》在江戶時代中期以後越來越普及，配合當時的書籍出版事業越發蓬勃，各種與明智光秀有關的傳說和故事大量記載在不同書籍之中。而且江戶時代的後期（十八世紀）左右，在這些傳說與故事提及的部分地方，陸續出現了各種跟光秀相關的紀念物，如石碑、各種遺跡，甚至還有祭祀光秀的活動，這些現象甚至一直影響到現在的日本，成為了個別旅遊景點的特色。

加上近年來在日本的戲劇、現代文學與電子遊戲的大力推廣下，原本由《明智軍記》作者杜撰出來的對白與人物設定，成為日本國內外的愛好者耳熟能詳的內容。其中最著名的台詞「敵人就在本能寺」（敵は本能寺にあり）就是出自《明智軍記》，甚至現在還有不少愛好者相信光秀真的在本能寺門前說過這句話。

因此，即使《明智軍記》只是以歷史故事為基礎的文學作品，但是它對後世的影響力，絕對不下於前述的《甫庵信長記》、《甫庵太閤記》等軍記物語。作為本書主角明智光秀的關連文學作品，加上上述的諸多因素，都值得翻譯《明智軍記》的相關部分，讓各位讀者感受其魅力。

〔文本〕

〈光秀於愛宕山舉行連歌會之事〉

惟任日向守光秀在（天正十年）五月二十七日率領三千餘人從坂本（今滋賀縣大津市）越過白河山谷，未進入京都，而是通過西京，來到嵯峨釋迦堂。在這裡，光秀對士兵說：「我有事需要向神明許願，現在就去參拜愛宕山，在那裡過夜後，明天回到丹波。你們從這裡通過唐櫃山谷，翻過大江山（老山），回龜山去吧。在這之前，我已經命人給了附近的鄉里村民一些金銀，讓他們砍伐沿途的竹木，還擴闊了道路。」奧田宮內、村上和泉守等人奉光秀之命，帶領士兵回到龜山。

光秀登上愛宕山，參拜神社後，在山上西坊的僧侶威德院行佑那裡舉行連歌會。而且，光秀還從京都請來連歌高手如紹巴、昌叱、兼如與心前等人上山，更請得上坊大善院宥源到來，舉行百句連歌之會。詠句如下：

時為今下雨之五月哉　光秀
更勝水上之庭中松山　西坊
止住這落花流水之末　紹巴
……

這次光秀吟詠的連歌句子裡，有一句「時為今下雨之五月哉」。光秀本來就是土岐家的後裔明智家出身的，他將苗字「土岐」擬作時節「時」[42]，這次只要光秀達成心願，便可親自統治天下。他把這個願景隱含在句子之中，也是因為事關重大，光秀一直將這事藏於心中，於是寫出如此巧妙的歌句。從這事可以清楚想像光秀的才華之高。

第二天的五月二十八日，光秀向各人道別，出發前往丹波國龜山。

〈攻落本能寺與二條城之事〉

光秀回到龜山城後，得知兒子十兵衛光慶在日前得了重病，還發了高燒，十分不適。光秀立即趕去跟兒子見面，尋問醫師治療的情況。這時候，光秀跟家臣比田帶刀、松田太郎左衛門等人說：「我十分清楚你們的心思，所以我所有事都跟你們商量。」接著，光秀把在安土發生的諸事都告知家臣。家臣知道後叩首貼地，高興地跟光秀說：「主公實在太大意了，我們十分遺憾。您說的這些事都足以讓您賠上性命。幸然，您一直忍耐到現在，都是因為您念及信長公的恩情。」然而，據派到岐阜、安土與京都的探子回來報告說，信長父子只帶著少數隨從，於二十九日辰時入京。信長公在本能寺留宿，信忠卿則在二條城[43]。

五月三十一日，光秀領國內的家臣、士兵紛紛出發，與近江（坂本）的家臣一起來到龜山城下。由於人數眾多，連城外周圍的驛館都不夠他們留宿。經過點名計算後，總共有一萬零七百餘人抵達。翌日的六月一日，光秀號稱即將出兵中國。在當天申時，光秀出發來到能條畑，豎起水藍色的軍旗，將軍隊兵分三路前進。一路由明智左馬助、四王天但馬守等人率領，另一路由明智治右衛門、藤田傳五等人率領；光秀自己則率領明智十郎左衛門、荒木山城守等人為先鋒，到了酉時下刻，從保津宿進入山中，經過水尾（清和）天皇陵，再利用那裡此前祕密修好的山間道路，抵達嵯峨野附近位於衣笠山麓的地藏院。

明智左馬助率領的部隊利用主道翻過大江山，來到桂川。明智治右衛門率領的部隊從王子村翻過唐櫃山谷的險道，穿過松尾的山田村後，與在附近設置大本營的光秀會合。

各部隊的將士看到這種情況，認為如果要往西面去，應該利用播磨道（山陽道的主道之一）向西而走，現在卻一路進京，實在十分奇怪。於是，有人詢問率領部隊的將領。知情的將領為了隱瞞謀反的計畫，欺騙他們說：「我們收到信長公的命令，即使路程變得迂迴，但當我家的軍隊整裝待發後，便要上京供信長公檢閱。」眾將士聽後，以為真有其事，便再沒有任何疑惑，反而快馬加鞭地前往京都。

這時候光秀下令：「各部隊就地煮食、整備武器！敵人在四條本能寺與二條城，我們要擊潰他們。」這行動背後的真正企圖光秀心知肚明，所以他安排了運糧部隊，說是

42 「土岐」與「時」諧音。

43 二條新御所之誤。

因為補給後勤做得不到位，但不曾讓人察覺背後的真正意圖。

翌日六月二日黎明時分，以明智左馬助光春為首的三千五百餘人部隊將本能寺重重包圍。以明智治右衛門光忠為首的四千餘人部隊則包圍了二條城與妙覺寺。總帥光秀統籌各軍的行動，率領兩千餘人駐紮在三條堀川附近。

本能寺裡的人做夢也沒想到會發生謀反。夜幕低垂，門番打開大門的那一刻，敵人逼近門外附近，利用火繩槍進行射擊，幸然門戶剛好打開了，大軍順勢蜂擁而上。這時寺內的守兵只有九十餘人，其中，森蘭丸長康穿著鶴丸紋樣的深褐色帷子，提著信長公御用的太刀，從寺內後方來到外殿的廊道，看到有人影，以為有歹徒在滋事，大聲喝止說「是誰在放肆」的時候，明智軍的三宅孫十郎、四王天又兵衛與槁地甚九郎自報名堂，朝森蘭丸的方向殺進來。三宅與槁地來到寺內的馬廄，跟在那裡的矢代庄助和伴太郎左衛門展開戰鬥；四王天又兵衛則揮刀斬向森蘭丸。蘭丸見狀後大叫「大膽狂徒」，立即拔刀出鞘，奮勇應戰。但是，最終還是不敵而亡。攻方的大部隊從四面八方發射火箭，毫不間斷。本能寺內，湯淺甚介、金森義人為首的守衛猝不及防，連拿取武器甲冑的時間都沒有，只好手執太刀倉促與敵人交戰。他們不論敵人強弱，只管拚命死鬥，結果一一戰死。湯淺甚介助俊與對手進士六郎大夫貞則對戰，互刺之下，雙雙死亡。

信長公來到中亭，詢問左右敵人是誰，飯川宮松、小川愛平等人回答說：「是惟任日向守謀反」。信長公聽罷後命令左右：「這樣的話就回天乏術了。趕快放火燒掉御殿！我要在這裡從容自盡。不過，女人無須受累，想辦法活下去吧。」於是，女眷二十餘人跳進本能寺庭院的水池裡，浸濕身上的衣服，順利逃出生天。這時候是天正十年壬午六月二日卯時中刻。在本能寺裡與主君一同戰死的家臣有金森義人、湯淺甚助、森蘭丸等人。他們之中有些人被殺害，有些人自盡而亡，也有些人被火燒死，屍身不存，只留下名聲。

另一方面，明智治右衛門等人分兵包圍二條要塞（二條新御所）、妙覺寺，還有位於堀川的京都所司代村井長門入道春長軒的宅邸。「咫尺之外的本能寺已經深陷包圍之中，與這邊隔絕了。那裡的明智軍已經殺害了信長公，高奏凱歌。各處的明智軍知道消息後，一定會撲向這裡的。」想到這個情況，信長公的四兒子織田源三郎勝長、他的叔父津田又十郎長利、村井春長軒，以及勝龍寺城將豬子兵助等人，趕到秋田城介（織田）信忠卿所在的二條城，據城死守。這時候的攻方已經重重包圍二條城，而且向城內實施猛攻。本能寺陷落的消息傳開後，二條城內的人自知難逃一死。雖然只有五百餘人死守，但他們準備了弓箭、火繩槍拚死抵抗。一時之間攻方難以拿下，而且不久後，負責攻堅的指揮明智治右衛門中槍重傷，生死未卜，剛巧攻方的士兵也已經疲憊不堪。

總帥明智光秀收到消息後，召見四王天但馬守政孝，對他說：「我將不少兵力分置在大津、山科、宇治、伏見、淀、唐橋、八瀨、鞍馬與鷹峰等地，以備不時之需。如今不在入夜前拿下這個二條城的話，情況將十分不利，恐怕會有不測。如果你有什麼對策，拜託盡快提出來。」政孝回答說：「所謂命輕於義，縱使是有鬼神鎮守的鐵城，只要我方也不顧生死，便沒有擊敗不了的敵人。」於是，政孝召集了三百餘人，激勵他們說：「今天的大戰不是突如其來的，我們要做好捨棄生命的覺悟！」然後跟他們一起作為增援部隊衝向前線。今峰賴母、尾石與三等明智家臣也跟著四王天政孝的部隊一起行動。

剛好這時二條城的東門被打開，有守方士兵從門內走出來，遇上政孝的部隊。雙方隨即展開混戰，戰鬥的呼喊聲震動山河。然而，四王天政孝為首的增援部隊帶著必死的覺悟前來，拚命戰鬥之下，終於將守方逼回城內，更協助後續部隊攻入城中。這使城內的守方突然混亂起來，攻方的增援部隊加入戰鬥後，守方陷入劣勢，或被斬下首級，或跟敵人互刺而死，城內堆滿了屍體……

守方織田軍有八十六名身經百戰的勇士戰死，另外還有以武勇著稱的一百餘名武士在城內陣亡。倖存的將兵已經疲憊不堪，正想逃出城外，又遇上攻方的明智軍加派增援，雙方隨即再次展開戰鬥。

這時，在二條城北面，是近衛公的下居館，主殿蓋得十分高。攻方分派部分士兵登上主殿的屋頂，利用數十枝火繩槍與火箭向二條城內射擊。主郭瞬間火光處處，燒了起來。而在二條城後門，明智十郎左衛門光近、柴田源左衛門勝定與齋藤內藏助利三等將領來到護城河邊，打算利用藏在河底的五、六十支大木錘敲破城的後門與土牆。為了阻止他們的計畫，在城內的織田源三郎勝長、津田又十郎長利等人乾脆打開快被敲破的後門門戶，殺出去跟那裡的攻方展開戰鬥。

可是，(攻擊本能寺的)三宅、松田等人趕來協助攻擊，守方陷入混亂而敗，勝長等四十八人以及一百二十多名兵卒全數戰死。二條城東面的村上和泉守清國等人也攻進城中，奮不顧身與那裡的守兵展開劇戰，守方的豬子兵介等人戰死。守方總帥信忠卿自知大勢已去，他於當天未時下刻自盡而亡，享年二十八歲。剩下來的人或自殺，或被殺，二條城也化為灰燼。二條城之戰的戰死者有織田勝長等合共四百三十餘人。

其中，在信忠卿切腹自盡時，負責介錯的鐮田五左衛門在信忠卿死後，不想就此死去。他跑到庭院裡，跳進那裡的石井，逃到一丈(約三米)下的石堆之中，把身體遮掩起來。到了當晚深夜，五左衛門才從石堆走了出來，總算撿回了自己的狗命。

附錄　武家縱橫

筒井順慶——首鼠兩端，保家要緊

明智光秀最後身敗名裂的原因之一，便是原本隸屬於光秀的大和國領主筒井順慶沒有支持光秀的行動，反而在山崎之戰前，便順應家臣的決定，倒向秀吉，如此關鍵的人物究竟是怎樣的一個人呢？

順慶是大和國領主筒井順昭之子。筒井氏代代侍奉大和國（今奈良縣）的興福寺一乘院，早在室町時代便已經十分活躍，更成為支撐興福寺統治大和國的一支重要的武士家族。順慶幼年喪父，居城筒井城在永祿八年（一五六五）被當地崛起的松永久秀攻陷後，一度流浪。後來，順慶和一族、家臣一直與松永久秀多番激戰，又與其他跟久秀不和的勢力聯手，終於在永祿九年奪回了居城。然而，由於久秀很快便與出兵上洛的織田信長及足利義昭交好，瞬間局勢又有利於久秀一方。元龜二年（一五七一），松永久秀第一次反抗信長時，順慶及他的家臣為復興家族，於是主動接觸聯絡信長陣營，後來與同樣仕於信長陣營的世仇松永久秀的關係處於曖昧狀態。

幾經波折，松永久秀因為再次背叛信長，被信長消滅後，順慶成為信長在大和國內最值得倚重的勢力之一，天正初年便有傳聞說信長讓順慶成為自己的養女婿（詳細不明，或為傳言而已），以便順勢將支配範圍擴大到大和，又派遣當時的重臣、山城守護塙直政兼任大和國守護，到大和國「協助」興福寺主持大局。

天正三年（一五七五），時值長篠之戰，筒井順慶奉命派出五十名火繩槍手助戰，同年夏天，直政於攻擊本願寺的三津川之戰戰死後，順慶的地位得以進一步提升，雖然不至於成為大和國的一國之主，但確實成為信長政權下大和國的代表人物。而到了天正八年（一五八〇），本願寺投降信長後，順慶終於獲得提拔的機會，成為信長手下大和國的暫代管理者，力壓其他不滿筒井家步步高升的勢力。

到了天正八年至九年，在信長的指示下，光秀介入了大和國的事務，順慶也順理成章地隸屬於光秀的指揮，直至本能寺之變為止。然而，光秀及順慶的交流其實早在天正四年便開始，那年光秀得了大病，眾人四出奔走之中，順慶也出力，命令大和國的一乘院為光秀祈福，後來順慶跟隨光秀的行動，在丹波平定戰，以及其他織田家的戰事中的貢獻也越來越多，直到天正八年，信長終於將兩人放在同一個作戰系統之中。

可是，順慶到了最後卻沒有回應光秀的行動，甚至倒向了秀吉，這是為什麼呢？

首先，順慶的榮華富貴其實多數直接受信長所賜，而不是光秀，同時也是信長安排順慶成為光秀的助將，因此，即使順慶與光秀之間的私交的確存在，但順慶獲得的權力卻與光秀沒有直接關係。由此可見，雖然光秀打倒信長，並且向順慶拋出橄欖枝，此舉也無疑等同於讓順慶忘卻信長的恩義，徇於與光秀的私交。

這樣一來，大和國內早與順慶不和、嫉妒他得到信長寵信的勢力，或會藉機群起攻之，使自己成為眾矢之的。或許是這個原因，在光秀要求支援時，順慶以及筒井家都顯得猶豫躊躇，後來更被秀吉責罵順慶等人的態度首鼠兩端。山崎之戰後，忠實地為秀吉而戰的順慶終於在秀吉掌握天下大局後，得到了大和國的支配權，然而就在這個時候，順慶得了重病，最後在天正十二年（一五八四）八月十三日於大和郡山城病死，死時年僅三十六歲。順慶死後，由養子筒井定次繼位，但翌年秀吉便將定次轉封到伊賀國，筒井家在大和國的舞臺也就此拉下帷幕。

細川藤孝——成也藤孝，敗也藤孝

出身名門細川氏的藤孝自小便侍奉將軍足利義輝，義輝將他的名字「藤」授予藤孝[1]。在義輝被殺後，藤孝一肩扛起挽救幕府的責任，極力扶持足利義昭成為新將軍。為此，藤孝在很早的階段便已經與信長聯絡，甚至親赴尾張國，與信長討論擁護義昭上京歸位的計畫。

那麼，光秀與藤孝是怎樣認識的呢？在可信的史料上很難找到線索，但一些史料以及後世的軍記文學都指出，光秀在越前時，被保護義昭到該地的藤孝延攬為家臣。雖然沒有更詳細的佐證，但以兩人的家族身分來說是合理的，而光秀也的確曾經在越前待過，所以兩人也有可能是在越前相遇的。不過，前面的考證已經推測兩人結識的時間可能更早，甚至不在越前。

無論如何，藤孝後來跟光秀一樣，從幕府重臣轉型成為信長的家臣，這皆因元龜年間的戰亂。在信長與義昭對立的情況下，藤孝得到了信長極大的器重。藤孝雖然一度保持中立，但是在元龜四年（一五七三）春天便毅然選擇了信長作為新的主公，為此，藤孝更將家姓從「細川」改為「長岡」（不過，當時一些人仍稱他「細川」），正式與義昭政權的自己訣別。

從屬信長後，藤孝與光秀越來越親密，作為曾經的主從，又是共仕幕府的同僚，信長順理成章地安排兩人負責守衛京畿的任務，光秀守住通往京都東路的坂本，藤孝則在長岡把守京師北面。經過多番戰事後，信長又一次安排藤孝隸屬光秀之下，一同負責丹波及丹後兩國的平定戰。光秀負責丹波，而藤孝與長子忠興一同平定丹後。傳說在光秀的推動下，藤孝為了更順利地平定丹後，將女兒嫁給原本的丹後守護一色義定（義道之子），藉此拉攏在丹後還有些名望的一色家協助拿下丹後。

同時，在信長的推動下，光秀將女兒玉子嫁給了忠興。戰國時代，主君讓共事的家臣聯姻，藉以提升工作效率，是非常常見的政策。

從以上的關係可見，於公，藤孝是光秀昔日的上司、主公，後來成為隸屬光秀指揮下的重要同僚；於私，在茶道、連歌的交流上，藤孝與光秀都是志同道合、實力相當的摯友、同志。不論從哪個角度來說，藤孝按道理都應該是光秀忠實的支持者，應該成為光秀整個行動中重要的角色及支柱，可惜事變甫始，整個事態的發展就與光秀所想的背道而馳。

光秀在為了讓藤孝與忠興回心轉意所寫的書信中，寫道「我做的一切不是只為了自己，是為了忠興與光慶」，而在這背後，暗示了光秀似乎並沒有料到藤孝及忠興會反

1 義輝原名「義藤」。

對自己的行動，也就是說，其實細川父子對光秀的心事必定有一些瞭解，兩人在最後關頭決定與光秀一刀兩斷，著實將光秀的計畫推到崩潰的邊緣，想來光秀本人知道細川父子的決定時，恐怕是既驚恐又心碎。

反觀藤孝收到光秀報知本能寺之變後，《細川家記》說他一驚、二悲、三憤慨，是否真的如此並不重要。總之，決定與光秀斷絕關係後，藤孝首先剃髮出家，法號幽齋玄旨，也就是後來一等一的文化大師「細川幽齋」，然後將當主之位傳給忠興，自己搬到丹後田邊城隱居。

忠興則決定將光秀的女兒，也就是妻子玉子送到郊外軟禁。光秀戰死後，秀吉為了答謝藤孝及忠興的大義滅親，不僅保證了細川父子在丹後的領地，還將光秀在丹波的部分領土賞給了細川父子，又赦免了玉子的罪，讓她回到忠興身邊。

藤孝在秀吉時代已經遠離政壇，專心鑽研茶道、歌道等，有很高的文化造詣，堪稱當時的「活國寶」。慶長五年（一六〇〇）的關原之戰，東軍的藤孝在田邊城被西軍圍攻，危在旦夕，後陽成天皇罕見地出面斡旋，並且安全地救出了藤孝，足見藤孝的分量之重。慶長十五年八月，藤孝病逝於京都，享年七十七歲。

織田信長——與叛變如影隨形的霸主

平心而論，本能寺之變的本質是家臣對主君發起叛變。然而，它不但終結了織田信長的生命，驟然間把他的霸業強行劃上句號，更是影響了後來日本戰國時代的歷史發展，這是客觀的事實。其實，回顧信長的一生，「背叛」總是如影隨形，不但有不少家臣對信長發起過叛亂，他的親人、家族也對他發動過一次又一次的叛變。

例如從信長繼任成為當主開始，他的親弟弟織田信勝，還有兄長織田信廣都在很早的時期，向信長發起反抗。到了上京爭霸，妹夫淺井長政也與信長恩斷義絕，成為反信長的主要成員。

至於家臣的叛變，除了支持弟弟信勝，而與信長為敵的林秀貞、柴田勝家，到了上京爭霸時期，便有知名的松永久秀及荒木村重的叛變。

以上足見信長對「背叛」應該早就不陌生了。雖然說信長在大多數的情況下，對「叛徒」不一定都是寧枉無縱地加以剷除，在一定條件及情況下，還是會先嘗試原諒與溝通。然而，當這些「誠意」得不到應有的回應，信長的怒火及急性便不會再讓背叛者有好下場。

最終，信勝中了信長的圈套，被信長手刃，而信廣則得到信長的寬恕，至於長政則落得城破人亡的下場。松永久秀也在織田大軍包圍下自殺身亡，至於荒木村重雖然沒有被殺，但一家上下都為此成為信長的刀下亡魂。

那麼，為什麼信長沒法避開明智光秀的叛變呢？首先，光秀所在的丹波，距離信長所在的京都最近，而且信長自從穩住京都的控制權後，從安土上京時經常只率領小部隊出入，尤其是到了天正十年（一五八二）前幾年，信長除了分派手下幾個主要的家臣到各戰線，又將尾張、美濃一大部分的兵力讓給了長子織田信忠，讓他也成為織田政權東邊的一大軍團。

在這種布局下，信長作為織田軍團的大腦，只要到想去的戰線進行最高的指揮，軍事行動並不會有很大的問題，因為各軍團的家臣都以信長馬首是瞻，並不存在信長之下、眾臣之上的寵臣。

換句話說，信長這樣的安排背後，乃基於自己對領國支配的自信，在某種程度上疏忽了「內鬼」在領國內出現的可能性，而這個「內鬼」卻恰恰在距離信長最近的地方，光秀的計畫又似乎毫無徵兆，自然瞄準了信長的百密一疏，並且給予了一擊絕殺。

就結果論而言，信長並未忽略家臣的叛逆，也不怕他們會叛逆，但信長要求家臣的忠心之高，給家臣帶來巨大壓力倒是不言而喻的事實。例如當他奪下越前國，賜給柴田勝家等家臣時，就下達了九條重要的指示，其中最為有名的便是最後一條：

無論任何時候、任何事情，都要按我的指示去行動，絕不容許你們陽奉陰違、巧取豪奪……總之，必須崇敬我，不可在我的背後想壞主意，要時刻記住不可違抗我。

以上一節用現在的話來說，就是「唯我獨尊、唯我命是從」，更有趣的是，信長在最後寫明，只要做到以上的要求，家臣們便會「得到神明保佑，武運長久」。然而，諷刺的是，除了到最後力保信長遺產的柴田勝家及佐佐成政等少數家臣，信長死後，為主君報仇的秀吉，還有與秀吉合作的丹羽長秀、池田恒興、前田利家等人，都不再守護信長的遺產，織田家也因此沒落。這是信長對家臣要求嚴苛的反效果，還是戰國武士本來就自私自利，自有各家論說，留待各位讀者自行思索。

安藝毛利家——塞翁失馬，焉知非福？

「信長的時代大概還可以維持三、五年吧……我看之後便會盛極而衰，至於藤吉郎秀吉，我看是個不尋常之輩……」，這是負責擔任毛利家外交事務的安國寺惠瓊，在天正元年（一五七三）年底第一次到京都視察後，寫給毛利家的「分析報告」，惠瓊的見解不算是神機妙算，畢竟信長倒下來是十年後的事，這十年讓毛利家上下雞犬不寧。縱然如此，他對秀吉的觀察恰恰反映了後來的歷史發展。

說實在，毛利家無疑是本能寺之變的最大得益者之一，因為本能寺之變時毛利家的戰況可說是十分不樂觀。本來，最盛時期的毛利家，領地及勢力圈西至九州的豐前國北部，南達四國伊予國東北，東至備前、伯耆，橫跨整個山陽、山陰地區，論實力，可說是當時日本全國範圍內，領國幅員以及實力皆僅次於信長的戰國大名。

然而，從天正五年（一五七七）開始，這兩大勢力終於走上兵鋒相接的局面，這一切的緣由都來自足利義昭。天正元年，義昭被信長趕出京都後，輾轉來到紀伊國，當時為了解決義昭的前途問題，信長、朝廷以及毛利家三方都派出代表與義昭對話。

可是，由於信長與義昭談判破裂，義昭沒辦法回到京都，最後輾轉來到了毛利家的領國。這件事使毛利家出現了很大的分歧，上面提到的安國寺惠瓊強烈主張毛利家不要迎接義昭，但是毛利家的兩大巨頭小早川隆景及吉川元春最終還是決定恭迎義昭到來。

毛利家甘願冒著與信長為敵的風險，主要是看上了將軍義昭在西日本仍然有號召力，想利用他去對付主要敵人：九州豐後的大友氏及四國阿波的三好氏。不過，信長的遠交近攻策略，成功拉攏了九州的大友宗麟及島津義久，讓他們轉為從西邊牽制毛利家。另外，信長又扶助了土佐的長宗我部元親，讓他能夠打擊毛利家旗下的伊予河野氏。因此，毛利家的算盤並沒有打響。

與此同時，羽柴秀吉在天正五年便開始出兵播磨國，敲打毛利家東面的大門，最終目的就是要攻滅挾義昭自重的毛利家。毛利家甫開始時還能夠應付，而且與本願寺聯手夾擊信長。

然而，一切都在三年後的天正八年（一五八〇）發生轉變，最大的關鍵便是在備前崛起的宇喜多直家。原本服屬毛利家的直家接受了秀吉的招降，倒過來成為攻打毛利的先鋒，直插毛利家的心臟，讓原本便習慣見風使舵的大小勢力都不願出全力為毛利家賣命。不僅如此，同年盟友本願寺也屈服於信長，還有三好康長與西園寺公廣都服從信長，配合長宗我部元親的崛起，毛利家在四國的經營也出現了危機。

天正十年初，秀吉的兵鋒終於來到備中國高松城，毛利家被阻擋在戰場外束手無策，眼見高松城之後，秀吉大軍就快要闖進毛利家的大本營安藝國，本能寺之變便發生了。如此看來，本能寺之變的確是毛利家的及時雨。但事實上，毛利家放秀吉回去反擊光秀，斷不是毛利家的計畫，只是與秀吉作戰多年，已經無力追擊，加上被秀吉蒙騙，才造成這個「順水人情」。

三年後，秀吉成為信長的繼任人之時，毛利家早已知道當日與秀吉達成的和約，不過是秀吉的詭計。然而，事過境遷，秀吉再度回到毛利家面前時，已是名震天下的關白，實力強大無比，而秀吉也不是過河拆橋之人，為了答謝當日毛利家的「人情」，給予了主張親近秀吉的毛利輝元及小早川隆景極優厚的待遇，讓他們擁有高等的地位，並且進入權力核心。毛利家在豐臣時代的實力僅次於德川家康。擱下關原之戰的失誤，總的來說，當日的「順水人情」的確給了毛利家釜底抽薪、絕地翻盤的好機會，這再一次道出歷史上總會有禍福相依的命運。

附錄　明智光秀相關逸話

光秀之妻——熙子的內助之功

光秀年輕的時候，有客人要來家裡，但當時光秀是個窮光蛋，根本拿不出好酒菜招待客人，這讓光秀很煩惱。於是，光秀問其妻熙子有什麼法子，熙子說：「我盡量想辦法。」

不久後，熙子買了酒菜回家，好好招待了客人。客人走了之後，光秀拉著熙子問：「明明我們家沒有錢，為什麼會有酒菜呢？」熙子說：「我沒有辦法，只好剪下自己的頭髮賣了，然後把換來的錢拿去買酒菜了。」

說完後，熙子便把頭巾摘下來，光秀一看嚇一跳，原本妻子烏黑的長髮完全沒有了，變成一個尼姑似的。激動的光秀便對熙子說：「我自己潦倒就算了，竟然還讓自己的妻子這麼委屈！這樣下去我們都得餓死，再忍耐兩、三年，我一定出頭給你看！」

之後，光秀離家求仕，終於找到機會效力越前朝倉家，後來更被織田信長招攬，躍升為丹波、近江的領主，光秀便回來接熙子去居城生活了。

熙子是一名叫做妻木范賢的武士的姊姊，年輕的光秀在流浪時娶了熙子，在光秀出人頭地後不久，熙子便去世了。光秀沒有忘記熙子的功勞，在熙子的葬禮中，光秀在熙子的靈柩旁邊寸步不離，直到最後。（《繪本太閤記》）

安土城天守與光秀

信長在安土建城之時，問光秀的意見，光秀引用里見義弘、大內義興建築天守閣的故事，對信長說：「安土城是號令天下之城，必須表率五常五行，宜建五重天守。」信長聽了光秀的說明後十分高興，於是命光秀為監督，負責督建安土城。（《名將言行錄》）

光秀謀反的理由

自天正三年以來，光秀受信長之命進攻丹波八上城主波多野秀治。由於遭到秀治的拚死抵抗，光秀花了四年仍然攻不下八上城。於是光秀派人到城內，保證秀治可以保住領地，又以自己的母親做人質，秀治答應後，光秀便邀請他跟弟弟秀尚到自己軍營接受款待。光秀見兩人來到後便藉機將兩人綁起來，送到安土城交給信長。但是，信長下令將秀治、秀尚處死，得知消息的八上城守兵便將光秀的母親殺死，作為報復。因此，光秀便負上害死親母的惡名。

有一次，信長在酒宴上讓光秀喝下七杯分量的酒，光秀說：「恕難從命。」信長聽到後大怒，並拿起脇差（短刀）對光秀大喊：「挨一刀，還是喝酒，你選吧！」光秀沒有辦法，只好無奈地把酒喝了。（《常山紀談》）

光秀與津田信澄

天正七年正月，信長以去年平定丹後之功，命令光秀之女嫁給細川藤孝之子忠興為妻。當晚，信長召見光秀及藤孝，信長說：「對於你們兩家的親事，我十分滿意，今後你二人按計畫將山陰國悉數攻下，天下大定。」然後，信長賜酒給兩人喝時對光秀說：「我姪兒信澄雖然年輕，但現在看他年輕有為，志向遠大，是個穩妥之人，這幾年我想培養他成為一城之主，為我鎮守一方；不如你就把你的小女兒嫁給信澄為妻，今

後由你教導他處事，我也就放心了。」光秀聽到後十分感動，含淚叩謝信長的厚愛。（《名將言行錄》）

光秀與齋藤利三

齋藤利三原本是稻葉貞通的家臣，光秀很賞識他，於是對貞通提出，想給利三高薪厚祿，把他招攬到自己旗下。貞通聽到後很生氣，並且向信長投訴。信長得知後，立即命令光秀將利三歸還給貞通，但光秀堅拒不肯。信長大怒，抓住光秀的頭髮，將他按在地上，並且親手責打光秀。

被打的光秀便對信長說：「我蒙主公賜地，求仕不是為了自己，而是為國家養士惜才啊！」信長聽到後雖然還是很生氣，但不再責打光秀了。後來眾人知道光秀如此愛惜人才，很多人都慕名求仕，光秀也樂於恤士撫民。（《名將言行錄》）

森蘭丸用鐵扇打光秀

天正十年（一五八二）五月初，德川家康應信長邀請上京，並在安土接受信長的款待，當晚住在安土城下的大寶院，信長命令光秀負責招待工作。

光秀一直覺得信長不重用自己，這次得到信長指示負責招待家康的工作，十分高興，便小心翼翼地做好準備。首先在大寶院旁建起一所臨時的居館，又命人在館內畫壁畫，在樑柱上雕刻，庭院裡種植珍貴種類的花草，更派人在大寶院周圍設置崗哨，做好保安工作。所有人看到都心服口服，莫不稱道。

但是，信長知道後便召見光秀，信長責問說：「這次的招待是怎麼回事？如此極盡奢華實在太過分了！對家康都這樣了，他日要款待朝廷派來的敕使時該怎麼辦？」

光秀聽到信長的責備後感到被羞辱了，不慎露出了憤懣的臉色，被信長看到了。信長便對光秀說：「你不反省自己的錯誤嗎？來人啊！給我打光秀的頭！」

周圍的眾人面面相覷，都不敢出面，就在這個時候，一個信長的小侍衛走到光秀旁邊，對光秀說：「這是主公的命令！」說罷，便用鐵扇狠狠地打了光秀的頭。這個小侍衛就是森蘭丸。

光秀的烏帽子被打爛，光秀的額頭也流血了。光秀努力忍著滿心的屈辱默默退下了。

事隔半個月後，光秀便把信長給殺了。（《繪本太閤記》）

明智光秀決意謀反

天正十年六月一日黃昏，光秀召集一眾家臣相談謀反之事。他說：「信長公命我做好出兵備中的準備之後便上京，命你們立即準備裝備，然後出發。」

光秀的軍隊分成三隊，總數一萬三千人，光秀走在最前，朝京都前進後不久便對家臣明智秀滿說：「有一事想跟你們五人商談」。於是，五名家臣到齊後，光秀便對他們說：「我得到信長公的提拔，成為二十五萬石的一方諸侯。但家臣人手不夠，於是我便從其他同僚處招攬家臣，但因此事被信長公在眾人面前叱責，後來在討伐武田時又因事被信長公嚴厲教訓。最近，我又被信長公解除接待家康公的任務，轉而出兵備中。如此接二連三的恨事，雖說有可能因禍得福，但現今是變幻無常的世道，於是我決定，為了不讓自己後悔，哪怕只有一天，我也要奪取天下。如果你們都一一反對，我便隻身衝向本能寺，然後切腹謝罪，勿讓自己死後後悔。」

秀滿聽後說：「這事已經天知地知人知，現在我們五人都已經知道主公的想法，已經回不了頭了。」其他家臣都表示同意，說：「從明天起，我等定當恭拜主公為殿下，現在趁天色還未亮，我們趕快率兵襲擊本能寺，攻下本能寺後，再攻陷妙覺寺。」妙覺寺就是信長長子信忠所在之地。說罷，光秀與一眾家臣便率兵一萬三千人轉向京都，直撲本能寺，本能寺當時只有信長及伺候他的侍衛三十多人。（《常山紀談》）

秀吉的忠告

光秀因為將稻葉貞通的家臣齋藤利三招攬到自己旗下，引起信長的勃然大怒，信長用鐵扇責打光秀後，秀吉悄悄對光秀說：「我們的主公是個殘忍之人，我們這麼辛苦拚命，牽動千軍萬馬去征戰四方，而閣下明明攻下敵國，卻落得這種下場，這樣下去難保他日受奸人中傷，還是早作打算，確保安泰吧。」（《改正三河後風土記》）

佛洛伊斯評光秀

織田信長手下有一名叫做明智的人，本來出身卑微，靠著努力及才智得到信長的重用，但因此被諸位家臣討厭。他好叛逆、善戰、富謀略，雖然信長讓他成為丹後國的領主，但他卻想成為日本國的國王，於是殺害了信長，真是個恐怖的人物。（《佛洛伊斯日本史》）

小栗棲村的百姓作右衛門

小栗棲村有一個百姓叫做作右衛門，跟其他村民沒什麼分別，但是從某一天起，所有人提到他、看到他便會說：「那個便是小栗棲村的作右衛門了！」

那是因為明智光秀在山崎被羽柴秀吉打敗後，逃到小栗棲村附近，村民以為有落難武士經過，於是出動搶奪他們身上的武器、金錢，作右衛門便在不知光秀身分的情況下襲擊光秀等人，並用竹槍三次刺中光秀的側腰，使光秀最終失血而死。

後來，所有人知道作右衛門殺死的是光秀，都很羨慕作右衛門，大家嘖嘖稱奇。作右衛門知道自己殺害了光秀後，覺得自己武功高強，每當聽到村裡內外有人搗亂，他都自告奮勇出動除暴安良，他的兒子喜兵衛也因此成為正式的武士。（《醍醐隨筆》）

附錄　明智光秀的家族及家臣

齋藤濃姬

美濃國的戰國大名齋藤道三的女兒，真實名字不詳，一般稱「濃姬」、「歸蝶」或「鷺夫人」。傳說「濃姬」之名因其出生地「美濃」而得名；另外，傳說濃姬的母親是明智光秀的姑母「小見之方」，按這個說法，濃姬與光秀是表親關係。不過，這只是傳說而已，沒有明證。

濃姬與信長透過政治協商而結婚是人所共知的事實，但現在已不知道濃姬在婚後究竟過得怎麼樣，有人說信長奪取美濃國之後便與沒有利用價值的濃姬離婚，也有人說她在本能寺之變前已經病死，等等。

至於濃姬與光秀的關係，有說法指出光秀與信長是透過濃姬進行接觸，後世的軍記小說則指稱濃姬協助光秀叛變信長，或者說光秀叛變的其中一個原因是光秀與濃姬本有一段情，被道三棒打鴛鴦，於是懷恨在心云云，當然這些都是沒有根據的。

現在已沒有辦法證實兩人是否有任何關係，頂多能說他們同鄉。

妻木熙子

光秀的妻子出身不明，名字「熙子」也只是傳說而已，真名不詳。《細川家記》說熙子之父名叫妻木范熙，是美濃國妻木城主，也是光秀的同族遠房親戚。關於熙子的故事倒是有不少，有說熙子因為早年得了天花，留下了疤痕，父親原本不想女兒出嫁，但被光秀說服了；也有說熙子是美貌絕倫的賢妻，但這些都無法得以引證。

當然，史料上還是能確認光秀與熙子的事蹟的。天正四年（一五七六）春天，光秀在進行本願寺攻略時一度傳出死訊，熙子便到光秀好友、陰陽師吉田兼見的家裡，希望兼見能為光秀祈福。後來光秀康復，同年冬天熙子得病，光秀又去找兼見為妻子祈福，從這件事上可見夫婦兩人的關係應該是很不錯的。

至於熙子之死，埋葬明智光秀一家的西教寺（滋賀縣大津市）帳冊裡，記載她在本能寺之變的前幾年已經病死，而《明智軍記》則說她是在光秀死後，於坂本城遺散城內上下家臣後，命明智秀滿終結自己的生命，死後葬在西教寺裡。

玉子（伽羅奢）

初名「玉」（俗稱「玉子」），明智光秀二女兒（也有說法認為是三女兒或四女兒）。天正六年（一五七八），阿玉十六歲時在織田信長的指示下，與細川藤孝長子細川忠興結婚。四年後的天正十年爆發本能寺之變，夫婿忠興拒絕支持光秀的叛變，並與玉子離婚，將玉子軟禁在丹後國三戶野的一個山上。光秀死後，同年底秀吉指示忠興與玉子復合，不追究玉子的罪責。

本能寺之變後，玉子潛心於基督教，在侍女清原瑪利亞的薰陶下受洗，教名「伽羅奢」（Gracia）。後來更是鑽研拉丁文及葡萄牙文的原教典，忠興也因此受到影響而成為教徒。慶長五年（一六〇〇）關原之戰前夕，石田三成派意圖抓住諸大名的妻小作人質，玉子拒絕屈服，最終命家臣為其了斷，終年三十六歲。死後葬在大阪市崇禪寺，後來忠興死後改葬到熊本縣熊本市的泰勝寺。

阿玉的悲劇不僅成為知名的故事，明治維新時，她的犧牲更被政府利用為教育婦女忠貞為家、不惜犧牲的藍本。由於這個緣故，阿玉也被描繪成擁有傾城美貌的賢慧婦人。

明智光慶

光慶是明智光秀長子，通稱「十五郎」或「十兵衛」，天正十年的本能寺之變發生時，他人在坂本城。事變後，據說他在秀吉軍攻擊坂本城時於城內自殺身亡。根據傳教士的記載，光慶死時才十三歲，換言之，光慶是光秀老來得子。另外，傳教士形容光慶是「如歐洲王侯一樣優雅的貴人」，也有說這其實是光秀的次子自然丸，詳細不明，一般認為光秀有二子四女（光慶、自然丸、玉、明智秀滿妻、津田信重妻、伊勢貞興妻）。

津田信重

織田信長的弟弟織田信勝之子，通稱「七兵衛」，俗名「信澄」。父親信勝因與伯父信長爭奪當家之位失敗被殺，但信重沒有被牽連，反而得到信長悉心培養。傳說天正二年（一五七四），信長讓信重迎娶光秀的三女為妻後，封信重為東近江的大溝城主，事後信重拜託光秀幫忙設計城池。此外，信重也被信

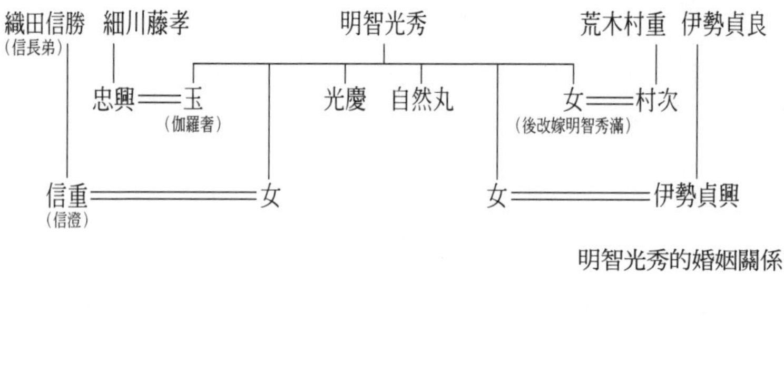

明智光秀的婚姻關係

長指派不少任務，在織田家親族中位列第五。

後來，光秀平定丹波失利，信重立即帶兵支援，但為時已晚。丹波平定後，信重被指派去協助織田信孝出兵四國，適逢發生本能寺之變，信孝等人以信重與光秀的關係為由，在沒有證據的情況下出兵突襲信重，信重寡不敵眾被殺。

信重死後，與信重有交情的大和國興福寺僧侶多聞院英俊感嘆信重之死，並讚賞信重為「出類拔萃的人才」。

齋藤利三

官名內藏助，光秀的第一重臣，傳說利三的母親是光秀之妹，但詳細不明。利三原本是齋藤義龍家臣，齋藤氏滅亡後效力「美濃三人眾」之一的稻葉一鐵。根據稻葉家的史料說，光秀十分賞識利三的才能，同時利三又不想待在稻葉家，於是暗地裡轉投光秀的門下。這事惹來稻葉家的不滿，於是便向信長投訴，間接成為本能寺之變的遠因。

據說利三除了武力卓著外，同時也跟當時京坂的茶人、文化人有不錯的交流，足見利三其實是文武兼備之人。山崎之戰戰敗後，利三在逃走途中被捕，於京都六條河原被斬首。利三的女兒是後來德川幕府第三代將軍德川家光的乳母春日局（阿福）。

附錄　明智光秀、織田信長概略年表

西曆	年號	紀年	光秀	信長	戰國大事（主要）
一五二八	享祿	元年	出生，父為美濃國大名齋藤道三家臣明知城主明智光隆（傳說），或者明智檢明		大內義興病死，子義隆繼任
一五三四	天文	三年	不明	出生，父為尾張國勝幡城主織田信秀，幼名「吉法師」	
一五四六		十五年		十三歲，於古渡城行成人禮，改名織田三郎信長	北條氏康征服武藏國
一五四八		十七年		與齋藤道三之女濃姬結婚	十二月，長尾景虎（上杉謙信）繼任當主

西曆	年號	紀年	光秀	信長	戰國大事（主要）
一五五一	天文	二十年	不明	父親信秀病死後，繼承當主	豐後國大友家發生「二階崩變」，大友義鎮（宗麟）繼任當主
一五五三		二十二年		於聖德寺會見齋藤道三	三好長慶平定畿內
一五五五	弘治	元年		奪取清洲城，統一南尾張	嚴島之戰，毛利元就擊殺陶晴賢
一五五六		二年	齋藤道三戰死，齋藤義龍攻陷支持道三的明知城，光秀出逃成為浪人（傳說）	道三戰死，信長來不及救援	齋藤義龍與父親齋藤道三大戰於長良川，道三戰死
一五五七		三年	四處流浪後，來到越前國，效力朝倉家（傳說）	弟信勝謀叛，信長於清洲城誘殺信勝	毛利元就平定周防、長門兩國
一五五九	永祿	二年		上京覲見將軍足利義輝	第三次門司城之戰

一五六〇	永祿	三年	四處流浪後，來到越前國，效力朝倉家（傳說）	於桶狹間之戰擊殺今川義元	松平元康與今川家決裂
一五六一		四年		宿敵齋藤義龍病猝，子龍興繼位	長尾景虎助上杉憲政攻擊小田原城（小田原之戰）
一五六四		七年		將妹妹阿市嫁予淺井長政	第二次國府台之戰
一五六八		十一年	光秀成為足利義昭的足輕眾（諸說）	奪取北伊勢，讓三子信孝當神戶具盛的養子	
				擁戴足利義昭上京，平定南近江	
			十一月，光秀與明院良政、細川藤孝等舉行連歌會	將軍義昭任命信長為副將軍及管領，但信長固辭，信長僅求草津、大津與堺的代官職（管理官）	十月，足利義昭成為第十五代將軍

西曆	年號	紀年	光秀	信長	戰國大事（主要）
一五六八	享祿	十一年	此年，長子光慶出生	將軍義昭下賜足利家家紋「桐紋」、「二引兩紋」	十二月，武田信玄入侵駿河國
一五六九		十二年	正月五日，三好三人眾圍攻本圀寺，光秀等拚死抵抗 四月，光秀作為幕臣，與織田家臣共同管理京都政務 此年，光秀次子自然丸出生	三好三人眾圍攻本圀寺，信長上洛，完成二條城改建 進攻伊勢北畠氏，使次子信雄成為北畠具教養子 賜大河內城予信雄、上野城予信包，命瀧川一益為安濃津城主	四月，立花山城之戰 八月，武田信玄攻擊小田原城 十月，武田信玄擊退北條氏政（三增峠之戰）
一五七〇	元龜	元年	正月，光秀與朝山日乘居中調停，促使義昭接受《五條申誡書》	迫使將軍義昭接受《五條申誡書》	葡萄牙商船開始於長崎通商

一五七〇	元龜元年		攻擊越前國朝倉義景，淺井長政倒戈，撤兵回京都（金崎之戰）	一月，長島一向一揆爆發
			於姉川（龍鼻）與家康共同擊退朝倉・淺井聯軍（龍鼻之戰，俗稱「姉川之戰」）	
		「姉川之戰」後，被信長任命擔任京都警備之職	命木下秀吉為近江橫山城將，監視淺井長政	
			本願寺與三好、根來、雜賀聯合舉兵，大坂十年戰爭開始	
			淺井、朝倉再次舉兵。弟信治、家臣森可成戰死	

西曆	年號	紀年	光秀	信長	戰國大事（主要）
一五七〇	元龜	元年		信長率兵包圍了容納淺井、朝倉軍的比叡山	
				遵照將軍義昭及天皇的命令與朝倉、淺井和解	
一五七一		二年	七月，光秀成為宇佐山城城將	討伐伊勢長島一揆失敗，家臣氏家直元戰死、柴田勝家負傷	六月，毛利元就病逝沒
			九月，明智光秀因攻擊比叡山有功，受封近江志賀郡	信長成功促使淺井方的磯野員昌投降倒戈	
			年底，光秀離開幕府	攻擊比叡山	
一五七二		三年		松永久秀於信貴山城舉兵謀反	五月，島津義弘大破伊東軍（木崎原之戰）

一五七二	元龜	三年	七月，光秀隨信長進攻小谷城	再攻小谷城，命羽柴秀吉於虎御前山寨防備	
				向將軍義昭提出《十七條異見書》，兩人關係破裂	
				德川家康於三方原被武田信玄大敗（三方原之戰）	十二月，武田信玄侵入三河
一五七三	天正	元年	二月，義昭舉兵反抗信長，光秀屬信長軍，攻下石山城、今堅田城	松永久秀赴岐阜謝罪，信長赦免久秀之罪	
			三月，平定志賀郡	與將軍義昭敵對，信長率兵包圍二條城，放火燒毀上京，迫使義昭停戰	四月，武田信玄歿
			六月，於坂本城舉辦連歌會		

西曆	年號	紀年	光秀	信長	戰國大事（主要）
一五七三	天正	元年	七月，隨信長進攻槇島城	將軍義昭再度舉兵反抗，信長放逐義昭出京	
一五七三	天正	元年	進攻越前國一乘谷城時立功	攻擊一乘谷城，朝倉義景自殺，信長任命前波（桂田）長俊為越前守護代	
一五七三	天正	元年	九月，光秀與瀧川一益等處理越前國事務	攻破小谷城，淺井久政、長政父子自殺	
一五七四	天正	二年	正月中旬，光秀進攻大和國多聞山城	本願寺再次舉兵，越前守護代桂田長俊被本願寺門徒殺死	六月，第一次高天神城之戰
一五七四	天正	二年	二月，光秀隨信長進攻東美濃	武田勝賴攻陷美濃明知城	
一五七四	天正	二年		任命原田直政為山城守護，賜攝津有岡城予荒木村重	

一五七四	天正	二年		屠殺伊勢長島本願寺門徒二萬人，織田信廣戰中被殺	
一五七五	天正	三年		於三河國長篠，織田、德川聯軍大敗武田勝賴	四萬十川之戰，長宗我部元親統一土佐
			六月，奉信長之命籌備出擊丹波	命令原田直政兼任大和守護，任命筒井順慶為助將	
			七月，受賜惟任之姓，官拜日向守	信長進攻本願寺、三好氏，三好康長投降	
			八月，隨信長進攻越前一向一揆眾	鎮壓越前一揆，屠殺二萬人	
			十一月，進攻丹波黑井城，丹波國諸勢力聞風效命	賜越前予柴田勝家、前田利家、佐佐成政及不破光治，北陸軍團成立	

西曆	年號	紀年	光秀	信長	戰國大事（主要）
一五七五	天正	三年		嫡長子信忠攻陷美濃岩村城，捉拿秋山虎繁後，將之處死	
				讓信忠繼任當主，讓其統治尾張及美濃兩國	
一五七六		四年	正月，因波多野秀治倒戈，攻擊黑井城失敗，光秀退回坂本	於近江安土，修築居城，稱「安土城」	上杉謙信進攻加賀
			二月，再攻丹波	攻擊大坂本願寺不果，原田直政戰死	
			四月，奉信長之命參與圍攻大坂本願寺	任命佐久間信盛為攻擊大坂本願寺的主帥	
			五月，光秀得病，回坂本休養		

一五七六	天正	四年	七月，傳出光秀病死的消息		
			同年於丹波國建築龜山城；同年冬，正室熙子病死	於木津川河口，織田水軍被毛利水軍大敗	
一五七七		五年		柴田勝家於加賀手取川被上杉謙信大敗（手取川之戰）	十二月，伊東義祐被島津家驅逐出日向國
				賜播磨予羽柴秀吉	
			十月，隨信長進攻信貴山城	十月中，松永久秀再度謀反，信忠等人進攻信貴山城，松永久秀戰死	
一五七八		六年	三月，攻擊丹波	播磨國別所長治反抗信長，於三木城抗戰	三月十三日，上杉謙信暴斃，享年四十八歲
			四月，出兵攝津及播磨	四月，命信忠等人出兵播磨，支援上月城的尼子軍	四月，上杉景勝攻擊上杉景虎，史稱「御館之亂」

西曆	年號	紀年	光秀	信長	戰國大事（主要）
一五七八	天正	六年		五月，信長命信忠等人再攻大坂本願寺	四月，毛利軍入侵播磨，攻擊上月城
				六月，水軍大將九鬼嘉隆於和泉灣大破雜賀水軍	六月，毛利軍攻陷上月城，山中幸盛事後被殺
			七月，隨織田信忠攻陷播磨神吉城		
			八月，女兒阿玉嫁與細川忠興		
			九月，再攻丹波		
				十月，荒木村重謀反，於攝津國有岡城舉兵，信長親自率兵到攝津，荒木村重的助將高山重友、中川清秀投降信長	

一五七八	天正	六年	十一月九日，隨信長進攻攝津國有岡城	十一月下旬，九鬼嘉隆率水軍於木津川口大破毛利水軍（第二次木津川口之戰）	十一月，島津義久於耳川（高城川）大敗大友軍（耳川之戰）
一五七九		七年	二月，出兵丹波國		三月，上杉憲政、上杉景虎兵敗被殺，御館之亂結束
			五月五日，進攻冰上城	五月二十七日，於安土進行日蓮宗與淨土宗的佛法辯論	
			六月二日，押解兵敗的波多野秀治到安土	六月，信長於安土處死波多野秀治等人	七月，「信康事件」，家康命長子德川信康服罪自殺
			七月十九日，攻陷丹波國宇津城	九月二日，荒木村重突破信長包圍，逃到伊丹城	九月五日，德川家康與北條氏政協定同攻武田勝賴
			八月九日，攻陷黑井城	十月三十日，接受宇喜多直家投誠	

西曆	年號	紀年	光秀	信長	戰國大事（主要）
一五七九	天正	七年	十一月二十二日，與村井貞勝協助誠仁親王移居二條城	十一月四日上京，命令改建二條城	
			四月，奉信長之命出兵備中，支援秀吉	閏三月，信長與本願寺顯如和解	閏三月下旬，本願寺顯如退出大坂教坊，「十年戰爭」結束
一五八〇		八年	八月二日，受賜丹波國	八月，信長賜予細川藤孝、筒井順慶丹後國及大和國的管理權	三木城之戰，別所家滅亡
			九月二十五日，與瀧川一益等赴大和國進行檢地	八月下旬，信長放逐佐久間信盛到高野山	柴田勝家等人鎮壓加賀一向一揆
一五八一		九年	二月二十八日，京都檢行軍事檢閱，光秀任統籌者		三月二十二日，德川家康攻陷遠江高天神城
			六月二日，光秀發布明智軍法		六月下旬，信長命秀吉入侵因幡國

西元	年號	年	事件
一五八一	天正	九年	八月上旬，胞妹妻木姬死去
			九月中旬，與長子信忠等出兵平定伊賀之亂
			是年，與細川藤孝於丹後國進行檢地
			十月二日，信長賜能登國予前田利家
			十月二十五日，秀吉攻陷鳥取城，吉川經家自殺
一五八二		十年	三月一日，穴山信君投降織田家
			天正遣歐使節於長崎出航前往羅馬
			三月中，信忠率先鋒軍入侵信濃、甲斐，武田勝賴、信勝切腹自殺，武田家滅亡
			賜予瀧川一益上野國為領地
			五月十四日，受信長之命接待上京的德川家康、穴山梅雪
			五月七日，命令三子信孝出兵討伐四國
			柴田勝家等人攻擊越中國魚津城（魚津城之戰）

西曆	年號	紀年	光秀	信長	戰國大事（主要）
一五八二	天正	十年	五月十七日，受信長之命，與細川藤孝等人支援羽柴秀吉	五月，羽柴秀吉進攻備中高松城，向信長求援	
			五月二十六日，明智光秀於京都愛宕山舉行連歌會，詠出疑似吐露謀反之意的名句		
			六月二日，光秀謀反，攻擊京都本能寺，信長自殺（本能寺之變），享年四十九歲	信長長子織田信忠與光秀軍激戰不敵，死於二條城	
			六月十三日，光秀大敗於京都山崎		六月，北條氏直大敗瀧川一益於上野國神流川（神流川之戰）

一五八二	天正	十年	六月十三日，光秀於山科小栗棲被土民所殺		七月，甲斐國壬午之亂
			六月十七日，光秀被秀吉梟首於京都		八月，長宗我部元親於阿波國中富川打敗三好康俊，征服阿波國（中富川之戰）

後記

本書於二〇一七年首次出版，這幾年裡，我除了繼續寫書外，學業上在日本的一橋大學獲得了博士學位；工作方面，很榮幸獲得了山東大學歷史學院的聘任，如願地從事日本史的教學與研究工作，推進普及日本史與中日關係史。

雖然這部作品幾年前就已出版，但是我一直留意著這個課題在日本的後續研究進展，如各種新觀點與新史料，自己也一直思考著這個課題，畢竟要解開箇中謎團實在不容易。也因此，繁體中文版出版後，我很希望能夠在後續出版簡體中文版時，添加新的元素與內容，以作為推進日本戰國史（以及日本史）的一個小貢獻。而此次繁體中文增修版，便是以簡體中文版為底稿。

回想起來，初次接觸「明智光秀與本能寺之變」已然是十幾年前的事了，也就是我高中的時候。後來在二〇〇八年，我獲得了日本文部科學省國費留學經費，第一次前往日本國立廣島大學進行為期一年的交流。交流學習結束前，我提交學術報告的題目是分析織田信長「天下布武」的成敗，其中也重新剖析了明智光秀這個人物以及本能寺之變的各種問題。

毫不諱言，如今看來那份報告的內容火候未到，每次重讀都有種笑哭不得的感覺。然而，正因為那一次的留學經歷，豐富了自身對於這個課題的瞭解，更在導師指點之下，加深了對於日本史學與歷史學的認識，從閱讀、分析史料開始，再到如何使用這些資料立論，那一次所接受的學術訓練是不可多得的經驗，也堅定了我研究日本戰國史的決心。換句話說，「明智光秀與本能寺之變」是我決定從一名自命「日本歷史愛好者」，更進一步成為「日本歷史研究者」的一級階梯，這對我後來在日本攻讀碩博課程有很大的幫助。

雖然因為各種緣故，我在碩博期間選題時，不得不暫時放下這個課題。但在那個時候，我仍然繼續收集與「明智光秀與本能寺之變」相關的各種史料、論文與著作，還跟部分研究這個課題的日本學者交流與討論，所得匪淺。

後來在讀博士期間，經友人舉薦終於把這些成果出版成書。出版前，出版社原本擔心這題材太小眾，可能不好銷售，勉勵我屆時不要氣餒，但是結果有點出乎意料，雖說不能與熱門的書籍相提並論，總算是超出了出版社的預期。

初版出版後獲得了不少讀者的認可，也收到了很多寶貴的建議與意見，到現在我仍然十分感激。當時，也收到了一些讀者的回饋，期待這本書可以推出簡體中文版，後來機會也來了。藉助出版簡體中文版的機會，除了重新修訂原稿內容，還特意將日本史學界後續的研究成果與自身的研究、新見解，包括三篇附論和與本能寺之變相關的史料集一一增補到書裡，讓讀者可以瞭解這個課題的最新動態。希望第一次接觸本書的讀者能夠滿意，也希望已經讀過初版的讀者在讀完這次的增修新版後，能夠獲得關於這個主題更具體的資訊，有更多的啟發。當然，如果這本書能夠讓各位讀者對日本史、日本戰國史產生更大的興趣，那就算是很成功了。

最後，想藉這個機會感謝出版過程中，給予許多建議與幫助的朋友們，當然還有父母、妻兒，山東大學歷史學院的各位同事，以及初版以來一直支持至今的讀者，各位的鼓勵都是我努力的源泉。各種恩情，感激不盡。

期待在教研之餘，繼續寫作，以書會友。

參考資料

書籍類

一、學習研究社
歷史群像シリーズ(二十)——激鬥・織田軍團——天下布武への新戰略
歷史群像シリーズ(二十七)——風雲・信長記——激情と烈日の四十九年
歷史群像シリーズ(五十一)——戰國合戰大全(下卷)——天下一統と三英傑の偉業
歷史群像シリーズ戰國セレクション——激震 織田信長
歷史群像シリーズ戰國セレクション——驀進 豊臣秀吉
歷史群像シリーズ戰國セレクション——俊英 明智光秀
戰史ドキュメント・元龜信長戰記——學研編集部・編
戰史ドキュメント・秀吉戰記——谷口克廣・著

戰史ドキュメント・本能寺の變——高柳光壽・著
日本戰史・戰國史編——河合秀郎・著
真說・本能寺——桐野作人・著
歷史群像一九九二年十二月號——特集・明智光秀の野望

二、新人物往來社
歷史讀本月刊——二〇〇六年六月號——書き換えられた戰國時代の謎

三、吉川弘文館
戰爭の日本史（十三）・信長の天下布武への道——谷口克廣・著

四、中央公論新社
真說・豐臣秀吉——池波正太郎、他・著
信長軍の司令官——谷口克廣・著
織田信長合戰全錄——谷口克廣・著
完譯フロイス日本史（3）織田信長篇Ⅲ——松田毅一・川崎桃太譯

日本の歴史（十二）・天下一統——林屋辰三郎・著

五、講談社
旅風陣信長——變革者の戰略——津本陽・著
信長の戰爭・《信長公記》に見る戰國軍事學——藤本正行・著
謎とき本能寺の變——藤田達生・著
信長と天皇——今谷明・著
戰國大名と天皇——今谷明・著

六、ＰＨＰ出版
明智光秀・つくられた謀反人——小和田哲男・著

七、洋泉社
天下人史観を疑う——英雄神話と日本人——鈴木真哉・著
信長は謀略で殺されたのか——本能寺の變・謀略說を嗤う——鈴木真哉、藤本正行・著

八、三笠書房
歷史おもしろかくれ話——小和田哲男・著
日本の歷史がわかる本——室町・戰國・江戸時代編——小和田哲男・著
日本の歷史・合戰おもしろ話——小和田哲男・著

九、集英社
信長と十字架・「天下布武」の真實を追う——立花京子・著
國際情報人・信長——小和田哲男・著

十、新潮出版
下天は夢か・信長公記——津本陽・著
集中講義・織田信長——小和田哲男・著

十一、廣濟堂
織田信長ものしり讀本——桑田忠親・著

十二、勉誠社出版
日本合戰騷動叢書・元親記——泉淳・譯著

十三、教育社(ニュートンフレス)
原本現代譯——信長公記(上)——太田牛一・原著、榊山潤・譯
原本現代譯——信長公記(下)——太田牛一・原著、榊山潤・譯
原本現代譯——三河物語(上)——大久保忠教・原著、小林賢章・譯
原本現代譯——三河物語(下)——大久保忠教・原著、小林賢章・譯
原本現代譯——陰德太平記(下)——香川正矩、香川景繼・合著、松田修、下房俊一・譯

十四、岩田書院
織田・德川同盟と王權——小林正信・著

十五、雄山閣出版
幕藩體制史全集系列・第一期・支配體制と外交・貿易——第一卷・織豊政權の

成立——藤野保・編

十六、東京大學出版會

織豊政權の分析Ⅰ——織田政權の基礎構造——脅田修・著

織豊政權の分析Ⅱ——近世封建制成立史論——脅田修・著

十七、校倉書房

淺野長政とその時代——黑田和子・著

十八、吉川弘文館

足利義昭——奧野高廣・著（香港大學圖書館所藏）

十九、小學館

逆說の日本史（十）戰國霸王編・井澤元彥・著

二十、角川書店
新版角川古語辭典——久松潛一・佐藤謙三・編

論文類

堀新・「織田信長と三職推任」——一九九七年八月刊・戰國史研究第卅四號——戰國史研究會・編
池享・「戰國・織豊期の朝廷政治」——一橋大學研究年報・經濟學研究卅三
藤木久志・「織田政權の成立」「織田信長の政治地位」——《戰國大名の權力構造》所收——吉川弘文館
《黑田家文書》《南海通紀》《兼見卿記》(《尋憲記》)藤田論文《織田政權から豊臣政權へ—本能寺の變の歴史的背景》

國家圖書館預行編目資料

明智光秀與本能寺之變：日本史上最大的謎團和逆轉劇
胡煒權 著；
一三版.一 新北市：遠足文化事業股份有限公司，2024年9月
464面；14.8×21公分
ISBN 978-986-508-310-6（平裝）
1.明智光秀 2.傳記 3.日本史
731.257 113011464

增修新版

明智光秀與本能寺之變

日本史上最大的謎團和逆轉劇

作　　者　胡煒權
責任編輯　賴譽夫
封面設計　蔡南昇
排　　版　L&W Workshop

編輯出版　遠足文化
行銷企劃　張偉豪
行銷總監　陳雅雯
副總編輯　賴譽夫
發　　行　遠足文化事業股份有限公司（讀書共和國出版集團）
23141新北市新店區民權路108之2號9樓
代表號：（02）2218-1417　傳真：（02）2218-0727
客服專線：0800-221-029　Email：service@bookrep.com.tw
郵政劃撥帳號：19504465　戶名：遠足文化事業股份有限公司
網址：http://www.bookrep.com.tw

法律顧問　華洋法律事務所　蘇文生律師
印　　製　韋懋實業有限公司
初版一刷　2017年8月
三版一刷　2024年9月

ISBN　978-986-508-310-6
定　　價　550元

著作權所有．翻印必追究　缺頁或破損請寄回更換
特別聲明：本書言論內容，不代表本出版集團之立場與意見。

Copyright © Wei-Cyuan Hu 2024
Edition published by Walkers Cultural Co., Ltd.
All Rights Reserved.

最新遠足文化書籍相關訊息與意見流通，請加入Facebook粉絲頁
https://www.facebook.com/WalkersCulturalNo.1